中国高校
体育产业创新创业

发展报告
（2022）

REPORT OF SPORTS INDUSTRY INNOVATION AND
ENTREPRENEURSHIP DEVELOPMENT IN
CHINESE UNIVERSITIES（2022）

肖林鹏　靳厚忠 等 ／ 著

社会科学文献出版社
SOCIAL SCIENCES ACADEMIC PRESS (CHINA)

项目合作

1. 国家哲学社会科学基金项目"新时代我国体育产业创新创业教育体系研究"（项目编号：21BTY011）

2. 国家哲学社会科学基金项目"我国职业体育制度创新研究"（项目编号：19BTY019）

3. 国家新工科研究与实践项目"'新工科'背景下体育产业创新创业教育课程体系建设研究"（项目编号：E-CXCYYR20200906）

编 委 会

主编简介

肖林鹏　北京体育大学教授，博士生导师，主要研究方向为体育产业创新创业教育、青少年体育活动促进政策、体育战略管理等。入选教育部"新世纪优秀人才支持计划"、国家体育总局"优秀中青年专业技术人才百人计划"、天津市"131"创新型人才培养工程第一层次人选、天津市学科领军人物培养计划等。兼任"十四五"时期国家体育总局决策咨询专家、中国体育科学学会体育管理分会常委等。主持国家社会科学基金项目5项、省部级课题10余项、横向课题30余项。主编各类著述30余部。以第一作者身份发表论文50余篇。入选全国万名优秀创新创业导师人才库首批导师，体育经纪人国家职业资格首批培训师，全国体育院校体育产业创新创业服务平台发起创建人。2015年以来，先后发起组织首届全国体育院校大学生体育产业创新创业策划大赛、首届国家体育总局国家退役运动员创新创业成果展示、首届全国大学生体育产业创新创业大赛、首届全国大学生体育产业创新创业培训、首届中国体育产业创新创业高端论坛等线上线下活动。

靳厚忠　中央财经大学教授，体育经济与管理硕士生导师，教育学博士，工学博士后，世界华人体育管理协会理事，国家体育行业职业技能指导委员会专家委员，全国大学生体育产业创新创业大赛专家委员会主席，体育经纪人国家职业资格培训师。主持国家哲学社会科学基金课题1项、国家级新工科建设课题1项、全国教育科学规划重点课题1项、北京市哲学社会科学基金课题 1 项、中国博士后基金课题 1 项、体育类横向课题 10 项。主编、参编、专著 20 余部，在《北京体育大学学报》、《天津体育学院学报》、《体育学刊》、《体育科学》及外文刊物发表论文 30 余篇，获省部级成果奖 3 项、中国体育科学学会科学技术成果奖 3 项。

摘　要

　　创新作为引领发展的第一动力，是解决发展动力的关键因素，各大高校青年作为最具创新活力的主体，是推动体育产业创新创业的重要力量。自"大众创业、万众创新"的国家战略号召提出以来，创新正逐渐深化落实为高校教育改革的专项内容之一，成为高校回答新时代人才教育问题的一道重要考题。在我国，体育产业作为第三产业的重要组成部分，在经济发展中占据重要地位。培养一批既懂体育又懂经济管理，既有创新精神又有创业能力的体育产业人才是当下国家教育、体育事业发展的必然诉求。

　　本书由总报告、分报告、解读篇三部分组成。总报告分析了我国高校体育产业创新创业教育的发展形势及挑战，分析了我国高校体育产业创新创业教育今后的发展趋势，提出了我国高校体育产业创新创业面临的四大主要挑战和四大未来发展方向。分报告分别从产业生态、师资及学生情况、发展指数与标准构建等多角度，对我国高校体育产业创新创业工作进行了调查分析。在2021年发展报告基础上，进一步完善了我国高校体育产业创新创业发展生态系统健康评价体系。对我国高校体育产业创新创业教育师资、学生发展状况以及政府及高校实践平台建设情况进行了调查，建立了我国高校体育产业创新创业发展影响因素模型。在解读篇，本书对2021年国务院办公厅出台的《关于进一步支持大学生创新创业的指导意见》提出的任务要求进行解读，试图从制度层面回答中国高校体育产业创新创业"为什么要做"、"谁来做"以及"如何做"等关键问题。

　　本书在2021年体育产业蓝皮书研究基础上，以政策文本及多种理论为支撑，对全国万余名教师、学生、企业家的调研数据展开分析，以尽可能全面剖析当前我国高校体育产业创新创业的工作实际。目前，我国高校对体育产业创新创业教育的重视程度逐渐加强、创新创业平台初步搭建、创新创业课程稳步推进、师资队伍建设不断完善、学生参与热情有所提高、配套政策支持不断加强、"双创"舆论氛围正在形成。与此同时，我国高校体育产业创新创业教育存在的整体推进较慢、顶层设计不足、平台建设缓慢、标准建设空白、课程与师资体系不完善等问题依旧突出。统筹推进我国高校体育产业创新创业教育，需要在分层施教、完善制度、搭建平台、夯基垒台、协同治理、巩固阵地、师资为本等多个方向同步发力。

关键词： 体育产业　创新创业　生态环境系统　发展指数

目 录 ⟩⟩

I 总报告

II 分报告

Ⅲ　解读篇

总 报 告

General Report

"十四五"中国高校体育产业创新创业
面临形势与发展趋势预测

李凌晨*

摘　要： 高校体育产业创新创业教育是培养体育产业创新型人才、助力体育产业高质量发展的重要途径。当前我国高校体育产业创新创业教育体系初步建成，各高校广泛参与，形成了良性发展格局。"十三五"时期，高校体育产业创新创业教育在课程建设、赛事开展上取得一定成绩。"十四五"时期，随着国家规划的出台、"双减"政策的发布及冬奥会的成功举办，高校体育产业创新创业教育将出现新的需求缺口，面临新的机遇与挑战。本报告通过总结我国"十三五"时期高校体育产业创新创业教育发展历程，并采用数理统计法、专家访谈法、调查问卷法等研究方法，预测我国"十四五"时期高校体育产业创新创业教育发展趋势，并为高校体育产业创新创业教育发展提供参考。

---

* 李凌晨，中央财经大学体育经济与管理学院 2020 级硕士研究生，主要研究方向为产业经济学、体育产业创新创业教育。

关键词： 体育产业　创新创业教育　体育产业创新创业　人才培养

一　"十三五"时期中国高校体育产业创新创业教育发展回顾

体育产业创新创业教育理念形成和教育行为产生，是一个渐进的过程。高校体育产业创新创业教育是对高校从事体育产业创新创业教育活动的总称，是创新创业活动的重要细分领域，是培养体育产业相关人才、加强我国体育产业建设所需人才的孵化平台。2000 年 12 月，国家体育总局出台《2001—2010 年体育改革与发展纲要》，作为指导我国体育产业人才培养的开创性文件，明确提出对体育产业经营管理和科技人才培养的要求，点燃了体育产业创新创业教育理念的星星之火。随着 2014 年《国务院关于加快发展体育产业促进体育消费的若干意见》（国发〔2014〕46 号）的印发，我国体育产业迎来大发展，对体育产业人才尤其是创新型人才的需求与日俱增。2019 年《国务院办公厅关于促进全民健身和体育消费推动体育产业高质量发展的意见》（国发〔2019〕43 号）出台，再次对体育产业创新型人才建设提出新的要求，以推进产学研一体化为主轴、以各项创新创业赛事为主要途径、以创新创业教育课程体系建设为发展方向的高校体育产业创新创业教育新格局在我国逐渐形成。整个"十三五"时期，我国高校体育产业创新创业教育的理念日臻成熟，体育产业创新创业教育进入起步发展阶段。

（一）高校体育产业创新创业教育政策回顾

"十三五"时期是我国创新创业教育事业发展的重要时期，2014 年 9 月，李克强总理在夏季达沃斯论坛上讲话首次提出"大众创业、万众创新"的号召，强调培养创新型人才对我国经济转型发展的重要意义。2015 年 5 月，国务院签署印发《中国制造 2025》战略性文件，其作为我国首个十年行动纲领，提出创新驱动的发展基本方针。该文件强调培养专业技术型、经营管理型人才，并将人才为本写入基本方针一节。2016 年 5 月，国务院出台《国家创新驱动发展战略纲要》，在提出创新驱动发展三步走战略的同时，提出以高校为载体建设一流学校和一流学科的战略任务，并提出创新驱动发展应鼓励人人创新，将创客文化引入高校。同年 8 月，《"十三五"国家科技创新规划》出台，从创新主体、创新基地、创新空间、创新网络、创新治理、创新生态六个方面提出建设国家创新体系的要求，为我国"双创"体系建设指明道路。

创新发展是当前我国供给侧结构性改革的重要一环，是实现中高端产业发展、探寻新的经济增长点的必要方针。其中，人才在创新发展中起决定性作用。当前我国的各项创新创业政策的一个重要体现，就是要建立一整套创新型人才培养体系、培养具备过硬的创业技能、勇于开拓、与时俱进的人才。《中国制造 2025》《国家创新驱动发展战略纲要》《"十三五"国家科技创新规划》分别提出人才培养要求、谋划创新型人才具体培养策略，以及细化双创人才培养体系建设的各项方针。《中国制造 2025》提出要"加快培养制造业发展急需的专业技术人才、经营管理人才以及技能型人才"，点明科技创新、经营管理型人才在创新发展中都不可或缺，并提出对创新型人才的实际需求。《国家创新驱动发展战略纲要》在明确"加快中国特色现代大学制度建设"的同时，根据时代发展和科技进步的现实背景，提出"依托移动互联网、大数据、云计算等现代信息技术，发展新型创业服务模式"，指出不仅重视加强人才培养，还要通过新技术降低创业试错成本，提升各类高校创业项目的成果转化效率。为确保这一目标的实现，该文件同时提出应"推动创客文化进学校"，从文化传播入手，激励有能力的高校毕业生投身创业实践。《"十三五"国家科技创新规划》明确提出形成"科技创新基础制度和政策体系"，为国家双创教育提供基本的政策保障体系，在科研院所开放、科研奖励发放、军民科研结合等方面建立制度，实现有法可依。

整个"十三五"时期，我国体育系统未出台创新创业的专门政策，但在相关国家重大政策中对体育产业创新创业均有不同程度的提及。2014 年10 月，《国务院关于加快发展体育产业促进体育消费的若干意见》出台，对体育产业发展中的体育场馆管理、体育赛事运营、体育无形资产开发、体育高新技术研发等领域提出明确要求。人才是产业发展的重要基础，体育产业创新型人才培养是高新技术研发、体育企业经营管理的重要基础。《国务院关于加快发展体育产业促进体育消费的若干意见》针对体育产业发展中的人才培养问题，明确提出建立产学研一体化平台、加强体育产业创新型人才奖励制度、建立创新奖励基金等指导性政策。

"十三五"时期，是我国体育产业创新型人才培养进入探索发展的关键时期。国家高度关注高校体育产业创新创业教育发展，出台了相关指导性政策条款，大力支持体育产业双创教育发展。在这一阶段的体育产业政策中，人才培养成为重要议题。2016年5月，《体育发展"十三五"规划》出台，明确提出完善体育科技创新人才体系，壮大体育产业人才队伍，通过体育科技平台等形式加强人才建设和培养，实现平台研究、指导和服务功能。同年10月，《国务院办公厅关于加快发展健身休闲产业的指导意见》出台，指出开展体育产业创新创业教育服务平台建设，实现体育产业创新创业教育领域各利益相关者有效对接，并指出要利用好双创平台建设、产业互动融合、运动员创业扶持等配套政策，加强社会体育产业创新创业支持。2018年12月，《国务院办公厅关于加快发展体育竞赛表演产业的指导意见》出台，提出通过协助校企对接，实现创新人才培养机制。2019年9月出台的《国务院办公厅关于促进全民健身和体育消费推动体育产业高质量发展的意见》，再次提出建设国家体育产业发展协同创新中心，探索产业创新试验区建设。可以看出，国务院有关部门出台的相关政策，致力于通过整合各类社会资源，实现体育产业创新型人才培养。这段时期出台的各项政策，具有两个特征：一方面，各产业主体利用体育产业融合发展带来的行业联动契机，吸纳各领域的创新型人才投身体育产业创新创业建设，加强体育产业创新创业的行业覆盖面；另一方面，鼓励高校协同体育企业、金融企业、科创企业、有关部门多方联动建立产学研一体化平台，发挥体育产业在"双创"过程中多方主体的协同效应。

在国家产业政策强调体育产业人才培养的同时，有关部门出台的各类体育产业人才培养政策中也包含创新创业教育内容，这从人才培养层面强化了高校体育产业创新创业教育体系建设。2017 年 7 月，《国务院关于强化实施创新驱动发展战略　进一步推进大众创业万众创新深入发展的意见》出台，将成果转化和企业参与作为未来"双创"工作的重点，力求提升高校创新创业教育成果转化效果，加强校企合作，建立多方协同平台。2018 年 9 月，《国务院关于推动创新创业高质量发展打造"双创"升级版的意见》出台，在成果转化的基础上强调了创造"双创"动力的重要性。2020 年 7 月，《国务院办公厅关于提升大众创业万众创新示范基地带动作用　进一步促改革稳就业强动能的实施意见》出台，提出采用建立"双创"基地的形式发挥"双创"部门辐射作用，提升双创校企协同力度。

为提升体育领域高校创新创业教育质量，加强高校体育产业创新创业教育成果转化效率，2018 年 4 月，国家体育总局出台《国家体育总局"优秀体育人才培养"和"体育干部教育培训"专项经费管理办法》，其中明确了由有关部门出资，进行体育产业人才引进、体育产业高端人才培训等相关工作内容，并明确提出由政府出资，进行体育建设相关人才的引进工作。同步出台的《国家体育总局重点实验室管理办法》，鼓励有条件的高校开设创新实验室，积极开展国内外创新领域交流。可以看出，在人才培养上，体育系统相关政策着眼于引入社会力量，加强海外交流，通过社会各界合作解决校园环境中"双创"知识获取难的现实问题。

（二）高校体育产业创新创业教育实践回顾

2016 年 12 月，教育部发布《教育部关于做好 2016 届全国普通高等学校毕业生就业创业工作的通知》，明确提出"明年起所有高校都要设置创业课程"，并对高校开设创新创业教育类课程的课程时间设置、学分管理要求等做了明确规定。同时，该项通知要求各高校加大对创新创业项目的资金投入，鼓励高校采取建立众创空间等形式为创新创业教育开展提供基本保障。该通知成为"十三五"时期高校创新创业教育进入新发展阶段的重要节点性文件，标志着高校创新创业教育从"以创带就"向鼓励创新者通过创业成为经济发展新驱动力的核心目标转变[①]，同时，也标志着我国高校更大规模，更为普遍、广泛开展的创新创业教育序幕业已拉开。

在这样的时代背景下，高校创新创业教育体系化建设如火如荼，各高校围绕建设创新创业课程、编著创新创业教材进行了广泛实践，全国各大高校在创新创业教育领域初步形成一定成果。清华大学以 X-lab 创意创新创业平台为载体，开展清华大学学生创新力提升项目，并为该项目设置配套创新创业教育课程，课程重视学科交叉和创业实践，该项目成功孵化超过 1 万家创业企业，在创新创业教育课程建设和成果孵化领域开了先河。北京大学开设的创新创业教育课程则更加关注学生创业能力的培养，在课堂上对当下经济形势、产业动态进行分析，指导学生进行创业实践，北京大学校友工作办公室、北京大学党委政策研究室根据该项课程编写出版的《北大 15 堂创业课》广受好评。复旦大学于 2003 年开设的"创新与创业"课程获得上海市教委重点课程建设项目立项，成为该校高校创新创业教育领域的金课品牌。在有关部门的领导下，"十三五"时期我国高校创新创业教育呈现出以点带面的良好局面。

在高校进行课程建设和教材编写实践的同时，创新创业类赛事也同样得到了高校和各级政府的高度重视，有效发挥了对高校学生参与创新创业行为的推动作用。2015 年 6 月，首届中国"互联网+"大学生创新创业大赛成功举办，赛事由教育部与有关部委和吉林省人民政府共同主办，共吸引了超20 万人的学生参赛，赛事紧扣时代主题，将创新创业教育同"互联网+"技术结合，开创了继"全国大学生创新创业大赛"后我国又一全国性"双创"教育赛事品牌。在"十三五"期间，"互联网+"大学生创新创业大赛火热开展，在全国范围内取得了一定的影响力，吉林大学、华中科技大学、西安电子科技大学、厦门大学等国内知名院校相继承办了该项赛事，得到了高校教育有关部门及地方政府的大力支持。依托中国"互联网+"大学生创

---

① 任胜洪、刘孙渊：《高校创新创业教育改革与发展问题研究（笔谈）》，《教育研究》2018年第 5 期，第 61 页。

新创业大赛的开展，由叶明全、陈付龙主编的《"互联网+"大学生创新创业基础与实践》，入选全国高等学校创新创业教育"十三五"规划教材，成为"十三五"时期高校创新创业教育实践发展的重要蓝本。

高校体育产业创新创业教育区别于一般高校创新创业教育，在对学生进行创业知识的讲授和创业技能培训的同时，更需要使学生了解体育产业发展前景，以进一步引导学生在体育产业领域从事创新及创业活动。"十三五"时期，我国高校为推动体育产业创新创业教育进行了各项实践，在教材编写领域走出了第一步。由肖林鹏、靳厚忠教授主编的我国第一部体育产业创新创业教材《体育产业创新创业教育》正式出版，随后王斌、李改主编的《体育技能培训与创业指导》、赵冰主编的《体育创新创业教育》等教材相继问世。"十三五"时期，我国高校教师牵头的教材编写为高校体育产业创新创业教育提供了重要纲领性基础。在教材出版的同时，以清华大学、北京体育大学、天津体育学院为代表的高校均开设了体育产业创新创业指导性课程，初步进行了体育产业创新创业课程体系实践。在教育教学领域，对我国高校体育产业创新创业教育体系化发展进行了有益尝试。通过各高校在"十三五"时期体育产业创新创业教育课程和教材建设上的深度实践，体育产业创新创业教育在高校学生间的知名度显著提升。课程成为体育产业创新创业事业宣传的重要平台，教材成为培养学生创新创业技能的重要参考。尽管该类课程和教材出版的起步较晚，但这也标志着我国高校体育产业创新创业教育正在步入起步发展阶段。

课程建设和教材编写是我国高校体育产业创新创业教育未来发展的关键所在，而高校体育产业创新创业教育赛事则为我国体育产业"双创"事业发展奠定了基础。天津体育学院于2015年11月承办的"全国体育院校大学生体育产业创新创业策划大赛"利用赛事平台有效联动高校、政府、企业三方，赛事利用赛后体育产业创新创业沙龙活动，建立了体育产业创新创业领域的政、校、企资源互换和沟通平台，为在全国范围内广泛开展体育产业创新创业教育奠定了坚实的基础。2018年12月，在原有赛事基础上，"全国大学生体育产业创新创业大赛"首次举办，打破了高校体育产业创新创业教育的体育院校壁垒，为高校体育产业创新创业教育事业影响力的扩大提供助力。作为综合类高校代表，清华大学深耕体育产业创新创业教育，利用其体育产业发展研究中心平台开办体育营销案例分析大赛，聘请知名企业高管对高校学生提出的营销项目进行点评指导，开发校企联动机制提升高校体育产业创新创业教育的学术性和实践性。

活跃于"十三五"时期的"全国大学生体育产业创新创业大赛"、清华体育营销案例分析大赛以及"体彩杯"全国体育科技创新大赛，为高校体育产业创新创业者提供了宽广舞台。从体育专科院校学生到综合类大学学生，从商业计划到科技创新，借由赛事规模的不断扩大，高校体育产业创新创业教育在"十三五"时期影响力不断提升，吸纳了越来越多的体育产业创业者。高校体育产业创新创业教育赛事不但为学生搭建展示自己的舞台，还为高校体育产业创新创业教育的各方参与者提供了交流场所，在以政、校、企为代表的高校体育产业创新创业教育参与者深度、高频的合作下，体育产业创新创业事业迎来了新的发展契机。

总体来看，"十三五"时期的高校体育产业创新创业教育发展仍主要依托创新创业类赛事，利用各项赛事进行一次又一次体育创新创业的"大练兵"，以办赛形式不断扩大体育产业创新创业在学生群体的影响力，提升高校学生参与体育产业创新创业的意愿和能力。与此同时，高校积极响应国家教育改革方针，以清华大学、天津体育学院等院校为代表的高校贯彻国家关于创新创业教育的政策精神，会同有关部门和企业携手搭建体育产业创新创业教育平台，并依托平台为高校学生体育产业创新创业技能培训、成果转化提供便利。各高校纷纷开展高校体育产业创新创业教育课程设置和教材编写方面的实践探索，多部体育产业双创教材问世。多家高校开设体育产业双创课程，开启了高校体育产业创新创业教育深入发展的新时代。

体育产业作为我国新兴产业，具有较大的发展空间，在供给侧结构性改革的发展战略中具有重要的战略意义。应该看到，在"十三五"时期，体育用品制造业仍然在体育产业各细分行业总产出中占主要地位，体育产业附加值总体不高，具备创新能力与具有创新意愿的体育企业不多。但是，体育产业的创新化发展是产业未来发展的核心方向，也是体育产业带动经济发展的重要着力点。对竞赛表演、健身休闲、场馆管理等体育产业细分行业利润空间的挖掘，将是体育产业未来发展的关键，需要创业者的投入和行业内的不断创新。为提质体育产业发展，实现体育产业反哺经济建设，在产业内引入创新型人才势在必行，客观上推动体育产业创新创业教育的实践逐步走向深入。

（三）高校体育产业创新创业教育研究回顾

理论研究是开展高校体育产业创新创业教育实践的重要保障，对我国高校体育产业双创教育事业发展既起到了直接推进作用，又产生间接影响。一方面，针对高校体育产业创新创业教育的学术研究，为政府部门进行制度变革提供了智库保障，构成了政策制定的重要参考；另一方面，高校通过发表案例分析类论文和申报精品课程项目的形式，开展高校体育产业创新创业教育领域的学术交流，依托学术网络形成高校双创教育事业的协同发展，增加了高校开展创新创业教育工作的社会影响力。"十三五"时期，随着我国高校创新创业教育事业的不断发展，与创新创业教育相关的理论研究也达到了新高峰，相关研究数量在这一阶段呈现显著增长趋势。高校体育产业创新创业教育作为高校创新创业教育重要的新领域，也必将成为学术研究的蓝海。

根据中国知网"创新创业教育"词条搜索结果，2015年起，该类论文年发表数量明显增加，由2014年的474篇，增长为935篇，同比增长97.26%，"十三五"期间相关论文发表数量显著高于以前年度，作为"十三五"开元年的2016年，该类论文年发表数量达2307篇，较2015年数量提高1.5倍。2019年发表论文数量达到历年最多。而根据中国知网"体育创新创业教育"词条搜索结果，"十三五"时期论文发表数量同样显著高于以前各年度，2014年度以前，该类论文年发表数量最高仅为5篇，而"十三五"时期高校体育产业创新创业教育领域年度论文发表数量最高达到了50篇，论文发表初具规模（见图1、图2）。

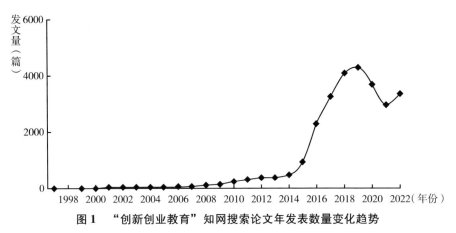

图 1　"创新创业教育"知网搜索论文年发表数量变化趋势

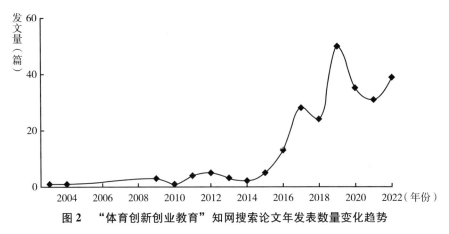

图 2　"体育创新创业教育"知网搜索论文年发表数量变化趋势

　　"十三五"时期高校创新创业教育领域论文发表出现高峰是由于"十三五"时期国家广泛出台了各项政策促进创新创业教育发展，开展创新创业教育在高校教育科研中被高度重视。与此同时，《创新创业理论研究与实践》的创刊也为高校创新创业教育科研提供了重要平台。该杂志于2018年创刊，时值"十三五"时期高校创新创业教育蓬勃发展。根据中国知网"创新创业教育"词条检索结果，来源于《创新创业理论研究与实践》的研究论文占"创新创业教育"词条论文总量的11.69%，创刊至2022年7月31日，共收录了1056篇相关论文，成为创新创业教育科研领域的重要阵地。相较而言，高校体育产业创新创业教育相关研究论文主要发表于《当代体育科技》期刊，占到"体育创新创业教育"词条论文总量的16.51%。整体来看，体育产业创新创业教育领域并未出现专有刊物，其科研多发表于体育类及各教育类刊物中。随着体育产业双创教育的不断开展和高校体育产业双创在全国范围影响力的逐步扩大，越来越多的高校师生开始投入高校体育产业创新创业教育的科研工作。以河北体育学院、西安体育学院、天津体育学院、首都体育学院为代表的体育类院校教师及科研人员，均在各类刊物上多次发表高校体育产业创新创业教育类论文，对我国高校体育产业创新创业教育研究产生了积极影响。肖林鹏、靳厚忠教授主编的《中国高校体育产业创新创业报告（2020~2021）》2021年5月由社会科学文献出版社正式出版，该书作为我国高校体育产业创新创业教育方面的首部发展报告，对"十三五"时期我国高校体育产业创新创业教育做了全面总结，并对这一领域的未来发展趋势进行了分析和预测。

"十三五"时期的高校体育产业创新创业教育研究基本由体育类院校主导，大多着眼于双创类赛事的开展、双创课程的建设，采用案例分析的形式，通过总结自身院校双创教育发展经验提炼创新创业教育理论。高校体育产业创新创业教育类研究数量的激增与高校双创实践的广泛开展密切相关，"十三五"时期高校开展的双创教育实践为研究开展提供了重要指导。我国高校体育产业双创教育的普遍开展，出现了以高校体育产业双创教育发展历程总结为目标的相关研究，该类研究不同于案例分析，旨在从政策、高校实践、项目成果等多个方面汇总我国高校体育产业创新创业教育成果，总结形成未来双创教育发展经验。"十三五"时期相关文献多以人才培养模式、创新创业能力、"互联网+"等作为研究主题，研究实践性较强，能够直接指导高等院校在创新创业教育领域的课程设置、赛事开展；而针对高校体育产业创新创业教育的政策研究则普遍关注发展路径、教学改革等问题，旨在总结经验，实现指导制度创新。

"十三五"时期我国高校体育产业创新创业教育科研以体育院校为主，其余院校相关领域文献产出数量较少，综合类院校在高校体育产业创新创业教育科研方面投入精力较少。高校体育产业创新创业教育研究在很大程度上源于相关院校的双创教育实践。高校体育产业创新创业教育在我国最早起步于体育类院校，在其他综合类院校的推广周期较短，并未形成一定规模，也缺乏成功的实践经验，导致综合类院校体育产业创新创业教育科研参与度不高。高校体育产业创新创业教育科研发展与高校体育产业创新创业教育，在我国发展的总体路径相类似，在早期都依托于体育院校的双创教育。

这样的发展模式在我国存在必然性，体育类院校学生学习的相关专业与体育产业相关，对体育产业的理解相较于其余院校学生更为透彻，具备开展体育产业创新创业教育的学生认知基础。体育院校学生围绕体育产业开展创新创业实践可行性更高，学生参与意愿更强，在初期推广中具备先发优势。但高校体育产业创新创业教育的长期发展不能仅依托体育类院校，理工、财经类专科院校及综合类院校的参与也尤为重要。体育产业发展面临各类专业人才缺口，体育类专业人才在产业发展中提供了必要的知识和技能基础，构成体育企业成长的必要生产要素，在企业经营管理过程中，产品开发技术、经营管理技术也必不可少。相较于体育类专业人才，科技创新、经营管理类人才在毕业后面临更多选择，进入体育产业的人才数量较少，因而该类人才是未来体育产业发展的缺口所在。高校体育产业创新创业教育不仅要惠及更多学生，更要切实为体育产业发展提供助力，吸引更多不同专业人才投身体育产业建设。现阶段的高校体育产业创新创业教育发展更应提升普适性，吸纳更多不同类别院校的教育发展经验。

我国高校体育产业创新创业教育的不断推进，推动越来越多的综合类大学及其他专科院校参与高校体育产业创新创业教育的课程建设工作。高校体育产业创新创业教育领域科研脱胎于双创教育实践，各大院校陆续开展高校体育产业双创教育实践，未来这一领域的科研将呈现井喷式发展，将有更多其他专科院校及综合类院校投身高校体育产业创新创业教育科研。在短期内，高校体育产业双创教育科研将仍然围绕高校双创教育实践，而在中长期，各大院校对高校体育产业创新创业教育工作的广泛关注，将拓展对我国高校体育产业创新创业教育发展历程和制度创新的认识，高校体育产业创新创业教育科研领域的探索将进入新天地。

二 "十四五"时期中国高校体育产业创新创业教育发展外部环境

（一）经济环境分析

高校体育产业创新创业教育是培养学生综合能力，力求吸纳更多创新型人才进入体育产业领域的教育形式。这种教育形式符合我国宏观经济发展和体育产业发展的现实需求，具有高度实践性特征，应以引导学生参与体育产业创新创业，开展项目为目标。在体育产业创新创业教育的过程中，不仅需要评估学生对创业技能、创业知识的了解，还应切实考虑参与教育学生创新创业项目的成果转化。双创项目的成果转化与外部经济发展形势高度相关。高质量的创新是对生产函数的破坏性创新，是新产品的生产过程。产品的设计和生产应当高度迎合市场需求，对市场需求的挖掘是创新创业的重要一环。外部宏观经济环境高度影响消费者预算约束和效用函数，进而影响市场需求。了解对应创业领域的外部经济环境，是创新创业项目成果转化的基础。宏观、中观经济数据和国家经济发展政策都是创业领域外部环境的重要体现。

"十四五"时期，我国体育产业创新创业面临的外部经济环境总体向好。根据2021年第十三届全国人民代表大会第四次会议上通过的政府工作报告，我国在"十三五"时期经济运行稳定，国内生产总值首破100万亿元，在创新创业、脱贫攻坚、生态文明建设等领域都取得了一定的成绩。根据国家统计局官方公布的数据，我国国内生产总值呈现逐年递增趋势，从总量上看，经济体量逐步递增，经济发展能力逐步增强（见图3）。这表明我国"十三五"时期的经济建设取得了一定的进展。可以看出，除国内生产总值总量外，我国人均可支配收入和人均国内生产总值在"十三五"期间也呈现逐年递增趋势（见图4），这表明"十三五"期间我国居民收入水平显著提升，各行业有效需求急剧扩增，新的需求点亟待挖掘。在宏观经济总量逐年递增的趋势下，我国经济增长率逐步趋于平稳。通过经济转型，改变传统高度依赖于制造业和低廉人力成本的经济发展模式，建立新型、高效、绿色的经济发展新模式，寻找新的发展点是未来我国经济建设的重要工作。

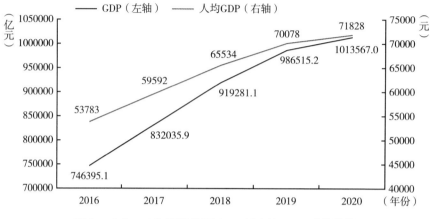

图 3　"十三五"期间我国 GDP 及人均 GDP 增长趋势

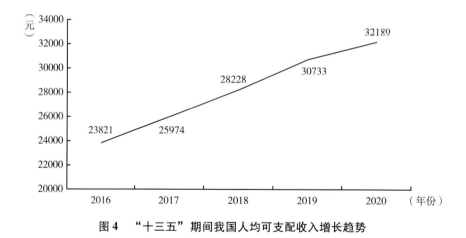

图 4　"十三五"期间我国人均可支配收入增长趋势

在这种大环境下，国务院总理李克强在 2019 年国务院政府工作报告中提出，要深化供给侧结构性改革，释放实体经济活力，这为体育产业发展带来了新的契机。体育产业用工量大，产出绿色环保，且有较大的技术创新空间，作为国民经济中的中下游产业，与消费者一端联系较为紧密，能对消费者需求的变动产生迅速反应，抓住需求变动间的发展机遇。这样的产业特点使得体育产业在供给侧结构性改革中具备重要的战略意义，带来闲散社会资源的倾斜。2021年出台的《全民健身计划（2021—2025年）》提出了体育产业的远期发展目标，具体提出提升各项健身运动项目的参与人数及参与比例，到2025年体育产业规模应达到5万亿元。这种产业发展目标的制定正是基于体育产业与消费者联系的特征，引导从业者从全民健身概念出发，挖掘消费者在健身领域的切实需求的实际体现。

我国体育产业规模呈现逐年递增趋势，特别是在"十三五"时期，体育产业总体规模增长趋势明显（见图5）。2020年受新冠肺炎疫情影响，体育产业规模呈现阶段性紧缩，体育用品制造业及体育服务业受到疫情影响，行业总体营收和利润都有所下滑。但在疫情前，体育产业发展状况总体向好，作为体育产业支柱型细分行业的体育用品零售业主营业务利润呈现逐年递增趋势（见图6）。

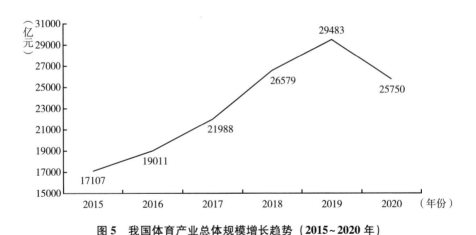

图5　我国体育产业总体规模增长趋势（2015~2020年）

从结构上看，体育用品及相关用品制造业增加值占比呈现逐年递减趋势（见图7），体育产业发展重心逐步从体育用品制造业向体育服务业过渡。特别是体育教育培训业、体育场馆管理业、体育经纪代理业等细分行业增长速度较快，发展势头良好。2021年7月，《关于进一步减轻义务教育阶段学生

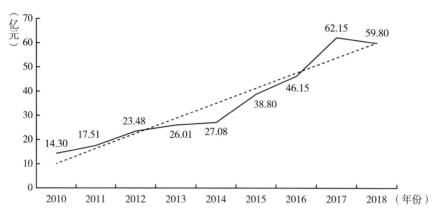

图 6　体育用品零售业主营业务利润变动趋势（2010~2018 年）

作业负担和校外培训负担的意见》（以下简称"双减政策"）出台，体育教育培训业发展迎来新契机。面向中小学生开展的体育教育培训将成为未来体育行业发展的新风口。在可以预见的未来，体育用品制造业增加值占体育产业总增加值比重将继续呈现逐年下降趋势，体育教育培训、体育场馆管理将成为体育产业新的增长点，体育产业的高新技术转型将初步实现。《全民健身计划（2021—2025 年）》中提出的到 2025 年体育产业总体规模达 5 万亿元的目标，将以这种多个细分行业齐头并进的形式实现。

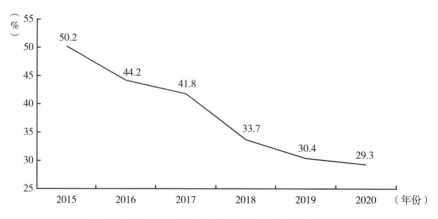

**图 7　体育用品及相关用品制造业增加值占体育产业
总增加值比重变动趋势（2015~2020 年）**

"双减政策"的出台使得面向中小学生群体的体育教育培训行业受到社会的广泛关注，体育教育培训行业将吸引大量社会资本进入，其他体育产业内细分行业借此契机也将迎来新的发展风口。体育教育培训行业作为主导型行业，各细分行业多点开花的体育产业发展格局将逐步形成。随着面向中小学生体育教育培训的广泛开展，体育人才培养体系将逐步形成，并发挥辐射作用带动相关细分行业发展。体育产业的发展契机将带来大量的企业和人才缺口，在这种趋势下，体育产业创新创业项目的成果转化率将显著提升，体育产业创新创业型人才教育的需求将迅速扩增，高校体育产业创新创业教育体系将逐步完善。

（二）制度环境分析

随着《中国制造2025》发展战略的出台，我国对创新型人才培养的需求引起了党中央的高度重视，双创工作成为创新型人才培养工作的重要攻坚点。2015年《国务院关于大力推进大众创业万众创新若干政策措施的意见》（国发〔2015〕32号）出台，对高校培养创新型人才提出了具体要求，指出"实现全社会创业教育和培训制度化、体系化"，同时提出应建立多种双创平台，提升全社会创业项目的综合转化率。2016年《国务院办公厅关于建设大众创业万众创新示范基地的实施意见》出台，提出政府引导、市场主导建立一批聚集各领域优势的双创人才培养基地，利用双创基地整合当地双创资源。其中，高校和科研院所双创示范基地应完成人才培养及大学生创业支持等工作。该项文件出台后，社会各界广泛响应号召。到2021年底，根据《中华人民共和国2021年国民经济和社会发展统计公报》，我国已分多批次建立了212家双创示范基地，双创平台化、体系化发展态势已初见雏形。

在这样的形势下，2020年《国务院办公厅关于提升大众创业万众创新示范基地带动作用进一步促改革稳就业强动能的实施意见》出台，首先就疫情防控期间创业企业纾困问题提出了解决方案，指出各有关部门应牵头实现疫情防控期间相关创业企业针对性减税降费。同时，发挥双创平台资源整合功能，通过线上行政平台，提升创业企业资源供给方面的办事效率。在疫情防控期间，这样的措施对于稳定创业者信心，刺激社会各界投身创业起到了关键作用。在解决疫情对创业的冲击问题的同时，文件对社会各界双创教育工作提出了具体要求。针对高校主体，文件提出国家发改委、国资委、教育部、人力资源和社会保障部分工负责，引导高校开设各项线上创新创业教育课程，在疫情防控期间，更应加强校企联动。高校应与企业双创平台达成深度合作，通过校外创业导师机制，提升学生在创业项目中的动手能力。该文件提出"实施双创示范基地'校企行'专项行动"，引导高校优秀创业人才加入社会创业团队，校企结合，提升社会综合创业成果转化率。

当前我国高校创新创业教育体系正在加速形成中，给体育产业创新创业教育体系建设提供了良好的制度环境。我国大众创业万众创新示范基地建设初具规模，促进社会各界的广泛合作是下一阶段创新创业教育发展的关键一步。高校作为创新创业教育体系中的重要一环，课程体系建设、教材编写、高校双创活动开展等已经取得了一定的成绩。促进校企合作，建立产学研一体化平台，利用现有双创平台开拓高校创业项目资源获取渠道，实现高校创业项目成果转化率的提升是现阶段高校创新创业教育的主要发展方向。高校体育产业创新创业教育在创新创业教育平台搭建方面已具备先发优势。由天津体育学院牵头开展的"全国体育院校大学生体育产业创新创业策划大赛"就邀请了体育产业从业者作为赛事评委，赛中建立的全国体育院校体育产业创新创业服务平台，加强了体育产业领域的政、社、企三方的深入交流，为后续高校体育产业创新创业教育的跨界合作提供了良好的契机。清华大学于2016年开展的"清华大学体育产业发展研究中心"同样通过办赛的形式，引入社会创业导师制度，在高校体育产业创新创业教育领域进行了初步探索。

依托高校体育产业创新创业教育平台的逐步建成，有关部门深刻认识到在各大高校开展体育产业创新创业教育的必要性，各级政府相继出台多项政策性文件指导高校体育产业创新创业教育工作的开展，在实践中与高等院校展开深度合作。2019年，《国务院办公厅关于促进全民健身和体育消费 推动体育产业高质量发展的意见》发布，特别提出"鼓励普通高校、职业院校设置体育产业相关专业，形成有效支撑体育产业发展的高层次人才培养体系。完善教练员水平评价制度"，同时"鼓励体育企业与高校、科研院所联合创建体育用品研发制造中心"。国务院办公厅同年出台的《体育强国建设纲要》则提出引进海外人才，支持与海外高水平机构联合培养体育产业人才，传递出高校体育产业人才培养应当以继续建设相关专业为主，建立高校体育产业科研平台的政策要求。

2021年8月国务院出台《全民健身计划（2021—2025年）》，提出要强化人才队伍培养，采取互联网教育等新形式加强全民健身人才培训。2021年10月《"十四五"体育发展规划》正式出台，对高校人才培养给出了更加清晰的指导。该规划指出"坚持供需两端发力，推动体育产业高质量发展"，具体提出要"建设10所集产、学、研、转、创、用于一体的高水平体育产业学院"，在体育产业发展过程中走人才驱动路线，通过培养大量体育产业创新型人才提升体育产业发展质量，继续加强高校同社会体育创业企业的深入合作。《全民健身计划（2021—2025年）》《"十四五"体育发展规划》均对先前体育产业创新创业教育相关文件中关于平台建设的内容进行了补充完善，两份文件都提出应促进社会各界广泛合作，加强校企交流，继续建设产学研一体化平台，实现高校体育产业创新创业项目成果转化率提升，确定了以平台建设为基础的中国高校体育产业创新创业教育发展路径。将创新型人才培养和产业平台建设写入"十四五"时期全民健身和体育产业发展总规划，表明有关部门将会更加高度重视体育产业人才培养，重点关注高校双创工作，力图通过高校体育产业创新创业教育提质体育产业发展。

（三）社会环境分析

随着我国体育强国战略、健康中国战略的持续推进，各地高度重视居民体育活动参与，全民健身运动在全国范围广泛开展。"十四五"时期，居民将普遍形成参与体育活动的良好社会风气，体育文化在我国开始逐步形成，将为体育产业发展和高校体育产业创新创业教育事业开展提供适宜的社会环境基础。从运动参与上看，据国家发改委在新闻发布会上提供的数据，到

2021 年底，我国人均体育场地面积达到 2.41 平方米，经常参加体育锻炼人数达 4.35 亿人，占总人口比例达 37.2%，该项指标相比 2008 年国家卫健委统计信息中心提供的第四次国家卫生服务调查结果人数约增长 1.8 亿人，比例约增加 12 个百分点。根据国务院办公厅 2022 年 3 月发布的《关于构建更高水平的全民健身公共服务体系的意见》，到 2025 年，我国人均体育场地面积应达到 2.6 平方米，经常参加体育锻炼人数比例达到 38.5%。通过这三组数据对比，可以看出当前我国已经初步形成全社会广泛参与体育活动的新格局，经常参加体育锻炼人数比例呈增长趋势，社会体育文化将广泛形成。

全社会广泛参与全民健身运动不仅与党和国家对健康中国战略的高度重视相关，也与冬奥会的成功举办密不可分。2015 年 7 月，在冬奥会申办之际，我国首次提出"带动三亿人参与冰雪运动"的战略目标。为兑现向国际社会的承诺，国家体育总局于 2018 年 9 月发布了《"带动三亿人参与冰雪运动"实施纲要（2018—2022 年）》，提出了做好保障工作，建立推进工作机制等诸多具体举措。2022 年 1 月，于冬奥会开幕之际，国家体育总局再次发布了《"带动三亿人参与冰雪运动"统计调查报告》，为相关工作做了总结。该项统计报告显示，截至 2021 年 10 月，我国冰雪运动参与人数已达 3.46 亿人，冰雪运动参与率达 24.56%，实现了"带动三亿人参与冰雪运动"的战略目标。同时，冰雪运动南展西扩的发展战略也初步实现，截至该项调查发布，南方冰雪运动参与人数已达 1.61 亿人，接近北方的 1.86 亿人，全国多点开花，冰雪运动拓展取得了初步成果。

当前，我国社会体育文化氛围浓厚，全民参与体育活动的热情不断高涨。随着时代的发展和社会的进步，冰雪运动、民族传统体育、电子竞技等曾经较为小众的体育项目更是迎来了良好的发展契机。全民参与体育锻炼的社会风气为体育产业发展带来了丰富的有效需求，拓宽了体育产业的产业空间，为满足体育参与者更加多元化的需求，传统体育产业细分行业拓展了更多的业务分支，较为冷门的细分行业成为体育产业发展新蓝海，新的细分行业开始出现。体育产业为创业团队带来了新的机遇和挑战，使得越来越多的高校师生开始关注体育产业，越来越多的高校创业团队开始进入体育产业寻求新的创业机会，这也为高校体育产业创新创业教育在"十四五"期间的发展奠定了坚实的社会环境基础。

在体育产业蓬勃发展的同时，我国创业活动的广泛开展也为高校体育产业创新创业教育创造了必要的社会环境。根据中国青年创业就业基金会于2021年发布的《中国青年创业发展报告》，2020年新设市场主体超850万人，活跃度稳定在70%左右，科创板上市企业数量较上年同期增长约107%，当前我国创业者规模庞大且创业项目质量较高。这既得益于广大创业者的不懈努力，也要归功于政府、企业等部门对青年创业者的各项支持工作的有序开展。早在2015年，国务院就开始重视社会各级人员的创业活动开展，2015年6月出台的《国务院关于大力推进大众创业万众创新若干政策措施的意见》，提出创新体制机制、优化财政政策、实现融资便捷，开设双创平台等创业支持举措，政策施行至今，为我国创业者投身创业事业提供了坚实的政策保障。2020年《国务院办公厅关于提升大众创业万众创新示范基地带动作用　进一步促改革稳就业强动能的实施意见》出台，在全国抗击新冠肺炎疫情的背景下，就创业企业疫情纾困的问题提出了解决方案，再次体现了有关部门对广大创业者的高度重视。与政府部门相同，社会资本同样高度关注我国创业者。根据《中国青年创业发展报告》数据，当前我国创投机构资本已超1亿元，创业孵化载体超1.3万家。我国针对创业活动的社会风险投资规模已于2019年超越美国的该项指标，社会资本对创业者的包容程度较高，融资渠道较宽。这表明我国投资者对广大创业者具有一定的商业认同，适宜创业者的社会环境正在形成。

基于此，"十四五"期间高校体育产业创新创业教育将迎来更加适宜的社会环境。随着社会体育文化的逐步形成，体育产业正在迎来转型发展周期，出现高速扩张的行业发展新形势。在未来，越来越多的创业者将投身体育产业。而随着我国创客文化的形成，政府、社会资本对创业者的各项支持将为创业者开辟更为广阔的创业空间，也将促进高校创新创业教育的成果转化。在这样的社会环境下，未来的高校体育产业创新创业教育将真正成为创业项目的起航地，成为广大体育产业创业者新的起点。

（四）技术环境分析

大数据、云计算等新兴技术的日益成熟为我国经济发展带来了新的技术原动力，经济发展开始进入数字驱动周期。《中华人民共和国国民经济和社会发展第十四个五年规划和 2035 年远景目标纲要》将大力发展数字经济、促进数字经济同实体产业相融合写入发展规划，奠定了"十四五"期间以数字技术为主轴的发展新格局。体育产业作为新兴绿色产业，受数字技术影响，已经开始出现新的行业业态。体育产业数字化结构升级成为现阶段我国体育产业发展的重要原动力。数字经济通过提供大量数据生产要素，以大数据处理技术赋能体育产业，通过搭建产业新平台，降低成本，优化配置，发挥规模经济和创新驱动作用，实现体育产业发展提质增效。[①] 可以预见，"十四五"时期，数字经济同体育产业的融合将成为体育产业发展的主要方向。

新技术的引入为传统体育产业创造了新的发展空间。互联网技术的普及使得包括竞赛表演、健身休闲、场馆管理、教育培训等在内的体育产业细分行业，可以通过线上平台实现优势共享。利用线上平台，消费者可以实现线上购买体育用品、预订体育场地、解锁线上培训课程，以此释放消费者的潜在消费能力。线上平台还打破了消费者参与体育活动的时间和场地限制，为体育产业挖掘了新的有效需求，带来了新的发展空间。通过平台搭建，体育产业从业者可以获得更为详细的消费和体育活动参与数据，利用数据提取分析技术，可以更加准确地了解消费者需求，从而生产更符合消费者实际需要的产品，实现新时代产品生产的数字技术赋能。此外，通过研究了解消费者的体育锻炼和消费习惯，体育产业从业者还可通过指导建议等形式实现体育营销和体育服务的定制化，养成消费者消费习惯，挖掘新的需求空间。

在优化传统体育产业发展的同时，新技术也催生了新的体育产业细分行

[①] 魏源、程传银、韩雪：《数字经济驱动体育产业结构升级的内在作用、现实困境与破解路径》，《体育文化导刊》2021 年第 9 期，第 73~78、85 页。

业。随着数字技术的普及，线上体育赛事直播、体育商城、体育网络社区等新的体育产业商业模式应运而生。同传统业态相比，新业态更加关注同消费者的互动。线上体育赛事直播开始逐步引入 VR、AR 等新兴技术，提升消费者的赛事观感，体育主题的网络社区逐步拓展功能，利用社区商店、付费课程等板块建设形成以线上社区为载体的体育产业云平台。线上体育商城则通过产品专业性实现差异化战略，同传统线上购物平台区分开来，开拓新的市场空间。在未来，随着智能穿戴设备的普及和大数据技术的进一步发展，还将有更多的体育产业新业态出现，成为广大体育产业从业者新的机遇与挑战。

互联网技术的普及和数字技术的兴起引发了"十四五"时期体育产业发展的巨变，为创业者带来了新的机遇。"十四五"时期，由于技术环境的空前变化，体育产业内部将出现蓝海。在传统技术下的体育产业发展几近饱和的状况将被数字技术的兴起打破，数字技术的出现降低了创业者投身体育产业创业的资金壁垒，呈现技术引领发展的新格局。正因此，高校体育产业创新创业教育发展将高度契合时代主题，同新工科建设相结合，将大数据、云计算等先进技术引入双创教育，全面提升双创教育质量，提质增效促进体育产业高新技术化发展。

三 "十四五"时期中国高校体育产业创新创业教育发展机遇与挑战

（一）发展机遇

1.国家经济建设引领创新人才需求

2021 年 3 月，十三届全国人大四次会议表决通过《中华人民共和国国民经济和社会发展第十四个五年规划和 2035 年远景目标纲要》，指出在未来"必须坚持深化供给侧结构性改革，以创新驱动、高质量供给引领和创造新需求，提升供给体系的韧性和对国内需求的适配性"，这一思想贯穿"十四五"规划全文。随着我国工业经济建设的逐步完善，工业发展和人口增长带来的经济发展红利期即将迎来尾声，传统工业对经济发展的贡献面临瓶颈，产能过剩问题暴露，增速放缓成为这一时期我国经济建设不得不面临的难题。因此，寻找新的经济增长点，采取扩张性政策支持高用工、可持续的创新型产业发展，推进产业结构转型升级是解决这一问题的关键。

在这样的时代背景下，体育产业作为新兴产业的优势逐渐体现出来。我国体育产业发展周期较短，早期的中国体育产业以装备制造和鞋服生产为主轴，依托我国先进的制造业基础，取得了较大的市场空间。随着我国体育体制改革的推进，各运动项目职业化发展的逐步完善，以体育场馆管理、体育经纪服务、体育教育培训为代表的一系列体育服务业出现，在体育产业发展中贡献了新的增长力。当前体育产业作为健康产业、绿色产业、高用工产业，在飞速推进第三产业总体规模增长的同时，在社会范围内传播了健康绿色的价值观，并且解决了大量的就业问题，成为新时代朝阳产业的代表。在总量上，体育产业依托装备制造和鞋服生产为代表的体育用品制造业前期发展红利，总产值维持逐年增长趋势。在结构上，由于体育产业内新兴行业的出现和发展，体育产业内各细分行业规模占比正趋于合理化，体育服务业规模占体育产业内各细分行业规模加总比重逐年增加，体育产业内各细分行业总产出和增加值结构逐年向好，健身休闲、体育旅游、电子竞技等新兴行业的出现和兴起成为体育产业发展的新动力。

体育产业耦合了制造业和服务业的发展优势，其细分行业内，用品制造业享受了工业发展红利，具备前期资本积累优势；服务业具有广泛的创新空间，享受"供给侧结构性改革"政策红利，厚积薄发，成为未来产业内重要的增长点，也是我国经济转型的突破口。行业的发展必将面临人才的短缺，特别是对于用工需求较高的体育服务业，创新型人才短缺成为制约体育产业发展的核心障碍。因此，培养体育产业创新型人才作为体育产业结构升级、经济转型期间重要的产业政策之一，在《体育强国建设纲要》《"十四五"体育发展规划》《全民健身计划（2021—2025 年）》《"健康中国2030"规划纲要》等多项纲领性文件中被反复提及，体育产业创新型人才培养受到了社会各界的高度关注。高校体育产业创新创业教育作为提升体育产业人才创业技能，培养创业者创新精神的新型教育模式，是当前体育产业创新型人才重要的产出渠道，用时作为解决创新型人才缺口的关键，在经济转型升级，体育产业高新技术化发展的当下，获得了百年未有的发展机遇。

2. 社会全面发展带来产业发展机遇

2019 年 12 月以来，新冠肺炎疫情突发，在这个经济发展转型的重要关口，我国正面临抗击疫情和经济发展的双重压力。在疫情阻击战中，我国凭借制度优势，在党的领导下屡次实现动态清零。但由于病毒变异后传播的隐匿性，新冠肺炎疫情在我国多地蔓延。抗击新冠肺炎疫情俨然成为"十四五"开年最重要的课题。在抗疫的时代背景下，党中央高度重视抗疫同发展相结合，有条不紊地制定各项发展政策，奠定了未来一段时期我国经济发展的主基调。就在这一期间，在疫情得到有效控制的情况下，冬季奥运会在北京及张家口两座城市顺利开展，对未来体育产业的发展产生了较为重大的影响。

北京冬奥会的成功召开，使冰雪运动在我国取得了前所未有的关注度，早在 2016 年，为筹备北京冬奥会，国家体育总局就出台了《全国冰雪场地设施建设规划（2016—2022 年）》，为开展冰雪运动提供充足的场地保障，2018 年出台的《"带动三亿人参与冰雪运动"实施纲要（2018—2022 年）》则以群众冰雪运动推广为目标，定下了"三亿人上冰雪"的政策目标。经统计，2021 年我国滑雪人次已达 2076 万，群众冰雪运动发展取得长足进展。冬奥会带动的冰雪运动热也同样影响了高校体育产业创新创业教育，吸引诸多高校学生投身冰雪运动领域，从事体育产业创业实践。在"全国大学生体育产业创新创业大赛"中，围绕冰雪运动设计的创业项目数量逐年攀升，体现了广大高校学生对冰雪产业的关注。在高校体育产业创新创业教育开展过程中，冰雪热也将发挥其辐射作用，促进其他体育产业细分领域的创业参与，成为"十四五"时期体育产业创新创业教育实践发展的重要发力点。

在北京冬奥会前，《关于进一步减轻义务教育阶段学生作业负担和校外培训负担的意见》出台，也对体育产业发展产生了较大影响。"双减政策"

提出"全面压减作业总量和时长，减轻学生过重作业负担"，在减压的同时，解放了广大中小学生的课余时间，使青少年群体在日常获得了更多参与体育锻炼活动的机会。在"双减政策"实行半年后，2022年4月21日，教育部发布《义务教育体育与健康课程标准（2022年版）》，标准规定"体育与健康"课占总课时的比例为10%~11%，时长安排超过外语课程，提升了体育课程在中小学课程的综合时长和考核占比。可以预见，这一政策将高度影响体育教育培训业发展。借助"双减政策"的推行，体育教育培训业将迎来大幅有效需求扩增，成为体育产业先导细分行业，全面引领体育产业其余细分行业发展。体育教育培训也势必成为未来高校体育产业创新创业教育实践的主要领域，为高校体育产业创业者创造新的机遇。

疫情虽然在短期对体育产业造成了冲击，但鉴于多次动态清零，社会各界对未来已经建立起"疫情终将过去"的乐观预期。在疫情防控期间，消费者逐渐建立起参与健身的意识，随着线上健身课程和多个平台健身博主的推广，在一定程度上形成了"全民健身"的文化基础，甚至在疫情较为严重的时期，社会上出现了"室内健身"风潮，在隔离的密闭环境下，跟随指导进行简单的健身活动。可以说，疫情在一定程度上推动了《全民健身计划（2021—2025年）》的实行。疫情同样引发了消费者对体育赛事的观看，根据CSM提供的相关数据，2020年新冠肺炎疫情防控期间，我国体育赛事收视率较2019年同期各类人群的体育触及率都有显著提高，25~34岁的年轻观众人数增长最多，增幅为25%。由此可以看出，疫情对消费者参与体育活动并非只有单纯的负面影响，对体育文化的形成甚至起到正向的推进作用。特别是对体育产业线上推广活动的发展起到了一定的促进作用，为高校体育产业创新创业教育实践提供了新的可能。

3. 高校实践探索累计双创教育经验

当前我国高校创新创业教育已经取得了一定的进展，随着《中国制造2025》等国家发展战略规划文件的出台，创新型人才培养被有关部门高度重视。在《教育部关于做好2016届全国普通高等学校毕业生就业创业工作的通知》等规范性文件的指导下，各高校开始高度重视创新创业教育体系建设工作，以清华大学、北京大学、复旦大学为代表的国内院校相继建立了高校创新创业教育平台，并依托平台开展高校创新创业教育课程建设和教材编写工作。在双创教育发展过程中，我国也形成了以"全国大学生创新创业大赛"及"'互联网+'大学生创新创业大赛"为代表的诸多创新创业教育赛事品牌，为高校创新创业教育工作的开展提供了重要的平台基础。依托高校平台和赛事平台两大媒介，创新创业教育中的高校、企业、政府、创业者进行了广泛、深入的沟通交流，对高校创新创业教育起到了重要的推动作用。

针对高校体育产业创新创业教育，以清华大学、北京体育大学、天津体育学院为代表的高校广泛开展赛事和平台建设。其中，天津体育学院主办的"全国大学生体育产业创新创业大赛"、清华大学主办的"清华体育营销案例分析大赛"等赛事品牌发展至今已经形成了一定影响力，为未来高校体育产业创新创业教育提供了坚实基础。高校双创平台和赛事平台的建设在高校开展体育产业创新创业教育中，采取校外顾问、评委等形式引入成功的社会体育企业作为教育补充，增加了体育产业内的校企交流，推动了产学研一体化平台建设。在高校体育产业创新创业教育平台建设中，天津体育学院还通过沙龙的形式引入政府有关部门对体育产业双创教育工作进行指导，为有关部门接受高校及企业提出的政策建议搭建了桥梁。

高校体育产业创新创业教育平台的搭建有效建立了人才需求的传导机制，借助平台，政企双方可以介入高校教育过程，对人才培养的课程体系建设建言献策，实现人才培养同产业需求相一致。平台搭建还开创了政、校、企三方的资源传导和人才输送渠道。借助创新创业教育沙龙，各方可进行资源共享，为学生参与实习实训提升创新创业技能，拓宽融资渠道实现创业构想提供便利。企业可借双创赛事等形式挖掘创新型人才，吸纳新鲜血液；高校可利用社会资源提升高校体育产业创新创业教育的实践质量，实现产学研接轨；政府可利用平台了解各方在高校体育产业创新创业教育领域的诉求，广开言路。高校体育产业创新创业教育平台的搭建将着重发挥资源整合作用，提升双创教育质量及创业项目成果转化效率，为后续双创教育工作的开展提供了重要的机遇。

4.双创制度完善提供创业教育保障

我国高校体育产业创新创业教育工作得到体育和教育有关部门的大力支持，对创业者提供了良好的政策保障，为创业成果转化提供了便利渠道。2019 年发布的《国务院办公厅关于促进全民健身和体育消费推动体育产业高质量发展的意见》明确提出由教育部、国家体育总局负责对接高校体育产业相关专业建设和创新创业人才的培养工作。在"全国体育院校体育产业创新创业服务平台"建设期间，国家体育总局科教司统筹规划、协调沟通，提供政策服务，协助"全国体育院校体育产业创新创业服务平台"顺利组建和发展。有关部门、高校及行业企业还尝试成立政府引导基金——"全国体育院校体育产业创新创业基金"，以吸引有关地方政府、金融、投资机构和社会资本，以股权或债权等方式投资于"服务平台"的相关活动或直接投资于高校就业创业指导中心培育的优质创业企业。体育部门作为体育产业创新创业教育的引导部门，对高校体育产业创新创业教育给予了直接支持，解决了高校体育产业创新创业教育工作中关于工作指导的问题，为高校体育产业创新创业教育指明了发展方向，拓宽了转化渠道，打开了宣传通路。

作为高校创新创业教育业务指导的教育部门倡导鼓励大学生参加就业创业，教育部颁布了《关于大力推进高等学校创新创业教育和大学生自主创业工作的意见》等诸多政策性文件，并严格履行了文件中提出的创业扶持政策，给予从事创新创业的学生提供房租减免、教育培训、咨询建议等诸多实际性服务，为高校大学生进行创新创业提供了便利条件。在课程设置、双创成果转化等各个方面提供支持。教育部门通过我国 20 年来创新创业教育工作历程总结的经验，为体育产业创新创业教育发展明确了未来发展方向。在过去 5 年间，各地教育部门对高校体育产业创新创业平台和大赛建设提供了建设性意见，并指出了创新创业教育课程化、常态化、大众化的未来发展方向，为高校体育产业创新创业教育提供了新的可能性。对于敢于参与实际创业活动的学生，各级教育部门更是给予经济、法律、渠道等多方面的支持。在体育产业创新创业教育中，也通过出台相应政策等形式，加强社会各界对体育产业创新创业教育的关注度，以进一步提升高校体育创新创业教育的成果转化率。

体育部门和教育部门在高校体育创新创业发展上做了大量的工作，逐步形成了高校体育产业创新创业激励体系，为从事创新创业活动的学生提供了课程指导、政策支持，为学生参与创新创业活动提升自身综合能力提供了机遇，为学生从事创业、实现从学到用到保障提供了全方位服务。在各体育、教育有关部门的共同高度关注下，高校体育产业创新创业教育迎来了政策红利期，为高校体育产业创新创业教育的实施和成果转化创造了机遇。

（二）面临的挑战

1. 全面发展不足，创新创业教育有待深化

当前，我国高校创新创业教育在平台建设、赛事开展、课程建设、教材编纂方面都取得了突破性进展，全国各高校广泛开展创新创业教育工作，利用高校创新创业教育平台及赛事开展，交流创新创业教育成果，针对创新创业教育进行课程建设，高校教师编著的相关教材获评规划计划教材。相较于宏观创新创业教育，我国高校体育产业创新创业教育起步较晚。当前我国高校体育产业创新创业教育的平台建设不断完善，相关赛事开展广泛普遍，但课程建设和教材编纂方面仅停留在初步尝试阶段，并未形成全国统一权威的高校体育产业创新创业教材，各高校体育产业创新创业教育课程体系建设思路也不尽相同，缺乏相应标准规范。

依托平台建设和赛事开展进行高校体育产业创新创业教育的发展模式，是基于当前我国体育产业的发展现状产生的最优路径，适合我国经济社会发展的外部环境。然而，随着体育产业发展和高校体育产业创新创业教育体系建设的不断完善，这样的模式逐步展现出其内在弊端。平台建设和赛事开展都需要政、社、企多方主体的共同参与，高校体育产业创新创业教育开展过程中面临大量、复杂的主体交易过程，且由于多方短期博弈，往往难以形成长期、稳定的双创教育制度设计，造成不必要的交易摩擦，大量增加交易成

本。在这样的制度环境下，可以短期形成高校学生的创新创业成果，但这样的成果转化机制具有偶发性，稳定性不佳。在未来，我国体育产业发展仍需要依赖政、社、企三方的频繁交流，双创平台建设和赛事开展仍将持续进行。但以这样的模式作为高校体育产业创新创业教育发展的主干，在创新型人才培养上缺失了最为需要的稳定性，不利于体育产业的长期高新技术化发展。若想形成长期、稳定的创业成果产出渠道，实现高校学生高质量创业，更需要长期、稳定的高校体育产业创新创业教育发展路径。

相较而言，建设一套公允的高校体育产业创新创业教育课程体系，并编著权威性更强的体育产业双创教材，且以此为主体开展整体性更强的高校体育产业创新创业教育稳定性更强，更适合我国当前体育产业发展现状。高校的人才广出，不仅能发挥高校的"图书馆"作用，通过答疑和就业指导的形式被动为学生提供创新创业教育所需的知识，更应变高校为"灯塔"，通过课程形式主动向学生传播体育产业及创新创业相关知识。因此，在未来，建设高校体育产业创新创业教育课程体系成为高校需要面对的重要挑战，实现体系化办学，"量产"人才，指导学生做"可复制的创业"，也是"十四五"期间高校体育产业创新创业教育领域高校方面需要攻克的难关。

2. 双创氛围不足，成果孵化转化有待加强

当前我国高校创新创业教育面临文化壁垒，创业文化亟待形成，创业课程成果转化效率较低，并未出现大量有投资价值的创业项目。根据全球顶尖风投机构 500 Global 和中国传媒大学创新创业教育中心联合发起编制的《2021 中国大学生创业报告》数据，符合风投机构眼中"准备好的创业者"仅有 2.12%。超过半数的高校学生对创业存在认识误区，对创业风险投资等创业资金来源并不了解，认为创业需要大量前期资金的积累。2021 年清华大学提供的学生就业质量报告数据显示，自主创业学生人数仅占总毕业生人数的 0.4%。北京大学同期提供的相关数据显示，自主创业学生人数仅占总毕业生人数的 0.63%。大学生对创业参与的热情较高，但实际了解创业，能够参与创业并落地成果的高校学生数量稀少。创业项目成果转化效率低是当前高校创新创业教育需要解决的重大问题。

虽然当前高校创新创业教育重心已从"以创带就"向培养学生综合能力、提升就业质量过渡，但学生参与创业项目的成果转化效率依然在一定程度上衡量了创新创业教育开展得成功与否。强调创业项目的成果转化效率就是强调高校创新创业教育的实践属性，解决广大高校学生参与创新创业相关项目中可能出现的道德风险问题，避免各部门对各类高校创新创业教育项目的低效率成本投入。加大对成果转化问题的关注能够有效激励高校重视创新创业教育的实用性和社会性，同时，也能激励高校学生以亲身参与创业项目为目的参与创新创业教育类课程，在高校创新创业教育发展中有较强的现实意义。

当前，创业成果转化效率低，创业文化匮乏的问题也同样出现在我国高校体育产业创新创业教育领域中。天津体育学院开展高校体育产业创新创业教育工作较早，在高校体育产业双创教育领域具备一定先驱性，但其2021年公布的就业质量报告数据显示，该校学生在毕业后实际参与创业的学生数量也仅占毕业生总数的1.26%。而诸多体育院校在就业质量报告中，并未报告创业学生人数占比，足以说明当前高校体育产业创新创业教育的成果转化效率较低，成果转化问题明显。培养创业文化，刺激高校学生的创业参与是当前促提高校体育产业创新创业教育成果转化率的重要途径。在高校体育产业创新创业教育中应高度重视实操性，向高等院校学生广泛普及融资知识，实现学生参与创业项目的"量产化"。在这之中，如何实现创新创业教育同现实创业的深度融合，增强课程设置的现实性，真正实现"手把手"教会高校学生参与体育产业创新创业是高校在体育产业双创课程设置和教材编写上将要面临的严峻挑战，关系到未来体育产业创业项目的成果转化效率提升。

3. 疫情冲击严重，创新创业热情有待重振

2019年冬，新冠肺炎疫情在我国突发，国家传染病医学中心主任张文宏提出，在未来，我国和世界都将长期处于抗疫状态。由于制度优势，我国在抗疫过程中取得了突出成果，屡次实现动态清零。但随着新冠病毒多次变异，直至2022年5月，北京、上海、武汉、天津等地仍重发新冠肺炎疫情，

抗疫形势依然严峻。在这样的外部环境下，经济增速呈现放缓趋势，国民经济生产总值增长率出现下跌。由于社交距离限制政策等相关规定，体育产业在疫情中受到了尤为严重的冲击，产业总规模出现缩水，行业发展短期遇冷，传统的体育服务业遭受了较大冲击。在可以预见的未来，体育产业的发展势必面临转型。

新冠肺炎疫情对需要线下参与的健身房、游泳馆、体育培训课程等体育商业模式造成了毁灭性打击。在新冠肺炎疫情防控期间，以电子商务为基础的体育产业发展逻辑逐步建成，网络观赛、线上体育培训、电子体育商城等新兴体育产业商业模式不断出现，在一定程度上使创业者看到了体育产业的发展前景。受疫情影响，体育产业内各行业间的结构关系将发生重大变化。新兴的"互联网+体育"商业模式虽然在短期有所获益，但要想取得长足发展，仍需要一段时间的摸索，这也为体育行业从业者带来了新的风险点。

创业活动的开展高度依赖创业者和投资方对未来行业发展形势的预期。疫情导致的体育产业商业模式调整，将使体育产业发展面临短期高度的不确定性。体育投资项目作为与其他资产竞争的交易性资产，其本身具备较强的专用性。这与体育产业在国民经济中居于下游地位有关，极大程度上增加了体育产业内部交易的成本。因而，针对体育产业相关项目的融资问题一直以来都成为创业者进行创业实践的壁垒所在。从长期看，疫情为体育产业带来了转型契机，但从短期看，由行业的彻底变动造成的不确定性反而增加了体育产业融资的交易成本，降低了投资者对体育产业的投资热情。这种投资遇冷，将同样反馈到创业参与中，影响高校体育产业创新创业教育的成果转化。

在未来，高校体育产业创新创业教育要高度重视与疫情的大环境相结合。体育产业创新创业类课程应着重参考相关领域发展经验，将"互联网思维"融入双创教育中。在竞争日趋激烈的当今社会，获得社会资本的青睐是未来高校体育产业创新创业教育领域需要面临的重大挑战。如何引导高校学生评估创业项目在疫情下的可行性和收益能力，编制科学的投融资报告已成为一个更加务实的底层问题。同时，为降低新冠肺炎疫情对高校体育产业创业项目成果转化的影响，有关部门更应加强体育产业新业态的相关宣传，稳定投资者信心，激励高校学生进入体育产业相关领域开展创业活动。

4.双创标准缺失，教育水平有待全面提升

与我国双创教育工作总体部署不同，当前体育产业创新创业教育的相关文件对高校体育产业双创的指导更为宏观。政策文件均明晰了高校体育产业创新创业教育的发展方向，但在具体责任划分、发展举措及优惠政策上还缺乏相应的文件支持。相较于创新创业教育的开展，高校体育产业创新创业概念的提出较晚，发展周期较短，且在发展中高度依赖高校的自发摸索，并未形成一套双创教育推进政策体系。对比以《教育部关于做好2016届全国普通高等学校毕业生就业创业工作的通知》为代表的高校创新创业教育领域的规范性文件，体育产业创新创业教育的相关文件，缺乏对高校工作开展的具体指导，特别是对课程建设、教材编撰等方面并未做出硬性量化的规定。究其原因，乃是缺乏一套量化、合理的考核指标，衡量高校进行体育产业创新创业教育的效果，供各方参考。

当前，我国高校体育产业创新创业教育活动的开展高度依赖政、校、企三方合作搭建的体育产业创新创业教育平台。体育产业双创教育发展高度依托部门间的信息交互、资源交换，部门间交易频繁发生；体育产业创新创业教育技能作为学生的专用性知识资产，培养群体作为企业的专用型人才，供交易的资产专用性较强；前期工作开展又带来了较高的沉没成本，最终导致多方交易成本较高。评价指标模糊，缺乏量化的课程建设指导将使各方交易主体无法准确了解高校体育产业创新创业教育工作的开展效果情况，造成交易过程中的信息不对称，形成信息壁垒，阻碍各方在高校体育产业双创教育发展推进上的深度合作。在当前我国高校体育产业创新创业教育发展脉络下，针对各方的绩效评价指标机制的建立具有重大意义。如何定义高校体育产业创新创业教育成果、如何评价学生参与体育产业创新创业教育的项目成果转化效率、如何评估高校在培养学生创业精神上的教育作用都是制定绩效评价指标过程中需要解决的难题。这些问题的解决将高度依赖政府部门同高校间的沟通，以及充分参考宏观创新创业教育领域的相关先例。最终，依托绩效

评价机制，还将建立对高校体育产业创新创业教育诸多领域的量化规定组合，形成高校体育产业创新创业教育发展推进制度体系，进入体育产业双创的量化推进阶段。综上，解决高校体育产业创新创业教育绩效评价机制建设的现实问题，成为高校体育产业创新创业教育从业者需要面临的重要挑战。

四 "十四五"时期中国高校体育产业创新创业教育发展趋势预测

（一）政策驱动引领下的双创教育深入发展

当前我国正处于供给侧结构性改革的核心攻坚阶段，经济发展越发依赖社会各部门的技术研发。受国际形势百年未有之大变局和新冠肺炎疫情的双重影响，重技术、重创新的发展理念在我国进一步生根。这一经济发展模式变革的趋势同样影响了体育产业。在当前我国体育产业发展中，体育用品制造业越来越重视核心技术开发，以李宁、安踏、匹克为代表的运动鞋服生产制造企业均开始进行大量的研发投入，提升产品的科技属性。在技术研发过程中，这些企业还通过在海外建立研发中心的方式，通过海外交流实现协同开发，吸收国内外优秀的运动鞋服生产技术，发展模式发生了重大变化。相对于体育用品制造业，体育服务业本身更具备技术密集属性，属于传统的技术密集型产业。在未来，产业周边政策不断出台，我国体育服务业面临的制度环境将发生调整。体育服务业的发展将以体育教育培训业作为核心先导细分行业，迎来新的繁荣发展周期，面临更大的技术研发投入，增加行业总体的技术密集度。

体育产业发展模式的调整将影响体育产业创业者的创业模式。此前我国体育产业创业活动的融资渠道较窄，创业资金匮乏是创业者面临的普遍性问题。在体育产业发展高度依赖资本投入的发展阶段，创业初始资本的积累是创业者关注的重点。当前，随着产业政策的逐步完善、创业保障政策的出台和高校体育产业创新创业教育平台建设的逐步推进，创业者在创业活动中的融资渠道被大幅拓宽，初始资本获取不再是创业者面临的核心难题。在体育产业发展技术密集度与日俱增的今天，如何突破技术关、创新关成为体育产业创业者需要研究的课题。企业的技术研发活动本质上是一项风险投资，资金占用周期较长，风险较高，投资回报率受诸多要素影响难以确定。因而，创业过程中的技术研发高度依赖创业者对市场的预判，还要求创业者必须具备一定的风险识别能力。

未来我国高校体育产业创新创业教育在重视创业文化塑造的同时，对学生在创新技能和风险控制能力两个方面的培养将成为教育重点。高校体育产业创新创业教育课程，将开设市场分析及风险管理类课程，辅助学生在创业之初掌握市场动态，提升风险控制能力，提升高校体育产业创新创业教育的市场适应力。同时，为配合学生在创业中的技术研发，高校还将开设技术普及类创新创业教育课程，辅助高校学生的创业工作，创新创业教育课程将高度体现产业融合，实现体育产业创新创业教育的技术引入。此外，风险管理和市场评估类课程的设置，还将辅助学生编写创业项目的可行性分析，为学生创业活动的融资过程提供便利，进一步实现学生融资渠道的拓宽。

（二）制度建设完善中的双创教育体系建成

当前我国高校体育产业创新创业教育平台建设已小具规模，政府、高校、企业等双创教育有关部门，利用各大高校体育产业创新创业教育平台广泛开展合作，增加高校体育产业创新创业教育领域的多部门互动频率，促进了各部门间的信息及资源交换，实现了高校体育产业创新创业教育高质量发展。政府、企业通过平台了解高校体育产业创新创业教育的现实需求，发挥自身优势提供教育支持的方式，成为当前我国高校体育产业创新创业教育发展的核心模式。纵观我国高校创新创业教育发展，平台建设是关键一步，而伴随平台建设，制度体系建设同样是高校创新创业教育的重点所在。高校双创教育平台为双创教育提供了重要的需求输出渠道，而制度体系建设则充分发挥了政府部门的指导职能，可以为高校双创教育工作提供更为具体的指导意见，为高校双创教育的多方合作提供重要的制度保障。

现阶段，我国高校体育产业创新创业教育制度体系仍在不断完善。《国务院关于加快发展体育产业促进体育消费的若干意见》《国务院办公厅关于促进全民健身和体育消费推动体育产业高质量发展的意见》《"十四五"体育发展规划》等政策文件提出了我国体育产业的人才需求，并论述了建设高校体育产业创新创业教育平台，建立体育产业创新奖励机制和创业扶持机制的重要性。相较于我国早期出台的政策性文件，这些规范性文件提出的各项举措更加考虑到了产业发展背景，具有更强的实操性。同时，也表明政府部门在高校体育产业创新创业教育中发挥职能的转变，是高校体育产业创新创业教育制度体系建设的先兆。

未来，有关部门将针对高校体育产业创新创业教育的课程设置、教材编写、实习实践等教育环节出台更为详细的规范性文件，搭建高校体育产业创新创业教育制度体系。随着制度环境的逐渐改善，将有越来越多的高校投身体育产业创新创业教育事业，政府牵头形成高校间的体育产业双创教育联盟。特别是在课程建设上，将通过开展课程建设、优秀项目评比等形式，激励高校积极参与高校体育产业创新创业教育的课程体系开发。针对企业，有关部门还将出台相应政策，严把双创教育实践环节，采用减税降费等激励措施推动企业同高校联合开展校外课堂，增设高校体育产业创新创业教育的实习实践环节，提升双创教育课程的实践性。届时，社会各界在高校体育产业创新创业教育领域将开展更为广泛的深入合作，实现体育产业双创教育的新格局。

（三）产业良性发展中的双创教育热情回涨

当前，全球经济正处于下行发展周期，我国经济增速持续放缓，央行持续出台逆周期政策以期实现平稳落地。经济增速放缓将导致产业用工需求的减少，在政府增加基建投入，扩大社会有效需求的同时，学生与社会务工群体也更容易兴起创业和学习热潮。在当前新冠肺炎疫情中，消费者普遍意识到维持身体健康的重要性，在后疫情时代，由于消费者的报复性消费，体育产业将迎来复苏发展周期，成为广大创业者投身体育产业创业实践的契机。在不久的将来，将会有越来越多的高校毕业生投身创业实践，促提我国经济发展质量。同时，体育产业作为高用工、高技术附加的绿色产业，对我国未来经济发展具有重要意义。可以预见的是，体育产业创业者数量规模将急剧扩增，成为体育产业发展的新生力量。

高校双创类课程是创业者获取创业技能的主要途径，高校双创平台更是创业者获取创业初始资源的重要方式。随着体育产业创业的不断发展，高校学生将对体育产业创新创业教育类课程和赛事产生更为浓厚的兴趣。在这样的背景下，高校体育产业创新创业教育类课程将吸引更多的高校学生，高校通识课程将呈现更大的发展潜力。随着有效需求的扩增，高校体育产业创新创业教育发展将呈现需求拉动态势，高校学生通过课程选修和意见反馈实现"用脚投票"，进而影响双创类课程建设的发展格局逐渐形成。因此，高校体育产业创新创业教育类课程是否能满足高校学生的创业需要，与创业实践结合紧密与否将成为未来影响高校体育产业创新创业教育发展的关键。

体育产业创业者数量的扩增是未来我国经济发展的必然趋势，这样的趋势对高校体育产业创新创业教育而言既是机遇，也是挑战。在创业热潮下，高校应继续提升双创类课程的实践属性，注重同各部门的紧密合作，加强高校体育产业创新创业教育同创业实践相结合。在进行高校体育产业创新创业教育内部评价机制和外部绩效管理机制设计时，应充分考虑学生群体的实际需求，建立高效的学生意见反馈机制，将高校学生引入体育产业创新创业教育发展决策机制，实现后疫情时代高校体育产业创新创业教育的复苏发展。对高校毕业生、入学新生等特殊群体，高校应广泛通过问卷调研、返校座谈会等形式了解学生对创新创业教育类课程的意见和建议，并依照学生提出的意见，动态制定高校体育产业创新创业教育课程改革的相关措施。针对学生的实习实践需求，高校还可与企业部门进行更为密切的合作，共建在校生实习和毕业生人才输送机制，实现高校体育产业创新创业型人才培养的校企闭环体系。

（四）标准体系健全后的双创教育全面发展

随着我国高校体育产业创新创业教育平台建设的不断完善，政府部门同高校和企业在体育产业双创教育上达成合作，各方将有效利用高校体育产业创新创业平台充分进行体育产业双创领域的资源和信息交换。政府部门将进一步发挥其社会监督和政策引导职能，通过出台更为具体的规范性文件，对高校体育产业创新创业教育过程中的教材编写、课程设置、赛事开展等环节进行标准规制，开发高校体育产业创新创业教育绩效评价体系。依托高校体育产业创新创业教育绩效评价体系，我国将形成更为完善的高校体育产业双创教育生态，规避双创教育过程中各部门信息不对称的现实问题，降低双创教育交易成本，提升总体教育效果。未来，我国高校体育产业创新创业教育的绩效评价机制将以问卷调查、访谈调查等形式为主，通过接受体育产业双创教育的高校学生及家长、承担体育产业双创教育教学任务的任课老师、参与体育产业双创教育工作的企业管理人员，充分了解高校体育产业创新创业教育的开展情况。相关考核机制将先在部分高校试点开展，逐步向全国各大高校普及。通过该项考核机制，有关部门可以依照考评结果，通过发放体育产业双创精品课程建设课题项目经费等形式激励高校的课程开发。高校可依照自身体育产业创新创业教育活动开展情况申请不同类别的课程建设课题资金，接受有关部门的定期考核，建立新的高校体育产业创新创业教育政校沟通渠道，完善政校协同联动机制。

随着我国高校体育产业创新创业教育标准体系建立的逐步推进，将有更多高校投入体育产业创新创业教育课程开发，为体育产业创新创业教育凝聚新力量。届时，高校体育产业创新创业教育的影响力逐步扩大，也将吸引更多企业加入高校体育产业双创工作的行列，建立规模更大的中国高校体育产业创新创业教育生态闭环。随着政府部门对各大高校双创教育活动的规制，高校学生将获得更多的意见传输渠道，高校将更加关注双创教育课程建设同创业实践相结合，实现双创课程建设的动态改革，形成新的高校体育产业创新创业教育体系。在这样的体系下，双创类课程设置将紧密围绕学生的创业实践，双创教育成果转化效率得到大幅提升。越来越多的高校学生将亲身开展创业实践。在高校的技能辅导，政府及企业的技能资金、政策支持下，将会有越来越多的体育产业创业项目成功落地。到那时，高校体育产业创新创业教育将不再只是学生获取创业知识的渠道，更会成为其获取创业所需各项资源的重要平台，成为我国体育产业发展的发动机。

参考文献

蔡代平、蒋浪、李春苗：《应用型高校创新创业类课程体系建设的思考》，《科技创新导报》2015 年第 2 期。

陈加利、牛宏伟：《聚焦初创的科创型双创体系设计与实践探索——以北京大学深圳研究生院为例》，《创新与创业教育》2018 年第 6 期。

陈立春、杨怀宇：《"健康中国"理念下高校体育产业创新创业教育体系构建》，《体育科技》2021 年第 3 期。

杜彬、张铭垚、林子琪：《青年创新创业研究脉络与"十四五"研究展望——基于 CNKI 的可视化分析》，《创新与创业教育》2021 年第 8 期。

黄兆信、黄扬杰：《创新创业教育质量评价探新——来自全国 1231 所高等学校的实证研究》，《教育研究》2019 年第 11 期。

李姗霖：《我国高校社会创业教育：内涵、问题与对策分析》，《创新与创业教育》2021 年第 6 期。

任胜洪、刘孙渊：《高校创新创业教育政策的演进逻辑及展望》，《教育研究》2018 年第 5 期。

舒喆醒、王俊玲、王悦：《普通高校创新创业教育课程体系的构建》，《创新与创业教育》2019 年第 1 期。

孙爱花：《"大众创业，万众创新"背景下大学生创新创业教育研究》，《高教学刊》2022 年第 2 期。

宋瑞礼：《"十三五"时期推进我国"双创"的几点建议》，《中国经贸导刊》2017 年第 15 期。

魏源、程传银、韩雪：《数字经济驱动体育产业结构升级的内在作用、现实困境与破解路径》，《体育文化导刊》2021 年第 9 期。

谢舒媚、梅伟惠、杨月兰：《研究生创业教育课程体系构建研究——基于国内外十所高校的比较分析》，《创新与创业教育》2018 年第 2 期。

徐小洲：《创新创业教育评价的 VPR 结构模型》，《教育研究》2019 年第 7 期。

分 报 告
Sub-reports

2021~2022年中国高校体育产业创新创业师资报告

安静雅*

摘　要： 教师是高校创新创业教育最直接的任务承担者，是创新创业人才培养的骨干力量，师资水平的高低直接关乎创新创业教育开展的效果。首先，本文采用描述性统计分析，从性别、年龄、学历、来源等多方面呈现我国高校体育产业创新创业师资的结构特征；同时，在把握宏观情况基础上，突出对个体态度、行为等内在要素的关注，从教师所想、所做、所专、所盼等维度了解师资发展的内在情况特点。其次，聚焦我国高校体育产业创新创业教育师资发展过程中面临的问题，从教育理念、师资力量、专业能力、管理机制等方面探究师资发展的难点要点。最后，聚焦新时代我国高校体育产业发展趋势及创新创业人才培养要求，结合现实问题，提出体育产业创新创业师资发展对策，为师资发展提供借鉴和指引。

---

* 安静雅，天津体育学院助理研究员，在读博士研究生，主要研究方向为体育管理、创新创业教育。

关键词： 体育产业　师资发展　创新创业

百年大计，教育为本；教育大计，教师为本，教师是教育发展的第一要素。近年来，国家对教师发展愈加重视，各类支撑性政策文件陆续出台。2021年，教育部、中央组织部、中央宣传部等六部门印发的《关于加强新时代高校教师队伍建设改革的指导意见》，成为新时代教师发展最直接的政策指引。创新创业教育是我国高等教育改革的重要举措。作为一种新兴的教育模式，体育产业创新创业教育融合体育产业与创新创业共同发展，以体育产业发展为导向带动创新创业教育，创新创业教育反哺体育产业发展。体育产业创新创业教育的整个链条离不开师资的连通作用，关注并提升师资建设，对实现创业与产业发展双赢局面具有重要的实践意义。

一　体育产业创新创业师资现状

为了解体育产业创新创业教育师资现状，课题组调查选取了具有代表性的体育类院校，包括独立建制的体育本科院校、独立建制的体育高等职业（专科）院校、教育部体育学科评估排名前60%并设有二级体育学院（系部）的综合性大学。根据各校官方网站公开信息，统计出各高校从事体育类教育教学教师共计17339人，按照10%的比例抽样调查，共需获得1734个样本。同时为增加从事创新创业教育的师资样本数量，增加了总体问卷发放数量，最终获取有效样本2151个。

本文中高校体育产业创新创业教育师资，主要指的是在高校中承担体育产业创新创业课程的师资（简称"体育双创师资"），符合条件的样本共计477个，分布在全国27个省、自治区、直辖市。调查问卷的内容主要包括基础性人口统计学变量、对创新创业教育的态度、开展创新创业教育实践、专业背景及能力等情况，同时还调查了教师对创新创业教育以及学生进行创新创业等方面的评价和建议。

（一）师资概况：创新创业教育师资结构特征

体育双创师资以人口统计学变量为基础展开调查，包括性别、年龄、职称、学校属性、分布区域等方面，该数据反映了从事体育产业创新创业教育师资的总体构成，全面呈现了师资的现状特征，具体情况包括以下几个方面。

1.性别分布

根据教育部发布的 2020 年全国教育统计数据，高等教育教师总体人数为 271.9 万人，其中女性教师人数为 137.3 万人，占教师总人数的 50.5%，男性教师与女性教师的总体数量基本相当。在本次调查的所有样本中，总体数据上性别分布男性教师多于女性，男性教师占比为 59.5%，女性教师占比为 40.5%，差距为 19 个百分点；而体育双创师资中，男性教师占比为 64.8%，女性教师占比为 35.2%，差距为 29.6 个百分点，男性教师数量与女性教师数量的差距进一步拉大（见图 1）。可见，在体育双创师资中，男性教师比女性教师更倾向于从事创新创业教育工作。

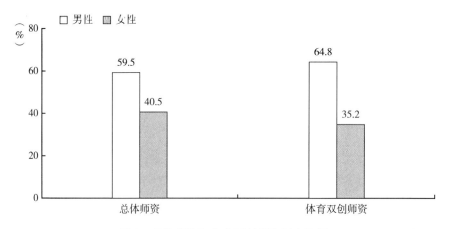

图 1　总体师资和体育双创师资男女比例

资料来源：《中国高校体育产业创新创业教育现状调查问卷（2022）》。

同时，通过对性别与"担任导师情况""学校类型""学校所在区域"分别做交叉分析，发现渐进显著性（双侧）都大于 0.01，即不同性别的教师在是否担任导师、学校类型以及所在区域方面没有显著性差异，不具有统计学意义，男女比例情况基本一致。

2. 年龄分布

教师年龄分布情况是师资群体的一个重要特征，年龄一方面反映了教师的经验情况，年长教师具有相对丰富的经验，年轻教师则更容易接受新鲜事物、有新想法、活力充沛，恰当的年龄比例构成对于体育产业创新创业教育的开展具有正向促进作用。在本次调查中，体育双创师资年龄主要集中在26~45岁，合计占比为84.7%，其中26~35岁、36~45岁的教师占比分别为66.9%和17.8%，前者占比最多，较后者多49.1个百分点；其他较小年龄段和较大年龄段的教师群体占比都相对较低（见图2）。总体来看，教师的年龄倾向年轻化，该年龄范畴教师对于创新创业教育所需要的敢想、敢闯、勇于突破等精神特质具有较高契合度，教师的个人能力和品质在无形中会影响学生行为，发挥榜样的力量，对于创新创业教育大有裨益。

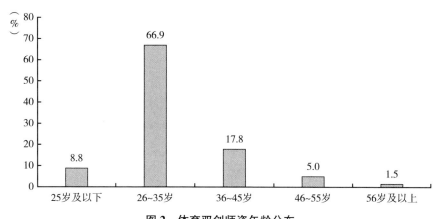

图2 体育双创师资年龄分布

资料来源：《中国高校体育产业创新创业教育现状调查问卷（2022）》。

通过对年龄与"文化程度""从事工作""担任导师情况""学校类型""学校所在区域"分别做交叉分析，发现不同年龄的教师在工作类别、是否担任导师等方面没有显著性差异（$P>0.01$），但不同年龄的教师在学历方面具有十分显著的差异（$X^2=69.22$，$df=12$，$P=0.00<0.01$）。具体表现在：

25 岁及以下教师学历集中在硕士研究生和大学本科，26~35 岁教师学历集中在硕士研究生，36~45 岁以及 46~55 岁教师学历都主要集中在博士研究生和硕士研究生（见表 1）。26~35 岁教师无论是本科学历或硕士研究生学历，还是博士研究生学历，其数量占比相对于其他年龄段都是最大的，该年龄段教师在学历水平和总体数量上都占有较大优势。

表 1　年龄与学历交叉

单位：%

年龄	A. 博士研究生	B. 硕士研究生	C. 大学本科	D. 大专及以下
A. 25 岁及以下	0.6	4.0	3.6	0.6
B. 26~35 岁	13.1	38.6	15.1	0.2
C. 36~45 岁	7.1	8.6	2.1	0.0
D. 46~55 岁	2.3	2.3	0.4	0.0
E. 56 岁及以上	0.0	0.4	1.0	0.0

资料来源：《中国高校体育产业创新创业教育现状调查问卷（2022）》。

3. 学历分布

学历水平的高低反映了教师的受教育程度，虽然学历水平与教师教学能力不是绝对对等关系，但学历水平高的教师知识储备相对丰富，学科知识积累较为扎实，对于创新创业教育教学具有正向推动作用。从调查结果可以看出，体育双创师资中，硕士研究生学历的教师占比最高，为 53.9%，数量超过师资总量的一半。博士研究生学历和大学本科学历的教师分别占23.1% 和 22.2%（见图 3），此两类学历与硕士研究生学历构成体育双创师资的主要学历类别。综上，99.2% 比例的体育双创师资学历水平为本科及以上，总体学历水平很高，为我国创新创业教育师资夯实学科知识储备奠定良好基础。同时博士研究生学历的师资占有一定比例，其所具有的科学研究能力，对于创新创业教育的科研工作具有很好的带动作用。

通过对学历水平与"从事工作""担任导师情况""学校类型""学校所在区域"分别做交叉分析，发现不同学历水平的教师在担任导师情况方

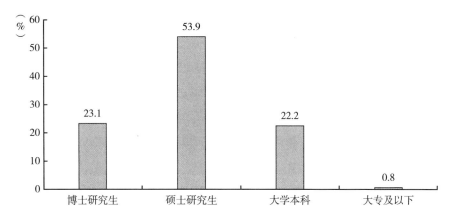

图 3　体育双创师资学历分布

资料来源：《中国高校体育产业创新创业教育现状调查问卷（2022）》。

面具有显著性差异（$X^2 = 228.4$，$df = 6$，$P = 0.00 < 0.01$）。具体表现在：博士研究生学历的教师大多数担任导师，硕士研究生学历的教师较多担任导师，而大学本科学历的教师基本很少担任导师（见表 2）。这与当下高等院校评选导师需要具备一定学历要求的现实情况相吻合，硕博学生的指导需要水平更高的教师来担任。同时，教师在指导学生方面不断增加经验积累，更加适合创新创业教育工作的开展。

表 2　学历与担任导师情况交叉

单位：%

学历	A. 博导	B. 硕导	C. 无
A. 博士研究生	6.3	12.2	4.6
B. 硕士研究生	0.0	33.3	20.5
C. 大学本科	0.2	0.6	21.4
D. 大专及以下	0.0	0.0	0.8

资料来源：《中国高校体育产业创新创业教育现状调查问卷（2022）》。

不同学历水平的教师在学校类型方面具有显著性差异（$X^2 = 96.60$，$df = 9$，$P = 0.00 < 0.01$）。具体表现在：博士研究生学历的教师大多数分布在公办

本科学校，而硕士研究生学历和大学本科学历的教师多数分布在公办本科、专科以及民办本科学校，有少数分布在民办专科学校（见表3）。可见，学历水平高的教师倾向于进入公办本科院校就职，进而公办本科院校师资学历水平相比于公办专科、民办本科等院校占有较大优势。

表3　学历与学校类型交叉

单位：%

学历	A. 公办本科	B. 公办专科	C. 民办本科	D. 民办专科
A. 博士研究生	19.5	1.5	1.9	0.2
B. 硕士研究生	41.7	5.9	5.2	1.0
C. 大学本科	10.9	4.6	4.6	2.1
D. 大专及以下	0.2	0.0	0.0	0.6

资料来源：《中国高校体育产业创新创业教育现状调查问卷（2022）》。

4. 来源分布

体育双创师资的岗位来源主要包括高校教师、高校管理者或者两者兼顾，其比例构成是师资结构是否合理的主要表现。在调查中发现：半数以上双创教师是高校教师岗，占比为57.9%，为体育双创师资最主要的构成部分；再者为高校管理岗，占比为30.2%，是体育双创师资的重要组成部分；最少占比的是两种岗位兼顾的教师，占比为11.9%（见图4）。高校教师是主要从事教学科研工作的师资类型，是创新创业教育的主要推动力量，在创新创业师资结构中占较大比例，这是应该且也是必需的；高校管理者是主要从事教育管理、行政事务的师资类型，是高校创新创业开展的动力支持，其占有一定比例有利于高校创新创业教育流程上、支撑保障上更加有力；就既是高校教师又同时担任管理者的师资类型而言，此类教师不但具有专业知识，还熟悉并把握创新创业教育管理的需求和政策，客观上数量较少，是较为稀缺的师资类型。综上，目前体育双创师资的岗位来源分布相对合理。

在高校教师岗和高校管理岗的师资群体中，中级职称的教师占有最高比例，占比分别为62.2%和63.2%，是体育双创师资的职称的主要类型。高

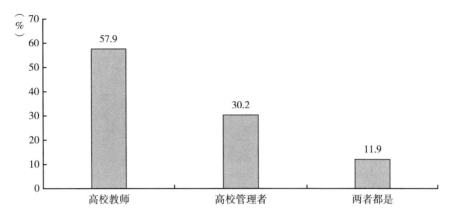

图4 体育双创师资岗位分布

资料来源：《中国高校体育产业创新创业教育现状调查问卷（2022）》。

校教师中，占比第二位的职称级别是副高级职称（19.5%），而高校管理者中占比第二位的职称级别是初级职称（25.0%），同时高校教师中高级职称的占比（6.3%）要高于高校管理者（2.8%），可见无论是占比还是职称水平上，高校教师的职称情况均优于高校管理者。此外，高校教师和高校管理者中中级职称占比都超过60%，占有较高的比例，反映出两类师资的总体职称水平情况较好（见图5）。

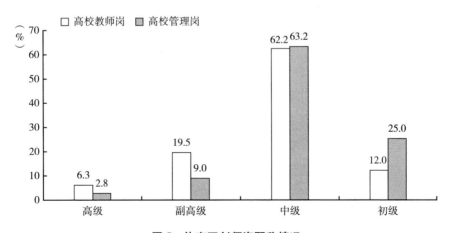

图5 体育双创师资职称情况

资料来源：《中国高校体育产业创新创业教育现状调查问卷（2022）》。

5. 工龄分布

工龄的调查主要目的在于了解体育双创师资工作年限的长短，工作年限长表明教师对于教育教学具有更深的了解，包括部分长期致力于体育产业创新创业教育的教师以及部分近年来新加入创新创业教育领域的教师，共同形成了体育产业创新创业领域的专家资源。工作年限短表明教师是新从事教育工作，对于创新创业教育的理解和经验有更多的提升空间。从调查结果来看：工作4~6年的教师占比最高，为43.4%；工作3年及以下以及7~9年的教师占比分别为19.9%和17.2%，与工作4~6年的教师合计占比为80.5%，10年及以上工作年限的教师占比不足20%（见图6）。可以看出，体育双创师资的工作年限主要集中在10年以下，以4~6年工作年限为最多，即在2016~2018年入职的教师群体构成了体育产业创新创业教育的中坚力量。回溯到6年前的2016年，我国体育产业创新创业教育进入高校主导的实践阶段，掀起高校体育产业创新创业教育的一股热潮，进而引发大量高校教师的关注和研究，这是当前体育双创师资工作年限集中于4~6年的一项重要原因。

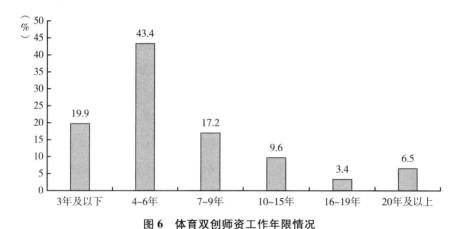

图6　体育双创师资工作年限情况

资料来源：《中国高校体育产业创新创业教育现状调查问卷（2022）》。

6. 导师分布

担任导师是体育双创师资综合能力的体现，担任导师的教师一般具有较高的科研水平以及擅长指导学生的能力。通过调查发现，47.4%的教师没有担任导师，45.7%的教师担任硕士研究生导师，6.9的教师担任博士研究生导师，总体上担任导师的教师与没有担任导师的教师数量相当，基本各占半数；同时，体育双创师资担任导师的主要类别是硕导（见图7）。综上，从事体育产业创新创业教育的教师中，担任导师的数量不是很充足，但从另一方面看，其并不影响教师成为优秀的创新创业指导教师，因为前者导师更多强调科学研究，而后者相对侧重指导实践能力，二者的关联性非正向强化。

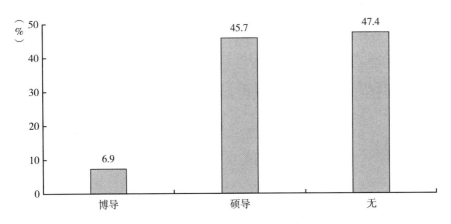

图7 体育双创师资担任导师情况

资料来源：《中国高校体育产业创新创业教育现状调查问卷（2022）》。

（二）教师所想：创新创业教育师资态度分析

奥尔波特（G. W. Allbort）认为态度是一种心理和神经系统的准备状态，是通过经验构建的，影响着个人对周围情境的反应。同时，态度与经验相关并可以培养、改变，是一种心理倾向。体育双创师资的态度是教师在社会生活经验中积累的，对创新创业教育秉承的认识和想法，直接引导创新创业教育行为。首先，本研究将在总体上对"学校开展创新创业教育是否重要"这一问题进行调查，即创新创业教育的态度倾向；其次，本研究将在细分上对"哪些方面是重要的"这一问题进行调查，包括宏观上创新创业教育价值取向以及微观上创新创业师资个体能力的侧重。如此从上而下、由外及里地分析，全面呈现教师对于创新创业的态度。

1. 对双创教育重要性认识情况

教师对于所从事创新创业教育重要性的认识是对创新创业教育最基础的态度表现，既直接又明显，全方位影响着教师教育行为。一般来讲，对创新创业教育持认可态度的教师表现出良好的师德师风，具有很高的敬业度，认真贯彻双创教育的每一个环节，为学生排忧解难，指导服务学生。从本次调查数据可以看出，94.4%的教师认为创新创业教育是重要的，且认为非常重要的教师占比为46.3%，认为重要的教师占比为48.1%，总体上教师对创新创业教育重要性持认可态度。但依旧存在极少数教师（0.8%）对创新创业教育重要性的认可度较低（见图8），这是需要关注的一个重点，根据"木桶效应"，解决存在的"短板"对于提高教师整体上对创新创业教育的认可具有重要意义。

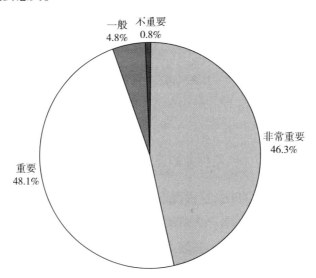

图8 体育双创师资对创新创业教育重要性的认可情况

资料来源：《中国高校体育产业创新创业教育现状调查问卷（2022）》。

2. 对双创教育价值倾向的认识情况

创新创业教育价值倾向主要指的是对"哪些创新创业教育价值更重要"的认识，展现对创新创业教育宏观方面的态度，是对创新创业教育战略方向和重点导向的"回答"。高校体育产业创新创业教育的价值包括微观层面的丰富高校教育教学内容、传承大学使命与功能，中观层面的促进高校产学研用一体化发展、孵化体育产业双创项目、培养体育产业双创人才，宏观层面的培养激发学生创新创业精神、响应国家社会创新创业需要。创新创业教育除了完成课堂教学任务、创业项目指导外，更高的价值在于培养学生创新的精神和意识，创业的勇气和魄力，让创新创业的理念深入学生内心，为实现中国特色的高等教育创造条件。

为了更好地呈现师资对于创新创业教育价值点的认同情况，将价值层次作为纵坐标，将基础层次、中高层次以及高级层次分别赋值1、2、3，将师资对于创新创业教育价值认同比例作为横坐标，绘制散点图，距离原点的半径距离越远，则表明该项价值越受到教师的重视（见图9）。可以看出：教师对于创新创业教育价值认同的态度重点集中在培养体育产业双创人才（85.5%，2）、培养激发学生双创精神（71.0%，3）方面，这也是当下创新创业教育实施的重点所在，即师资的价值认同与教育发展重点相互吻合；促进高校产学研用一体化发展（68.9%，2）是第二位价值认同点；响应国家社会双创需要（53.2%，3）、孵化体育产业双创项目（64.1%，2）、丰富高校教育教学内容（70.2%，1）是第三位价值认同点；最后一位是传承大学使命与功能（43.1%，1）。

3. 对创新创业师资能力的认识情况

对创新创业师资能力的认识呈现教师在创新创业教育微观层面的态度。师资能力强调创新创业教师应该具备的能力与特质的情况。调查结果显示，体育双创师资个体认为其应具备的能力可以分为四类。第一类为认同比例高于65%的能力，概括为通用能力，包括组织协调能力（77.4%）、分析决策能力（71.9%）和良好的沟通交流能力（67.7%），是教师认为最应该具备的能力；第二类为认同比例在40%~65%的能力，概括为商业运营能力，包

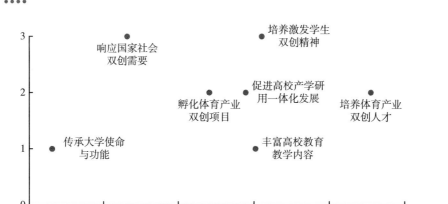

图9　体育双创师资对创新创业教育价值认同情况

资料来源：《中国高校体育产业创新创业教育现状调查问卷（2022）》。

括优秀的管理和领导能力（62.9%）、一定的经营经验和市场意识（61.4%）、风险承担能力（57.0%）、应变能力（52.8%）；第三类为认同比例低于45%的能力，概括为商业发展所需的特别能力，包括预见能力（42.1%）和筹集资金能力（27.0%），后者是教师认同比例最低的能力条目（见图10a）。筹集资金能力更强调企业组织员工所具备的能力，与教师能力胜任匹配性较低，所以教师对此能力的关注在潜意识上很少。此外，还有10.1%的教师认为需要具备其他种类的能力，此为第四类。

体育双创师资个体认为其应具备的特质，最高认同比例为有敏锐洞察力的特质（78.4%），其次为易于接受新鲜事物的特质（76.5%）、掌握创新创业风口和趋势的特质（75.5%）、有寻求超越动力的特质（69.2%），最后为对事物有质疑的意识的特质（59.3%），总体上教师对各类特质的认同比例都较高，即上述特质是其都应该具备的（见图10b）。还有8.2%的教师认为需要具备其他类型的特质。

（三）教师所做：创新创业教育师资行为分析

行为主义心理学家斯金纳（B. F. Skinner）建立了S–R–S操作反应模型来研究人的行为，（S）为外部环境的刺激引发人的行为反应（R），通过强

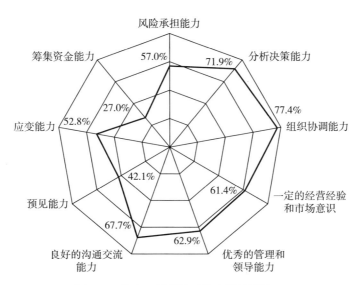

图10a 体育双创师资对能力的认同情况

资料来源:《中国高校体育产业创新创业教育现状调查问卷(2022)》。

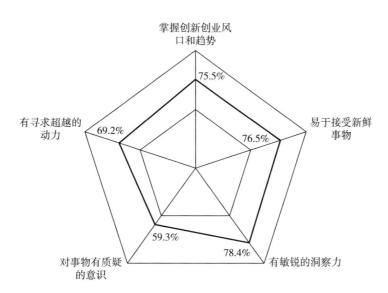

图10b 体育双创师资对特质的认同情况

资料来源:《中国高校体育产业创新创业教育现状调查问卷(2022)》。

化刺激（S）能控制和塑造人的行为。人的行为是在复杂机制下产生的，受诸多方面因素的影响，而对于体育双创师资的行为，主要是指教师在创新创业教育方面展开的个人及组织性活动，包括创新创业课程教学、对学生的指导培训以及个体的社会实践等行为。

1. 课程教学情况

体育双创师资授课教学行为是双创教育的基础性工作，该类行为具有实施多样性、要求规范性等特点。学生在课堂教学活动中了解创新创业理念、学习创新创业知识，同时丰富创新创业实践经验、提高创新创业能力。教师课程教学行为的好坏直接影响人才培养成效、双创教育目标的实现。

首先，从课程教学行为展开的课程内容来看，创新创业概论（65.9%）、创业类课程（如创业学、企业治理等）（64.6%）以及经营管理类课程（如市场营销、财务管理、法律实务、领导力、沟通能力等）（63.4%）等具有相对较高的开课率，而创新类课程（如创新学）（58.9%）和体育产业创新创业概论（52.8%）的开课率稍微低于前者，还有极少数（4.0%）其他方面内容的创新创业教育课程开设（见图11a）。总体来看，课程教学行为展开的各类内容相对均衡。

其次，从课程教学行为实施的课程类型来看，选修课是多数教师授课的类型，占比最高，即有72.0%的教师都承担选修课的教学任务，反映出我国高校体育产业创新创业教育中选修课形式的普遍性；作为创新创业教育开展不可或缺的必修课形式，有50.8%的教师任课，比选修课任课人数占比少了21.2个百分点，差距较大；作为提高创新创业教育实效性的实践课形式，有47.8%的教师任课，是三种课程中教师授课人数最少的形式；其他类型课程教师任课人数占比较少，为1.6%，是多样化课程形式的重要补充（见图11b）。由此可见，选修课是课程教学行为推广的主要课程方式，长此以往会造成双创教育流于形式，所以必须将这种非必要性转为必要性，提高必修课覆盖率，才能更好地提高课程教学行为的实效性。

最后，从课程教学行为的授课方式来看，超过60%比例的教师侧重讲

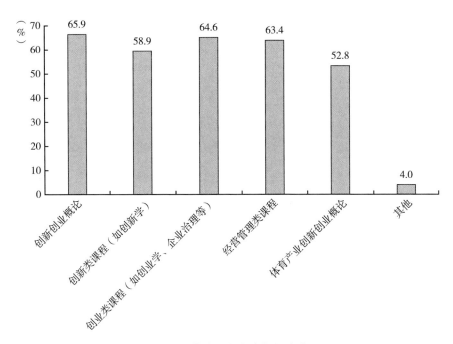

图11a 体育双创师资授课内容

资料来源:《中国高校体育产业创新创业教育现状调查问卷（2022）》。

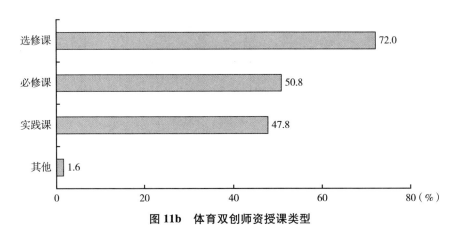

图11b 体育双创师资授课类型

资料来源:《中国高校体育产业创新创业教育现状调查问卷（2022）》。

授的方式有三种，分别是注重学生知识运用能力的培养（69.8%），注重介绍大学生创业案例、激发学生的学习热情和创业欲望（69.8%）以及注重学科领域的科技成果介绍、激发学生的学习动力（63.9%）。50%～60%比例的教师侧重讲授的方式有四种，按占比从高到低依次为结合参观、访问、社会调查等形式注重专业技能的拓展训练（56.8），注重学生学习方法的教授（56.1），结合教学研究注重学生创新设计、研究能力的培养（52.8）以及结合教学内容采取社会调查等形式注重学生科技信息的收集、整理分析（51.7）。低于50%比例的教师注重学生个性的开发和引导、培养学生创新心理品质（39.4%），有2.3%比例的教师采用其他授课方式（见图11c）。以上课程教学行为的授课方式较为丰富，呈现出创新创业课程的灵活性，但仍需要额外关注新时代教育发展要求，引入最前沿的创新创业教育教学方法，持续优化课程教学行为方式。

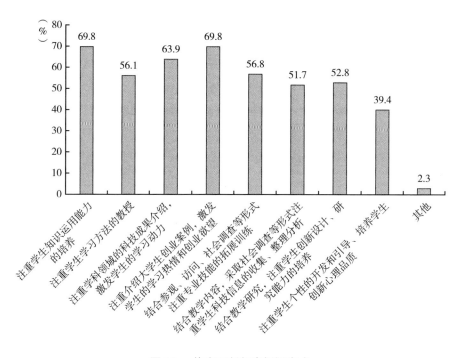

图11c　体育双创师资授课方式

资料来源：《中国高校体育产业创新创业教育现状调查问卷（2022）》。

2. 指导培训情况

体育双创师资指导培训行为是落实创新创业教育核心内容的重要一环，促进学生创新实践能力增强。在指导培训行为实施过程中，学生提出创新想法、发起创业项目，教师则以其专业能力的评判对学生进行想法落地、项目运转等方面的把关和指导，进而提高学生创新创业能力和素养。从数据调查结果来看，实施创新创业教育指导与培训行为的教师主要来源于八种类型，最多的类型是专职教师，66.2%高校的创新创业教育指导与培训教师来源包括专职教师，58.3%高校包括就业指导中心人员，52.8%高校包括教学教辅人员，39.0%高校包括学校行政管理人员，35.4%高校包括辅导员，20.5%高校包括社会组织人员，18.7%高校包括政府行政管理人员，17.4%高校包括风险投资或银行管理人员，1.7%高校还包括其他类型的教师（见图12）。一方面，实施指导培训行为的教师主要集中于专职教师和就业指导中心人员等校内方面，学生接受指导的可行性和频次较高；另一方面，政府行政管理人员、银行相关人员等校外师资相对不足，学生接受的社会实践类指导培训可能有所欠缺。

3. 社会实践情况

体育双创师资社会实践行为主要是指个体的创新创业实践，丰富的教师个体社会实践行为有助于创新创业课程的讲授指导和教育教学质量的持续提高，在提升教师个体的实践技能水平的同时，还可以对学生的双创行为起到有效的指导作用。

从社会实践行为的具体经历来看，37.9%的教师无体育产业创新创业工作经历，其余62.1%的教师有创新创业工作经历，其中39.8%的教师处于正在创业的工作状态，60.2%的教师属于曾经创业的一类（见图13a）。由此可知，就创新创业教育的教师来说，有相当一部分教师没有进行过相应的社会实践行为，对于学生的教学与指导会缺少一定的落地性，这部分教师需要深化个体社会实践行为，夯实个人能力，进而提高对学生的指导水平和指导成效。

从社会实践行为依托的企业实体来看：合伙企业实体占比最高，为

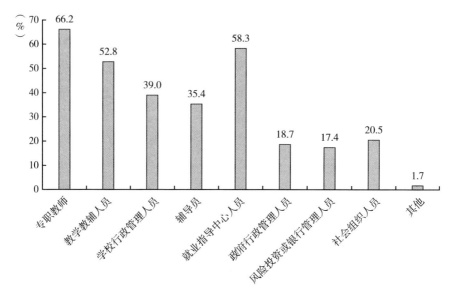

图 12　体育双创师资指导培训情况

资料来源：《中国高校体育产业创新创业教育现状调查问卷（2022）》。

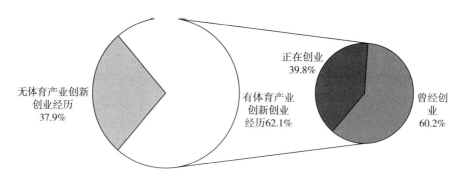

图 13a　体育双创师资社会实践情况

资料来源：《中国高校体育产业创新创业教育现状调查问卷（2022）》。

70.6%，成为教师创业的主要实体形式；个人独资企业实体占比为 12.8%，其数量多于公司型企业实体（8.4%），这两种形式的创业实体是教师创业形式的重点补充；其他形式的企业实体也占有一定比例，为 8.1%。由此可见社会实践行为依托的企业实体呈现一种大类突出、其他种类少而均的态势（见图 13b）。

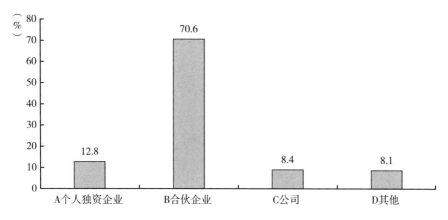

图13b 体育双创师资创业实体情况

资料来源：《中国高校体育产业创新创业教育现状调查问卷（2022）》。

从社会实践行为所属的工作性质来看，专职创业性质的教师占比为33.1%，兼职占比为66.9%（见图13c），比专职创业的教师两倍还要多，可见体育双创师资社会实践行为所属的工作性质主要是兼职形式，教师一方面从事高校教育教学活动的主业，另一方面兼顾创业活动的副业，进而以兼职创业的形式促进个人实践能力提升，为创新创业教育积累更多丰富的指导经验。

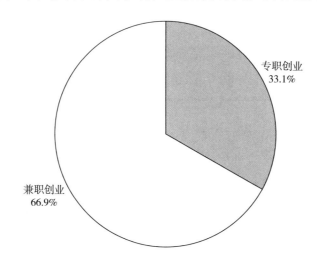

图13c 体育双创师资创业专兼职情况

资料来源：《中国高校体育产业创新创业教育现状调查问卷（2022）》。

从社会实践行为的具体领域来看，按照总体比例排名分为四大类。第一类为热门创业领域，市场占比都在15%以上，体育教育与培训领域以23.0%的最大比例占据首位，成为教师倾向性最大的创业领域；体育管理活动领域占比为20.3%，排名第二；体育健身休闲活动领域占比为15.2%，排名第三。第二类为较热门创业领域，市场占比为5%~15%，占比由高及低依次为体育场地和设施管理领域（10.1%），体育经纪与代理、广告与会展、表演与设计服务领域（6.4%），体育竞赛表演活动领域（6.1%）以及体育传媒与信息服务领域（5.7%）。第三类为一般创业领域，主要包括两类，即体育用品及相关产品制造领域（4.4%）和体育用品及相关产品销售、出租与贸易代理领域（4.7%）。第四类为冷门创业领域，体育场地设施建设领域（0.7%）有极少数教师进行创业活动，其他体育服务领域（1.7%）和其他领域（1.7%）有少数教师开展创业活动（见图13d）。

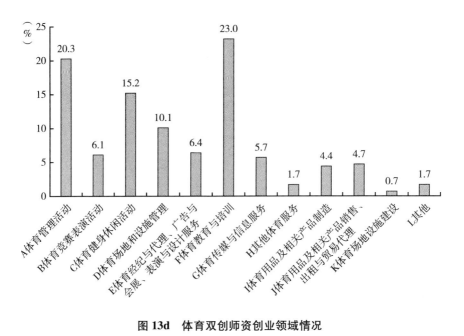

图13d　体育双创师资创业领域情况

资料来源：《中国高校体育产业创新创业教育现状调查问卷（2022）》。

（四）教师所专：创新创业教育师资学科背景分析

"创新创业师资具有哪些专业优势，即哪些方面知识的积淀更深厚"，这在学科背景分析中可以找到答案。师资个体学科背景指的是教师个体在学期间的专业方向，是教师的专长所在。以体育学相关专业和非体育学专业为统计划分标准，结果表明具有体育学相关专业背景的体育双创师资占比较高，为74.6%，非体育学（学科门类）专业背景的教师占比为25.4%，不及体育学科背景师资的半数。学科背景没有优劣之分，只要在创新创业教育过程中发挥其应有的价值，该专业背景就是有意义的。

1. 体育学相关专业背景

分层来看，体育学相关专业背景的教师主要分布在八个专业方向，其中列前三位的专业依次为，体育教育专业（63.2%）、社会体育指导与管理专业（50.8%）和运动训练专业（46.9%），即一半左右的教师专业背景归属上述三个方向。体育经济与管理专业（42.1%）和运动人体科学专业（36.0%）背景的教师所占比例也处于较高的范畴。其他专业背景如体育人文社会学（研究生层次）（28.1%）、体育学相关自设专业（如体育管理学，研究生层次）（23.0%）和武术与民族传统体育（22.5%）的教师，其数量相对较少（见图14a）。即体育教育专业相关知识是教师的专长，该专业领域是创新创业教育的重点。

2. 非体育学学科专业背景

非体育学（学科门类）专业背景在教师中的分布情况呈现十分突出的特征：具有管理学专业背景的教师以62.8%的分布占比位列第一名，占比比较高，这主要源于创新创业教育需要经营管理类知识的普遍性认识。具有教育学专业背景的教师以29.8%的分布占比位列第二，这与高校教师对于教育学知识的需要不无关系。具有经济学专业背景的教师占比紧跟其后，以25.6%的分布占比位列第三。其他专业背景的教师分布占比较为均衡，如理学（19.0%）、文学（13.2%）、工学（11.6%）和艺术学（9.1%）。最后其他几个专业背景在教师中的分布相对较少，占比都在7%以下。同时，从数据还可以看出，体育双创师资的专业背景涵盖了所有教育学科门类，如此

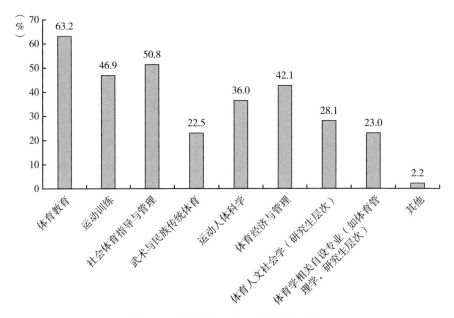

图 14a 体育学相关专业背景师资分布

资料来源：《中国高校体育产业创新创业教育现状调查问卷（2022）》。

多样化的师资专业背景，也将促进体育产业创新创业教育多样化发展（见图 14b）。

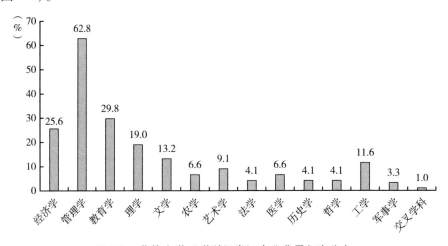

图 14b 非体育学（学科门类）专业背景师资分布

资料来源：《中国高校体育产业创新创业教育现状调查问卷（2022）》。

（五）教师所盼：创新创业教育师资建议分析

教师对于创新创业教育的建议反映了教师希望改进的创新创业教育要素，是教师内在心声的表达。从创新创业教育的宏观规划设计，到教学、实践等核心要素，再到各类平台及政策保障等，进行了多维度建议的调查，以了解掌握教师对于创新创业教育所期盼的重点所在。从数据调查结果可以看出，教师建议人数比例最多的是顶层设计方面，如加强创新创业顶层设计与规划（69.5%）、教育教学管理制度（69.8%）和培训体系（69.8%），其次是建立课外活动体系（66.6%）和加强师资建设（61.1%），此五个方面是教师建议较为强烈的方面，涵盖创新创业教育发展的核心要素，是创新创业发展不可忽视的议题。此外，对于创新创业信息服务平台建设（27.3%）、政府部门服务意识（27.2%）以及创新创业社会生态环境建设（27.4%）等方面的改进建议相对较弱，可见教师在创新创业教育过程中对这些要素需求的迫切性相对较低，这些要素是可以逐渐改进完善的因素，周期性较长（见图15）。

二　体育产业创新创业师资面临问题分析

体育产业创新创业教育师资在发展过程中出现一些问题，总体表现在以下方面。

（一）双创师资教育理念错位，忽视人才培养方向

目前，我国创新创业教育已经由起步阶段进入快速发展阶段，无论从政策落地实施，还是双创人才培养，都取得了一定成就。但是目前仍存在创新创业教育"认知偏""不到位""功利性"等问题，片面地提倡"培养企业家"教育以提高毕业生就业率、鼓励参加各类创新创业比赛以获得荣誉和奖励等，这些错误的理念导致创新创业教育已经偏离教育的育人本质，丢失了创新创业教育革新高等教育模式的初衷。调查结果显示，有51.1%的体育双创师资认为大学生体育产业创新创业存在缺少资金的问题，93.7%的

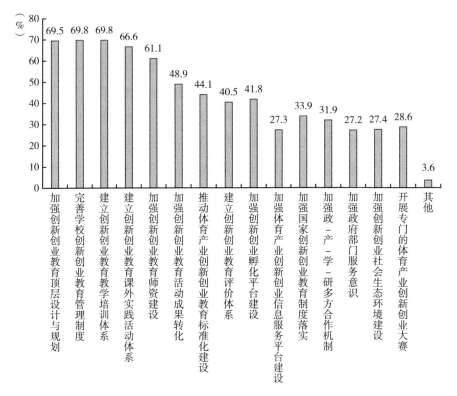

图15 体育双创师资对创新创业教育的建议

资料来源：《中国高校体育产业创新创业教育现状调查问卷（2022）》。

教师认为物质条件（资金、场地等）是影响大学生创新创业的重要因素。虽然资金短缺或物质条件限制可能是客观存在的问题，但上述调查结果在一定程度上反映了教师对创业教育与资金直接关系的理念认知偏差。对创新创业教育秉持偏差的理念，会导致教师创新创业教育关注点的转移，进而导致人才培养方向的偏离。同时，4.4%的教师对创新创业教育持中立的态度，0.4%的教师不太支持创新创业教育。扭转负面态度以及重新归位错位理念，比实施教育行为更需要引起重视。

理念问题是根本，创新创业教育理念不但直接支配教育行为，还影响以后创新创业教育发展的长远性和科学性。我国创新创业教育发展历程相对较短是师资理念问题产生的客观原因，事物发展需要经历一定的发展过程，从起步、发展、成熟到卓越，理念认知同样是一个渐进突破的过程，目前的理念的偏差是正常的，"纠偏"可以为创新创业教育高质量发展夯实根基。此外，我国高等教育发展经历扩张期，加之毕业分配制度的取消，大批毕业生面临就业难题，"体育生"就业更是亟待解决，创新创业成了缓解就业难题的应然之举，这是师资理念问题产生的现实原因。缓解就业问题是创新创业教育的一项基本功能，但不是最终目的，扎根中国大地办教育，那么创新创业教育理念就应该直面中国高等教育实际，将培养具有创新精神、掌握创业能力的人才作为最终的追求。

（二）双创师资队伍力量单薄，影响教育正常运行

调研发现，体育产业创新创业师资队伍建设中存在若干问题，总体表现在数量和质量两个方面。一是数量不足。数量不足既有绝对数量的不足，也有结构性的短缺。根据全国教育事业统计数据，2019年全国普通高等学校共有专任教师174.01万人，生师比为17.95∶1。同时据统计，全国双创专职教师有2.8万人，相当于1000个学生中仅有1名学生可获得创新创业教师的指导，双创师资严重不足。二是质量结构失衡，根据体育产业创新创业教育问卷调查，发现调查的总体高校教师中，75.9%的教师没有过创新创业工作经历，67%的教师没有担任过体育产业创新创业课程任课教师，即体育产业创新创业师资的比例不够充足，影响师资的总量构成。

体育产业创新创业师资力量的单薄是多种因素共同作用造成的，包括宏观上体育产业创新创业发展的程度，中观上高校总体师资的数量情况，微观上对个体师资的培训培养。在宏观层面，体育产业是近年来新兴的产业形态，随着奥运会、冬奥会在我国的成功举办，体育受到大众的青睐程度一度攀升，冰雪体育、户外体育、休闲体育等体育产业迅速升温，体育产业创新创业教育迅速全面开展，而师资建设不能在短时间内与之同步跟进，出现师资短缺的难题。在中观层面，对于我国高校发展来讲，高校扩招带来学生与教师数量的逐渐失衡，从事专业学科教育的教师短缺，非独立学科的创新创业教育配置的师资则更是少之又少，多数以兼职的身份开展教育教学工作。

在微观层面，可以推动师资储备的师资培训乏力，体育产业创新创业教育中针对学生的培训尚有不足，针对教师的培训，无论从国家政策引导，还是具体培训模式落地等方面都是处于相对落后的状态。

（三）双创师资专业能力欠缺，制约教育教学效果

"师资专业能力"曾多次在国家政策文件中被提出，2018年中共中央、国务院出台的《关于全面深化新时代教师队伍建设改革的意见》提出，有的教师素质能力难以适应新时代人才培养需要，思想政治素质和师德水平需要提升，专业化水平需要提高。随后，教育部等五部门印发《教师教育振兴行动计划（2018—2022年）》，提出全面提升教师素质能力，努力建设一支高素质专业化创新型教师队伍。2015年国务院办公厅出台《关于深化高等学校创新创业教育改革的实施意见》，直接指出教师开展创新创业教育的意识和能力欠缺、教学方式方法单一、针对性实效性不强等问题，创新创业师资能力建设问题首次呈现在国家政策文件里，可见创新创业师资专业能力问题不容忽视。对于专业能力的认识，在本次调查中发现，体育产业双创师资普遍认为其应具备的能力首要是组织协调能力（77.4%）、良好的沟通交流能力（67.7%）等通用能力，其次才是风险承担能力（57.0%）、优秀的管理和领导能力（62.9%）等更专业的能力，对专业能力重要性的认知有所欠缺。同时，高校体育产业创新创业教育授课教师来源方面，有65.9%高校的创新创业师资涵盖专职教师，57.0%的高校师资涵盖就业指导中心人员，51.0%的高校师资涵盖教辅人员，29.6%的高校师资涵盖行政人员，31.0%的高校师资涵盖辅导员，可见非专职教师在体育双创师资构成中占有较大比重，而其专业能力与专职师资相比存在一定差距。总之，专业能力欠缺以及对其认识不够深刻的情况不容忽视。

之所以产生专业能力不足的问题，根源在于标准的缺失和模糊，到底体育产业创新创业教育所需要的师资是什么样的，能力包括哪些要素，重点是什么，提升路径如何，这些缺乏系统的考量与设计，导致从事该方面工作的教师能力参差不齐，擅长不一，无法满足创新创业教育需求。另外，目前体

育产业创新创业师资构成上专职教师占比不高，兼职教师队伍较大，兼职教师更多精力放在本职主要工作，关注创新创业教育教学能力较少，所以总体的师资专业能力在一定程度上处于劣势。加上对于师资的专业能力培训缺乏健全的机制，校内组织的能力提升培训不够，对校外挂职锻炼支持度不够，导致专职教师队伍能力提升的空间有限，兼职教师队伍专业化进程受阻。

（四）双创师资培训机会不足，妨碍师资长远发展

双创师资的培训主要包括规范化的知识讲授培训以及实训、企业挂职等实践锻炼。目前，高校双创教师培训存在培训时间短、内容质量不高、制度规范不强等问题，甚至有很多的教师从未接受过系统化、专业化的培训。现实生活中，90%的高校由于各种因素，培训体系不健全，培训流于形式，最终培训效果欠佳，创新创业教师教学主动性受挫。在企业挂职方面，《国务院关于进一步做好新形势下就业创业工作的意见》明确提出，经原单位同意，离岗创业的教师可最多保留3年人事关系，并与在岗人员同等享有职称评聘、晋升等权利。虽然，上述政策为高校教师在企业挂职锻炼提供了"护身符"，但在实践过程中，依旧存在落实难的问题。调查数据显示，8.3%的高校直接表明不支持教师在企业兼职、挂职，24.3%的高校模糊处理，即将近1/3的院校没有明确支持体育双创师资挂职锻炼。综上，双创师资培训情况堪忧，成效甚微，这势必将限制双创师资的提高与进步，影响双创师资长远发展。

高校教师培训的欠缺，其原因有以下几个方面。第一，国家对高校教师的总体引导性低于中小学教师，从2010年起，教育部、财政部全面实施针对中小学教师整体素质的国培计划，对高校教师则给予更多的自主性，提倡高校根据实际情况自发组织培训。但高校自发自主开展培训的同时，往往带来高校师资培训的差异化、缺失化。第二，针对学生层面的创新创业教育培训形式多样，但是专门针对教师的培训数量和形式都有所减少，目前比较系统化的培训只有从国外引进的 SBY（Start Your Business）、KAB（Know About Business）等少量项目，且涉及师资的模块有限。第三，由于师资的挂职锻炼会

影响到其本职岗位任务的完成，出现教学工作无人承担的局面，站在学校教育教学统筹管理方面，学校是不提倡师资挂职锻炼的。所以高校教师培训欠缺是多方面因素共同作用的结果，需要各个击破，逐步调整，以提高教师培训实效。

（五）双创师资管理机制欠缺，管理活动效率不高

双创师资的管理机制主要指对教师进行统筹管理，包括制定师资发展的战略愿景和年度规划，制定师资的准入标准，对师资进行合理配置、培训与培养，采取措施激励师资行为等方面，进而提升师资管理的效率。但从目前情况来看，师资管理机制欠缺情况依旧严峻。例如，高校双创教师科学管理体系缺失、管理组织缺位以及师资配置效率偏低等问题凸显，这在一定程度上造成了师资人力资源的浪费，与当下新时代高校创新创业教育的跨越式发展要求相悖。同时，实证调查研究显示，30.2%的师资表示高校创新创业教育管理制度建设滞后，27.5%的师资表示高校创新创业教育的管理体制不顺，23.3%的师资表示高校创新创业教育的机制不够灵活。双创师资的管理机制事关师资建设总体发展，机制欠缺成为创新创业教育的瓶颈之一。

管理机制是一系列相互连接的要素共同作用在一起，以提高管理活动的要素总称，涉及顶层设计到落地实施的全过程。体育双创师资管理机制的欠缺表现在两方面。一方面体现在教学态度不积极，即"没人管"。由于创新创业教育取得的教育成果周期性长、效果不明显，且部分院校对双创师资的指导成果不承认是教育教学工作量范畴，对其师资管理的重视程度自然不如学科教育的专任师资。另一方面体现在教学经验缺乏，即"不知道如何管"。到底如何定位体育产业创新创业教育，其发展方向在哪里，如何进行有效配置，怎样更好激励教育行为，等等，都没有一个明确答案，缺少一个可以借鉴的标准，这需要不断摸索着改进，锁定标准要素，构建关联关系，力争建立一套完整的体育双创师资管理机制。

（六）双创师资布局配比不均，抑制双创均衡发展

高校双创师资与学生的配比是影响创新创业教育均衡发展的制约因素，

单纯教师数量上的多少并不能反映师资力量的强与弱，只有将教师数量与学生数量统筹来看，即关注师资配比情况，才能客观显现师资力量的现状，从根本上解决师资的储备力量问题，进而促进师资的均衡发展。通过将创新创业师资在地理上的分布比例与接受创新创业课程的学生在地理上的分布比例进行一一对比，发现东北、华北、西南地区的学生占比反多于教师占比，即师生配比不足，而华北地区教师占比（16.6%）与学生占比（29.6%）差距尤为巨大，相差 13 个百分点，是师生配比最为不足的区域，不利于地区创新创业的发展。同时，华东、华南、华中、西北地区教师占比高于学生占比，即师生配比充裕，华南和华东地区情况相对最好，教师占比比学生占比多 7 个百分点左右。虽然西北和西南地区教师与学生占比都有差异，但是总体看相差最小，是师生配比相对平衡的地区（见图 16）。

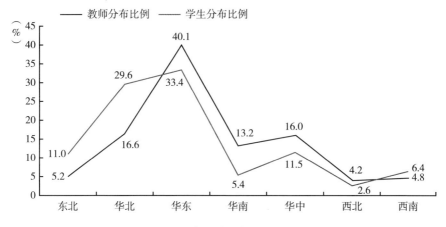

图 16　双创师资和学生在全国各区域分布

资料来源：《中国高校体育产业创新创业教育现状调查问卷（2022）》。

同高校师资分布一样，体育双创师资数量地理分布不均衡，主要是因为各地区人口总量、教育发展情况有差异，师资总体编制数会有不同，所以双创师资数量差异是客观存在的。但是，教师分布与学生分布比例差异是落实师资建设情况不同造成的，如果差异超过一定程度，这种失衡就需要格外关注。首先是华东、华南地区师资配比相对充裕，这离不开两地区良好的经济环境对创新创业教育发展的强力支撑。据统计，2021 年华东地区 GDP 总量 43.8 万亿元，排名第一，华南地区 GDP 总量 15.6 万亿元，排名第二，经济需要创新的带动，进而对创新创业教育更加地重视带来最优的师资供给，其他区域的创新需求的迫切性较低，重视程度不够，师资供给动力不足。此外，华北和东北等北方地区师资配比相对南方地区呈现不足，这与南北方对于创新创业教育的重视程度不同有一定关联。

（七）双创师资保障基础薄弱，挫伤双创教育的积极性

高校教师是从事创新创业教育的主力军，教育保障条件的好坏对师资的教育活动开展、教学效果提升产生直接影响。目前调查情况反映，体育产业创新创业教育基础保障条件薄弱，这对于教师教育积极性是一项重要考验。体育产业创新创业教育归口管理方面，49.9% 的高校没有体育产业创新创业归口管理部门，处于无序化状态。体育产业创新创业教育硬件条件方面，41.4% 有标语，40.7% 有专门的工作室，43.3% 有创业指导中心，38.5% 有孵化器，39.0% 有服务平台，所有的硬件条件在高校中的覆盖率都没有超过 45.0%。没有硬件条件的保障，就没有创新创业教育活动的顺利实施，所以硬件条件薄弱问题需要引起重视。在创新创业教育活动经费支持方面，24.4% 的院校明确表示经费不充足，还有 41.1% 高校的经费情况一般，即没有明确表示经费充足的院校占比为 65.5%。在体育产业创新创业的教育生态环境方面，按照李克特评分五分法，从环境非常完善到根本不完善，其平均值为 3.21，创新创业教育环境水平一般。

师资创新创业教育保障薄弱，一方面是由于顶层设计欠缺，缺少对于创新创业教育的战略性把控，从管理组织结构、归口管理部门到对应的硬件条件提供都欠缺一定的战略考量，不能满足创新创业教育的运行需要。另一方面是政策上的倾斜度缺乏，从国家大政方针到地方政府发文，高校在经费、组织等方面没有明确的制度来指导落实，无法为双创师资提供充足的保障。再有，我国创新创业发展历经的时间不够长远，师资发展基础建设尚有很大发展空间，这是目前保障薄弱的现实原因。

（八）双创师资评价方式单一，限制师资职业发展

创新创业师资队伍要想不断壮大，就必须给予教师广阔的发展空间、多种发展路径，激发教师的积极性，完善师资队伍阶梯化建设。首先是对双创师资教育教学工作的评价，这是改进的基础，提升的方向所在。据调查，34.4%的师资希望建立创新创业教育评价体系，可见教育评价体系的不足，师资对评价改革寄予希望。同时，有些评价体系中没有创新创业意识、创新创业精神培养等方面的评价指标，评价指标体系过于刻板与生硬。其次，在职称评审过程中对创新创业教学工作的评价与认定不够完善。目前，高校教师评聘职称序列上缺少专门针对创新创业教师系列的设计，好多高校职称评审依旧是按照科研和论文的成果为主要标准，对创新创业教育的成果采纳认可度不够。长此以往，双创师资的职称晋升受到影响，严重限制教师的职业发展。

综上可以看出，体育双创师资评价的问题一方面是评价体系不科学，另一方面是评价结果与职称晋升的非对等性。前者的原因主要是对体育产业创新创业教育内涵的把握不够深入，未能深入了解一般专业性教学与创新创业教学的区分点，难以确定是否需要采用专项的评价以及哪些是双创教学成果评价的重点。后者的现实原因是我国高校教师职称评审制度的灵活性缺乏，囿于职称评审的条件，近年新出现的创新创业专任教师的职称评审难以被合理融入，评审条件固化，造成工作内容与评审标准的错位。虽然，职称的评审制度改革不断推进，但时效性有待落地。

三　体育产业创新创业师资发展对策

（一）深化双创教育理念，引导双创纵深发展

创新创业教育，是一种具有中国特色的高等教育理念，是中国高等教育从大众教育向精英教育过渡的需要。良好的教育理念是教育发展的第一要务，可以指引教育教学在时代发展中建功立业，带领中国走向世界教育的宇

宙中心。深化双创教育理念，最为重要的是厘清创新与创业的关系和内涵，创新是一种思想的突破，对任何一种事物都有质疑的勇气，具有独特的看法，在创新创业教育中需要培养学生这种创新的思维；创业是一种行为，需要将创新的想法和多种资源进行组合实践，创办组织，并在市场环境下运营获得收益，创业教育需要培养学生敢于尝试的勇气和动力，锻造不断试错进而提高自我的能力，历练协调运用资源的行动力。总之，把握好创新创业教育理念，创新创业教育已经成功一半。然而，只有当理念来引导教师行为，完成理念的落地，教育理念才真正实现了其价值所在。中国特色的创新创业教育理念，需要师资以培养学生创新精神为根本遵循，将一切教育活动以此为目标；以锻炼学生的创业能力为根本目的，摒弃功利的创业盈利、大赛得奖等偏离根本目的的错误思想，注重引导学生去不断尝试与突破，将培养创新能力放在第一位。将师资理念与行为有效结合，共同促进体育产业创新创业教育向纵深发展。

（二）夯实师资队伍建设，充实师资力量储备

师资队伍建设重在增加全体师资的数量规模、优化师资质量结构，旨在保障创新创业教育授课质量，强化创新创业人才培养效能。首先是教师数量增加方面的"开源"，在高校教师招聘的环节中，提高总体教师编制数量，将创新创业型教师名额计划纳入其中，有针对性地提高双创专业师资数量，力争"开源"，在根本上提高教师数量的供给。其次是对教师数量增加方面的"渠道拓展"，在目前存量师资中，挑选具有创新创业师资特质且有意向从事创新创业教育的教师，定向培养，逐步转化为合格的体育双创师资；在体育行业企业中，招聘有经验的企业人员成为体育双创师资，以其丰富的体育产业从业背景经验，来弥补高校教师社会经验的不足，优化师资构成。最后，对体育双创师资实行团队化管理，在团队协作过程中，科学、高质量输出创新创业教育业绩，快速提升个人能力，同时增强归属感，降低优秀双创师资的流动，做到师资数量上的"节流"。关注师资建设全流程，严格过程前、中、后管理，全面提高师资队伍水平。

（三）对标专业能力标准，提升师资授课效能

教师的专业发展是新时代高校发展的根本需要，更是创新创业教育推进的必然要求。高素质、专业化的师资队伍推动更高标准的创新创业教育践行，更能聚焦行业社会发展需要，培养出中国大地上的创新创业人才。对标师资专业能力标准，是专业化发展的必经之路。第一，对标的前提是能力标准的制定。到底什么是创新创业师资要具备的能力，能力簇的核心是什么，诸多能力在整个能力体系中是怎样的定位，这些都是能力标准要解决的问题，明确标准，才能对标执行，找到师资能力建设的方向。第二，对标的实施是找差距、促改进。将专业能力标准体系作为标靶，逐项对应教师自身能力素质情况，若该项能力素质不足，则对照程度标准，有意识进行培养；若该项能力较好，则总结理论方法，统筹思考是否调整标准体系。第三，对标的结果是，周期循环，良性改进。当下社会处于快速更迭的进程，如"云上赋能"等新型时代元素，正在引领着一个时代的变迁，所以要想走在时代的前沿，双创师资标准就不能一成不变，必须要洞察时代发展的脉搏，动态调整师资专业能力要素，构建新时代创新创业教育师资能力体系，推动新时代社会发展所需的杰出人才。

（四）强化师资培训培养，助推师资纵深发展

师资培训是提升师资能力的主要渠道，是师资交流的有效载体。体育双创师资在专业教育与行业教育融合管理方面有待提升、在学生实践能力的指导上有待强化，等等，这些都是师资培训亟待解决的问题，所以应该将师资培训需要给予更高的关注度。在培训形式上，形成在高校内部增加培训频次、在企业社会丰富培训内容的内外兼顾模式。成立校内培训中心，以高校内部培训来提高师资知识储备、拓宽师资教育活动眼界、扎实教育教学基本功；建立校外企业挂职、企业交流制度，规范校外师资培训方式，在企业沟通交流中积淀运营经验、管理技巧，了解风险识别、机会甄别，以获得更多创新创业教育实践能力，提高学生对教师的信服度、敬佩感，激发学生创新

创业兴趣。在培训内容上，形成以国外成熟培训体系为参考、本土培训体系开发为主的宗旨方向，例如借鉴国际劳工组织发布的 SYB、KAB 等成熟培训体系要点，结合体育产业发展情况、本土文化认知要点，不断开发与完善师资培训体系，逐渐形成权威的体育产业创新创业师资培训体系，供全国相近专业借鉴与参考。

（五）理顺双创管理机制，提高双创管理效率

创新创业管理机制需要综合审视与统筹师资队伍，理顺诸多创新创业构成元素，明确各元素之间的关系，搭建出顺应师资一体化发展的科学架构。第一，做好创新创业师资管理的顶层设计，包括最基础的创业师资管理机构设置、岗位职责划分、人才培养方向及师资总体工作的模式结构，按照顶层设计推进体育双创师资管理的规范化和专业化。第二，做好专项制度保障，由于顶层设计是思路引领，必须辅之以专项制度保障，才能将顶层设计一步一步推动落实。制定配套的政策制度，要从国家到地方到高校，逐一深化，对接师资发展的每一项顶层设计需要，进而实现顶层设计的有效贯通。第三，做好正向激励，制度保障解决了教师是否能够顺利进行教育活动的问题，但对于能否更好地开展教育活动还需要进一步思考。此时，正向激励成为解决之道。构建师资激励制度，在体育双创师资的实际工作成效基础上，客观评价，及时、重点、正向激励，以激励其不断改进授课讲学的方式方法，同时也是不断印证管理机制是否完备的过程。此外，不同类型的专兼职教师的管理与转化、体育行业的特色管理等方面元素也需要在管理机制中找准定位，共同作用于师资发展，以提高创新创业教育管理效率。

（六）创建师资共享机制，打破师资流通壁垒

优秀的体育创新创业师资既是体育学科专业的专家，又是体育行业领域的专家，但是这些优质资源作用的发挥限于本校、本岗位、本区域，导致师资不均衡的现象出现。为了将专家资源实现最大化开发利用，可以建立师资共享机制，消除师资只能"服务一方"的弊端，打破师资流通壁垒。其一，

建设区域师资库，实现校际交流。以经济区域或者地理区域为划分依据，建立如"京津冀""粤港澳""长三角"等区域库，不同高校内的师资可以相互交流、互聘，促进师资融通。其二，建设企业师资库，实现校企互动。通过高校与企业建立定向协议，企业优秀员工可以兼任高校创新创业导师，高校内的教师也可以到企业去传授创新创业前沿理论知识，相互借鉴吸收，互补提高，在库成员按照定向协议循环流动，促进校企互动的工作落到实处、落在关键环节。其三，建设专业师资库，实现行业共享。体育行业涉及范围十分广泛，涵盖教育、服务、制造、媒体、娱乐、营销等方方面面，师资的行业共享，在实现师资效能发挥最大化的同时，也在无形中推动着行业发展，最终促进创新创业教育与体育产业发展更加紧密融合在一起。

（七）强化师资发展保障，提高工作满意水平

创新创业教育发展离不开师资，师资发展离不开基础保障，缺少基础保障，再有想法的创新也会被阻断，再有试错的勇气也会被拖累，所以强化师资发展的基础保障，是创新创业教育的必需之道。第一，搭建师资发展的组织保障平台，为创新创业师资找到组织归属。根据实践情况，可以设置专门的二级学院，或者机构中心，或者工作室，让师资专心于教育教学、实践指导，而非为没有场地、没有组织管理而分散精力。第二，建立师资发展的制度保障体系，以详尽的制度体系为教师各方面发展提供有力保护屏障。和教师切身利益关系最紧密的是薪酬保障，在基本薪酬基础上，建立给予双创工作绩效的激励制度；和创新创业工作关系最紧密的是专项资金保障，因为教育教学中各类社会实践项目都需要启动资金，资金从哪里出、如何使用等都需要制度来规范。第三，不断完善创新创业教育的资源保障，例如人、财、物、信息等多方面的资源。可以主动和社会企业沟通交流，向政府组织提出建议，与行业协会共谋发展，在国际市场参与展示，多种渠道多种方式发力，以不断扩充资源基础，后期加以合理开发利用，让越来越多优质的资源更好地服务于创新创业教育，逐步提高教师工作满意度。

（八）制定科学的师资评价方式，畅通职业发展路径

之所以进行师资评价，一则考查教师的工作成效，给予报酬；二则鉴定教师水平能力，晋升职称。二者关乎教师的生活物质基础和职业生涯发展，是教师工作主要的追求所在。对于创新创业师资，更要理顺这些关系，才能为其长远发展提供动力支持。创新创业师资的教学成果评价，要综合来看结果，不能以学生创业成功率、创新创业大赛获奖情况、获得专利情况来简单评判，要客观评价，同时考量学生的创新兴趣、创业的动力和勇气、创新创业能力等深层次指标，以创新创业人才培养的初衷来确定教育教学评价重点，评判教育教学结果。另外，师资发展的职称评价方面，对于创新创业的专业教师，因为其职称归属于专任教师系列，所以评审条件要依照普通专业科研教师进行，造成其既要开展学生创新创业教学指导工作，又要花费大量额外精力去进行科研，在不太相容的两类工作中疲惫不堪，所以要及时变通职称评价方式，在暂时无法改变评审系列的情况下，评审侧重对其教育教学效果的评价，降低科研评价权重，理顺工作成果与职称评价匹配的评价路径。解决师资评价问题，可以打通创新创业师资发展通道，激发师资创新创业教育内在动力，最终助力创新创业教育高质量发展。

四　结论

中国高校体育产业创新创业师资总体上呈现出年龄年轻化、学历高水平化、来源类别合理化等特征，同时对于体育产业创新创业教育的态度较为积极，创新创业教育行为积极与消极并存，以体育教育专业为主要体育类学科专长，对于创新创业教育顶层设计较为期待。同时创新创业师资在多方面也存在现实问题，包括理念错位、师资队伍力量单薄、培训不足等，建议从深化双创理念、充实师资储备、强化培训培养等方面落实改进，助推高校体育产业创新创业师资建设和发展。当前中国发展处于两个百年奋斗目标的重要交汇期，体育产业发展进入快车道，师资发展面临更多新时代的要求，如专

业化、均衡化，师资亟须融入更多新时代的元素，如智能化、国际化。在此重要战略机遇期，如何更好地立足新时代体育产业发展需求，建设好引领创新创业教育发展的卓越师资队伍，需要深入思考与探究，这是时代的重任，也是历史的责任。

参考文献

〔美〕A. 班杜拉：《思想和行动的社会基础——社会认知论（上册）》，林颖等译，华东师范大学出版社，2001。

侯龙真、赵杰：《应用型高校创新创业师资管理策略探析——基于现代人力资源管理的视角》，《菏泽学院学报》2020年第6期。

黄守峰、王祥熙：《高等院校创新创业师资"供给侧"改革现实困境及路径选择》，《天津市教科院学报》2019年第5期。

刘忠艳：《精细化管理视阈下"双创"师资人才队伍建设研究》，《中国人力资源开发》2016年第5期。

吴长静：《社会主义核心价值观转化为行为习惯研究》，浙江师范大学博士学位论文，2021。

王洪才：《创新创业教育：中国特色高等教育发展理念》，《创新创业教育》2020年第12期。

王磊：《以五大发展理念引领高校双创教育改革发展》，《教育与职业》2021年第9期。

肖林鹏、靳厚忠主编《中国高校体育产业创新创业报告（2020~2021）》，社会科学文献出版社，2021。

向敏、许钊铀、谢琅、周海莹：《高校教师创新创业教育能力模型建构——基于全国596所高校双创教师数据的实证分析》，《中国电化教育》2020年第8期。

周兴兴、余文婷：《行业特色高校创新创业教育师资队伍建设思考》，《中国轻工教育》2021年第2期。

张羽：《多元文化背景下的音乐教师态度与师资培训》，西北师范大学博士学位论文，2007。

张艳新、杨莼莼、岳华、刘媛：《基于人力资源管理视角的高校创新创业师资队伍建设研究》，《高教学刊》2020年第19期。

中国高校学生体育产业创新创业态度与行为研究

潘泓宇　宋雪萌*

摘　要:　以中国高校从事体育产业创新创业的学生为调研对象,对中国高校学生体育产业创新创业的态度与行为现状进行调查分析。其中包括高级学生支持度、满意度、课程参与、培训参与情况等。研究发现,中国高校学生创新创业态度与行为存在的问题包括:体育产业创业意愿不足、对体育产业创新创业的满意度不高、对中国高校体育产业创新创业的态度差异性大等。提出针对中国高校学生体育产业创新创业态度和行为的对策建议,主要包括优化体育产业创新创业氛围、增加创新创业课程数量和提升课程质量、构建体育产业创新创业协同机制等。

关键词:　体育产业　创新创业　创新创业态度　创新创业行为

　　高校学生是最具活力、朝气的群体,是"大众创业、万众创新"的生力军。让中国高校学生群体更好地投身于体育产业创新创业的浪潮中,将其所学所想付诸实践,不仅能实现其更加充分更高质量就业,同时又是解决体育产业人才缺口的重要举措,以及推动体育产业高质量发展的重要动力。一般而言,态度代表着人对于特定对象所持有的稳定的心理倾向,包含着人对

---

*　潘泓宇,北京体育大学 2022 级博士研究生,主要研究方向为体育统计学、体育经济学、创新创业教育;宋雪萌,新华网教育频道《读懂创新的密码》栏目组外联编辑,主要研究方向为体育心理学、认知心理学、创新创业实践。

于特定对象的主观意愿、主观的内在需求。在本文中，高校学生体育产业创新创业态度主要包括对体育产业创新创业的参与意愿、创业想法来源、创业时机、对高校体育产业创新创业的支持度和对高校体育产业创新创业教育的满意度等。高校学生体育产业创新创业行为是高校学生在"双创"战略和加快体育产业高质量发展的大环境下，基于自身体育产业创新创业态度和学科背景等能力，创新创造关于体育产业的新观点、新方法、新技术的过程及运用，同时也涉及高校学生参与相关体育产业创新创业教育、活动、实习实训等行为。在本文中，高校学生体育产业创新创业行为主要包括高校学生体育产业创新创业课程学习、讲座培训、比赛交流、实习实训和创业实践等。

通过对高校学生体育产业创新创业态度与行为的深入研究，以期客观把握中国高校学生体育产业创新创业现状，实现高校体育产业创新创业教育的有效开展，推动高校学生更高质量的体育产业领域创业就业，从而助力体育产业高质量发展，加快建设中华体育强国，为实现中华民族伟大复兴的中国梦贡献智力资源。

一 调查设计

为了客观把握全国大学生体育产业创新创业态度和行为状况，课题组开展了"中国高校大学生体育产业创新创业基本状况"问卷调查，问卷就中国高校学生体育产业创新创业态度与行为的各个层面进行了深入调研。此次问卷调查覆盖全国各大地区，包括华东地区、华北地区、华中地区、华南地区、东北地区、西北地区、西南地区。

其中来自华北地区的学生占比为 39%、华东地区占比为 27%、华中地区占比为 11%、东北地区占比为 9%、西南地区占比为 6%、华南地区占比为 5%、西北地区占比为 3%（见图 1）。

从受调查学生所属高校办学层次来看，学生来自 985 高校、211 高校或双一流高校的占比为 30%，其他普通高校的占比为 70%（见图 2）。

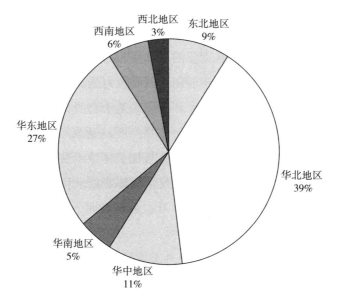

图 1　受调查学生所属学校区域占比分布

资料来源：《中国高校体育产业创新创业教育现状调查问卷（2022）》。

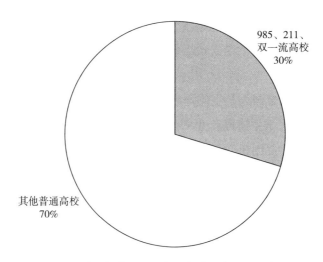

图 2　受调查学生所属高校办学层次占比分布

资料来源：《中国高校体育产业创新创业教育现状调查问卷（2022）》。

从受调查学生专业类别来看，非体育学专业的学生占比为48%，体育学相关专业的学生占比为52%（见图3）。

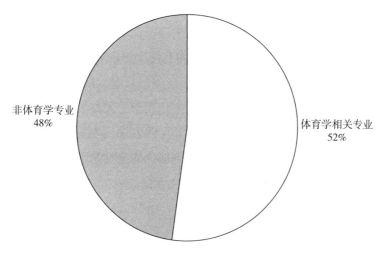

图3 受调查学生专业类别

资料来源：《中国高校体育产业创新创业教育现状调查问卷（2022）》。

从性别构成来看，受调查学生中男性占比为53.2%，女性占比为46.8%，而在体育学相关专业中男性占比为66.8%，女性占比为33.2%，在非体育学相关专业中男性占比为38.4%，女性占比为61.6%（见表1）。

表1 中国高校学生体育产业创新创业性别结构

单位：%

学科专业	男性占比	女性占比	合计
体育学相关	66.8	33.2	100.0
非体育学相关	38.4	61.6	100.0
总体	53.2	46.8	100.0

在受调查学生中，体育学相关专业涉及了体育教育、运动训练、社会体育指导与管理、武术与民族传统体育、运动人体科学、体育经济管理、体育人文社会学等，覆盖所有体育学相关专业。而非体育学相关专业学生各自的

专业领域不一，包括了经济学、管理学、教育学、理学、文学、农学、艺术学、法学、医学、历史学、哲学、工学、军事学、交叉学科等学科门类。从学生年级构成来看，本次调查覆盖了所有年级的学生，从本科生到博士生层次。

二 中国高校学生体育产业创新创业态度现状分析

中国高校学生体育产业创新创业态度代表着中国高校学生对体育产业创新创业所持有的稳定的心理倾向，包含其主观意愿、主观的内在需求等。笔者试图通过梳理中国高校学生体育产业创新创业态度基本情况，从而分析中国高校学生体育产业创新创业态度存在的问题。

（一）中国高校学生体育产业创新创业态度基本情况

1. 高校学生对体育产业创业的意愿情况

中国高校学生对于体育产业创业的态度，一定程度上代表着中国高校学生体育产业创新创业的潜在行为，通过研究高校大学生对于参与体育产业创业持有的态度、其体育产业创业想法来源以及关于体育产业创业选择时机等三个方面，可了解其潜在行为。根据调查结果，中国高校学生体育产业创业意愿整体呈现较为积极的态度，其中持有"非常强烈"意愿去体育产业领域创业的高校学生占比为30.6%，认为自己具有"比较强烈"意愿去体育领域创业的高校学生占比为30.0%，从调查数据中可以看出，超过60%的高校学生对于体育产业创业持有积极态度。同时，占比为27.2%的中国高校学生对于体育产业领域创业持"一般"意愿，而认为自身具有"不太强烈"意愿去体育产业领域创业的高校学生占比为9.7%，仅有占比为2.5%的高校学生对去体育产业领域创业持有"根本不强烈"意愿（见图4）。总的来说，持有偏消极意愿的高校学生比例只有一成左右，整体来说，受调查的高校学生对于体育产业创业的意愿整体向好。

笔者将所受访高校学生按照各年级阶段分为三类，其中：第一类是本科低年级段，包括大一和大二的高校学生；第二类是本科高年级段，包括大

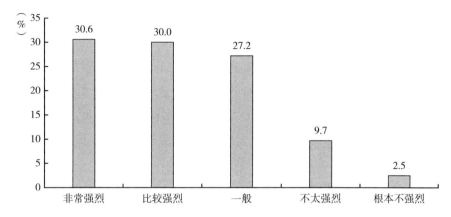

图 4　中国高校学生体育产业创业意愿

三、大四和大五的高校学生；第三类是研究生阶段的高校学生。根据调查数据，在体育产业创业意愿中持有"非常强烈"态度占比最高的是本科高年级段即大三、大四、大五的高校学生，其占比为 34.9%，其次是本科低年级段即大一、大二的高校学生，其占比为 29.5%，研究生以 26.2% 的占比排在最后。用持有"非常强烈"和"比较强烈"的占比之和来衡量高校学生对体育产业创新创业有较为积极的态度，用持有"不太强烈"和"根本不强烈"的占比之和来衡量高校学生对体育产业创新创业有较为消极的态度。在各年级阶段中，可以看出本科高年级段即大三、大四、大五的高校学生对体育产业创业有着最积极的态度，持有"非常强烈"和"比较强烈"态度占比之和为 67.4%。而持有消极态度占比最多的是研究生，持有"不太强烈"和"根本不强烈"态度占比之和为 15.7%（见表 2）。

表 2　各年级阶段高校学生体育产业创业意愿

单位：%

年级阶段	非常强烈	比较强烈	一般	不太强烈	根本不强烈
大一、大二	29.5	28.3	29.5	10.0	2.7
大三、大四、大五	34.9	32.5	22.9	8.1	1.6
研究生	26.2	32.2	25.9	12.2	3.5

笔者将所受访高校学生按照其高校所在地区分为7类，包括华东、华北、华中、华南、东北、西北、西南7个地区。根据调查数据，在体育产业创业意愿中持有"非常强烈"态度占比排名前3的地区分别是东北地区、华东地区和华南地区，其占比分别为42.1%、38.0%、33.7%。在地区中，可以看出华东地区的高校学生对体育产业创业有着最积极的态度，持有"非常强烈"和"比较强烈"态度占比之和为70.3%。而持有消极态度占比最多的是华北地区的高校学生，持有"不太强烈"和"根本不强烈"态度占比之和为17.4%（见表3）。

表3 各地区高校学生体育产业创业意愿

单位：%

地区	非常强烈	比较强烈	一般	不太强烈	根本不强烈
华东地区	38.0	32.3	22.1	6.1	1.5
华北地区	23.0	27.9	31.7	13.8	3.6
华中地区	32.9	33.0	25.7	6.5	1.9
华南地区	33.7	29.8	23.3	10.3	2.9
东北地区	42.1	26.3	23.8	6.2	1.6
西北地区	27.7	29.8	29.5	11.5	1.5
西南地区	25.1	34.2	30.5	8.7	1.5

在班杜拉（Albert Bandura）的三元交互论中认为个体、环境、行为三者间的交互作用，互为因果。[①] 因而我们在探究影响高校学生体育产业创新创业态度的因素时，就应该关注受调查个体的环境和个体背景等因素。根据调查结果，中国高校学生体育产业创业想法来源多种多样，包括了个人理想、家庭影响、亲朋影响、社会影响、各类媒体宣传影响、学校氛围影响、同学影响、择业因素影响、成功偶像影响、授课老师影响等。这之中占比排

---

① 殷融：《论班杜拉三元交互决定论中蕴含的先锋思想》，《心理研究》2022年第2期，第115~120页。

名前 5 位的想法来源分别是个人理想、社会影响、学校氛围影响、择业因素影响、授课教师影响。影响中国高校学生体育产业创新创业想法来源的渠道丰富多元，但最主要渠道中仍是学生个人、社会、学校这三个方面对于学生个体的影响（见图 5）。

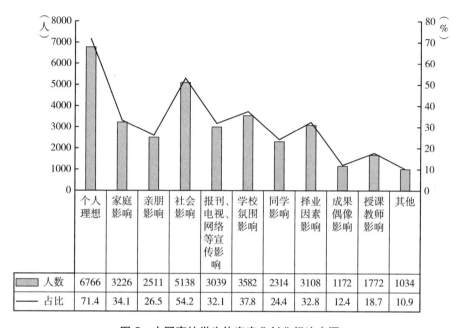

	个人理想	家庭影响	亲朋影响	社会影响	报刊、电视、网络等宣传影响	学校氛围影响	同学影响	择业因素影响	成果偶像影响	授课教师影响	其他
人数	6766	3226	2511	5138	3039	3582	2314	3108	1172	1772	1034
占比	71.4	34.1	26.5	54.2	32.1	37.8	24.4	32.8	12.4	18.7	10.9

图 5　中国高校学生体育产业创业想法来源

关于创业时机的选择，存在多种情况，基于中国高校学生自身情况和外部环境，针对中国高校学生体育产业的创业时机选择进行调研，有利于我们更好地把握高校学生对于体育产业创新创业的态度。高校学生所选择的体育产业创业时机并不是单一的，呈现出多元化的时机选择，选择时机分布在大学期间、大学毕业后以及工作一段时间后。根据调查结果，有占比为43.0%的高校学生选择了在"大学期间"进行体育产业创业，这是高校学生选择开始体育产业创业占比较高的一个选择；其中占比最高的选择是在"大学毕业后"作为开始体育产业创业的时机，占比为53.3%。从调查数据可以看出，占比排名靠前的两个选择说明高校学生选择体育产业创业时机和在校这段时间密切相关，在校期间的学习、生活对于高校学生选择开始体育产业创业影响重大，我们应高度关注其在校期间的学习、生活中的影响因素。而选择"毕业工作一段时间后"的高校大学生占比为38.9%，这一部分的学生更多是受到工作经历等相关影响做出的选择和判断；还有占比为42.2%的高校大学生选择"视情况而定"（见图6）。

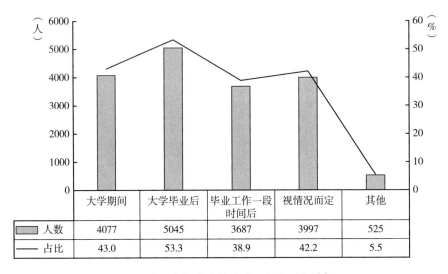

图6 中国高校学生体育产业创业时机选择

2.高校学生对中国高校体育产业创新创业教育支持度情况

高校学生对于中国高校体育产业创新创业教育的支持度，体现出中国高校体育产业创新创业现阶段的发展状况。根据调查数据，从年级阶段来看，本科高年级段即大三、大四、大五的高校学生对中国高校体育产业创新创业教育表示"非常支持"的态度占比达47.7%，其次是研究生占比为45.2%，占比为43.6%的本科低年级段即大一、大二的高校学生表示"非常支持"。而认为"一般"、"不太支持"和"完全不支持"的态度占比之和最多的是本科低年级段即大一、大二的高校学生，占比为19.6%（见表4）。

表4 各年级阶段高校学生对中国高校体育产业创新创业教育的支持度

单位：%

年级阶段	非常支持	比较支持	一般	不太支持	完全不支持
大一、大二	43.6	36.8	18.2	0.8	0.6
大三、大四、大五	47.7	36.3	14.6	1.0	0.4
研究生	45.2	39.4	13.2	1.5	0.7

根据调查数据，从各地区来看，高校学生对中国高校体育产业创新创业教育表示"非常支持"和"比较支持"的态度占比之和最高的是华东地区，达84.2%，其次是华中地区、华南地区和西北地区，占比分别为84.1%、82.4%、82.1%，最后是东北地区、西南地区和华北地区，占比分别为81.4%、80.7%、80.0%（见表5）。

表5 各地区高校学生对中国高校体育产业创新创业教育的支持度

单位：%

地区	非常支持	比较支持	一般	不太支持	完全不支持
华东地区	50.1	34.1	14.5	0.8	0.5
华北地区	40.4	39.6	18.2	1.2	0.6
华中地区	47.4	36.7	14.7	0.6	0.6
华南地区	46.7	35.7	15.8	1.2	0.6
东北地区	50.8	30.6	17.1	0.7	0.8
西北地区	38.7	43.4	17.3	0.3	0.3
西南地区	39.5	41.2	16.9	1.9	0.5

3. 高校学生对中国高校体育产业创新创业教育满意度情况

中国高校学生体育产业创新创业是一个系统工程，在这之中的每一个环节、每一个要素都影响着高校学生体育产业创新创业行为。针对中国高校学生对中国高校体育产业创新创业教育的态度情况进行调研，包括了其对中国高校体育产业创新创业课程、培训、赛事、实习实训、场地设施、信息咨询服务、项目孵化、实践平台、成果转化、政策落实、项目宣传、社会支持等中国高校体育产业创新创业等各环节的态度。

调查数据显示，中国高校学生对体育产业创新创业课程表示"非常满意"的占比达28.5%，占比为26.3%的中国高校学生表示"很满意"，认为"一般"的中国高校学生占比为39.5%，有占比为3.6%的中国高校学生表示"不满意"，另外有占比为2.1%的中国高校学生对体育产业创新创业课程表示"非常不满意"；从对体育产业创新创业教学的态度来看，占比为28.4%的中国高校学生表示"非常满意"，有占比为26.8%的中国高校学生认为"很满意"，认为"一般"的中国高校学生占比为39.0%，而认为"不满意"和"非常不满意"的中国高校学生占比分别为3.9%和1.9%；从对于体育产业创新创业师资的态度来看，28.8%的中国高校学生认为"非常满意"，表示"很满意"的中国高校学生占比为28.1%，而认为"一般"和"不满意"的中国高校学生占比分别为37.1%和4.1%，同时还有占比为1.9%的中国高校学生持有"非常不满意"的态度；中国高校学生对中国体育产业创新创业培训表达出"非常满意"的态度占比达28.3%，占比为26.7%的中国高校学生表示"很满意"，认为"一般"的中国高校学生占比为39.1%，有占比为4.0%的中国高校学生表示"不满意"，另外有占比为1.9%的中国高校学生对体育产业创新创业培训表示"非常不满意"（见图7）。

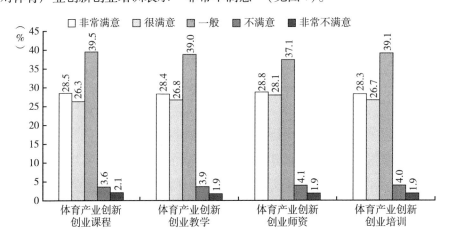

图7　高校学生对中国高校体育产业创新创业各环节的态度情况（1）

在对体育产业创新创业赛事的态度方面，占比为 27.7% 的中国高校学生表示"非常满意"，有占比为 28.8% 的中国高校学生认为"很满意"，认为"一般"的中国高校学生占比为 38.0%，而认为"不满意"和"非常不满意"的中国高校学生占比分别为 3.5% 和 2.0%；从对于体育产业创新创业实习实训的态度来看，28.1% 的中国高校学生认为"非常满意"，表示"很满意"的中国高校学生占比为 27.3%，而认为"一般"和"不满意"的中国高校学生占比分别为 38.9% 和 3.9%，同时还有占比为 1.8% 的中国高校学生持有"非常不满意"的态度；中国高校学生对体育产业创新创业场地设施表达出"非常满意"的态度占比达 27.9%，占比为 27.6% 的中国高校学生表示"很满意"，认为"一般"的中国高校学生占比为 38.3%，有占比为 4.1% 的中国高校学生表示"不满意"，另外有占比为 2.1% 的中国高校学生对体育产业创新创业场地设施表示"非常不满意"；中国高校学生对体育产业创新创业指导服务表示"非常满意"的态度占比达 28.3%，占比为 27.8% 的中国高校学生表示"很满意"，认为"一般"的中国高校学生占比为 38.3%，有占比为 3.7% 的中国高校学生表示"不满意"，另外有占比为 1.9% 的中国高校学生对体育产业创新创业指导服务表示"非常不满意"（见图 8）。

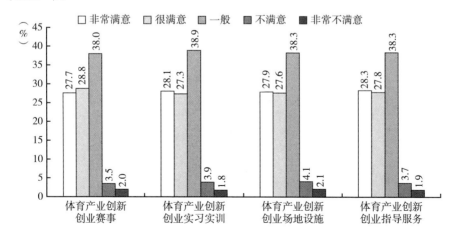

图 8 高校学生对中国高校体育产业创新创业各环节的态度情况（2）

　　在对体育产业创新创业信息咨询服务的态度方面，占比为27.4%的中国高校学生表示"非常满意"，有占比为28.5%的中国高校学生认为"很满意"，认为"一般"的中国高校学生占比为38.4%，而认为"不满意"和"非常不满意"的中国高校学生占比分别为3.9%和1.8%；从对于体育产业创新创业政策体系的态度来看，27.9%的中国高校学生认为"非常满意"，表示"很满意"的中国高校学生占比为28.3%，而认为"一般"和"不满意"的中国高校学生占比分别为38.6%和3.5%，同时还有占比为1.7%的中国高校学生持有"非常不满意"的态度；中国高校学生对体育产业创新创业项目孵化表达出"非常满意"的态度占比达28.2%，占比为27.9%的中国高校学生表示"很满意"，认为"一般"的中国高校学生占比为38.2%，有占比为3.9%的中国高校学生表示"不满意"，另外有占比为1.8%的中国高校学生对体育产业创新创业项目孵化表示"非常不满意"；中国高校学生对体育产业创新创业实践平台表示"非常满意"的态度占比达28.3%，占比为28.8%的中国高校学生表示"很满意"，认为"一般"的中国高校学生占比为37.6%，有占比为3.5%的中国高校学生表示"不满意"，另外有占比为1.8%的中国高校学生对体育产业创新创业实践平台表示"非常不满意"（见图9）。

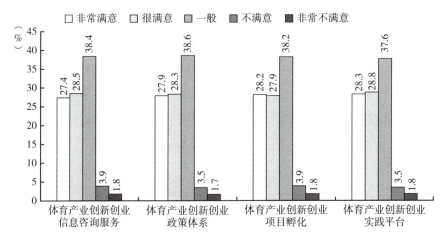

图9　高校学生对中国高校体育产业创新创业各环节的态度情况（3）

在体育产业创新创业成果转化工作方面，中国高校学生持有"非常满意"的态度占比达27.1%，占比为28.7%的中国高校学生表示"很满意"，认为"一般"的中国高校学生占比为38.9%，有占比为3.5%的中国高校学生表示"不满意"，另外有占比为1.8%的中国高校学生对体育产业创新创业成果转化工作表示"非常不满意"；从对体育创业企业减税降费政策的落实的态度来看，占比为28.0%的中国高校学生表示"非常满意"，有占比为28.4%的中国高校学生认为"很满意"，认为"一般"的中国高校学生占比为38.5%，而认为"不满意"和"非常不满意"的中国高校学生占比分别为3.4%和1.7%；从对于体育产业创新创业项目宣传的态度来看，28.1%的中国高校学生认为"非常满意"，表示"很满意"的中国高校学生占比为28.5%，而认为"一般"和"不满意"的中国高校学生占比分别为37.7%和3.9%，同时还有占比为1.8%的中国高校学生持有"非常不满意"的态度；中国高校学生对社会力量支持参与体育产业创新创业情况表达出"非常满意"的态度占比达27.8%，占比为28.4%的中国高校学生表示"很满意"，认为"一般"的中国高校学生占比为38.4%，有占比为3.7%的中国高校学生表示"不满意"，另外有占比为1.7%的中国高校学生对社会力量支持参与体育产业创新创业情况表示"非常不满意"（见图10）。

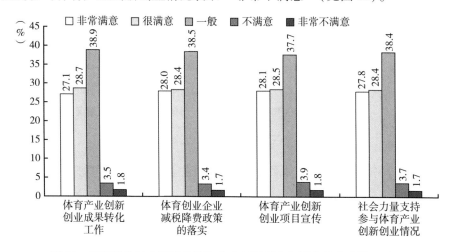

图10 高校学生对中国高校体育产业创新创业各环节的态度情况（4）

在政府对高校创新创业教育的支持情况方面，中国高校学生持有"非常满意"的态度占比达 28.0%，占比为 30.5% 的中国高校学生表示"很满意"，认为"一般"的中国高校学生占比为 36.6%，有占比为 3.2% 的中国高校学生表示"很不满意"，另外有占比为 1.7% 的中国高校学生表示"非常不满意"；占比为 29.0% 的中国高校学生对于学校对体育产业创新创业教育的重视与支持情况表示"非常满意"，有占比为 29.7% 的中国高校学生认为"很满意"，认为"一般"的中国高校学生占比为 36.4%，而认为"很不满意"和"非常不满意"的中国高校学生占比分别为 3.2% 和 1.7%；从对于体育产业创新创业整体舆论氛围的态度来看，28.5% 的中国高校学生认为"非常满意"，表示"很满意"的中国高校学生占比为 28.8%，而认为"一般"和"很不满意"的中国高校学生占比分别为 37.5% 和 3.5%，同时还有占比为 1.7% 的中国高校学生持有"非常不满意"的态度（见图 11）。

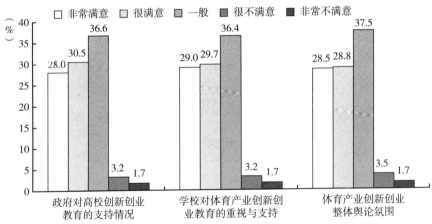

图 11　高校学生对中国高校体育产业创新创业各环节的态度情况（5）

（二）中国高校学生体育产业创新创业态度存在的问题

1. 高校学生的体育产业创业意愿不足

中国高校创新创业教育的目的就是激发高校学生创新创业兴趣、拓展高校学生创新创业视野、提升高校学生创新创业能力、助力高校学生创新创业实践。本文通过对全国各地区高校学生的调研发现，高校学生对于体育产业创新创业的意向呈现一个较为积极的态度，占比为30.6%的高校学生对于体育产业创新创业有着"非常强烈"的态度，30.0%的高校学生持有"比较强烈"的态度（见图12），这一较高比例说明了高校学生对于体育产业创新创业的积极态度。意向和态度能够影响一个人行为的动机和方向，高校学生体育产业创新创业的意向能够影响其最终是否会参与到体育产业创新创业行为之中，但同时高校学生所处的环境，这之中包括了高校体育产业创新创业课程、活动等，也都会影响其最终实践。

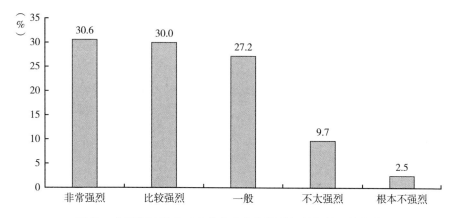

图 12　中国高校学生对在体育产业领域进行创新创业的态度

根据《2020年中国本科生就业报告》[①]，2019届本科毕业生自主创业占比为1.6%，高职毕业生自主创业占比为3.4%。另外，随着毕业时间的延长，毕业生自主创业比例呈现不断上升趋势，在毕业3年内上升至8.1%。在2019届毕业生自主创业的领域中，最主要的是"教育业"，"教育业"细分下来是教育及职业培训、中小学教育、文学艺术、设计、体育等方面，其中就涉及了体育方面。其中，占比为15.8%的本科毕业生和占比为6.9%的高职毕业生选择了到"文化、体育和娱乐业"进行创业。这一比例与中国高校学生对于在体育产业领域进行创新创业的积极态度相比存在一定的差

---

① 王伯庆、陈永红主编《2020年中国本科生就业报告》，社会科学文献出版社，2020。

距。而实践行为的发生，不仅源于个体对于某件事情或者某种行为的兴趣，更在于如何将兴趣转化为实践这一过程。中国高校体育产业创新创业氛围的匮乏，导致难以将高校学生对于在体育产业领域进行创新创业的积极态度转化为实践。兴趣会影响一个人对于某件事情的意向，同时兴趣更是最好的老师，能够激发相应的行为，但体育创新创业需要相应的知识储备、技能支持和外部条件。高校学生体育产业创新创业行为受着其对体育产业创新创业兴趣的影响，同时兴趣的发展和延续依赖于相应环境的孕育。根据本文调研，有占比为67%的高校学生"没有参加过体育产业创新创业培训"（见图13），这一比例足以说明中国高校缺乏体育产业创新创业氛围，没有足够多的相关体育产业创新创业活动来培养高校学生在体育产业领域创新创业的能力。

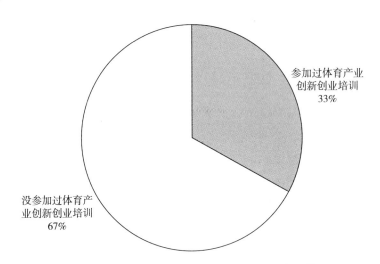

图 13　中国高校学生体育产业创新创业培训参加情况

　　由于整体体育产业创新创业氛围的缺失，高校学生对于体育产业创新创业的认知程度较低，虽然对于体育产业创新创业持有积极态度，却难以转化为实践，其体育产业创业意愿仅停留于表面。这一环境氛围的缺失，很难让更多学生真正投身于体育产业创新创业领域。体育产业的快速发展，给予了广大学生对于体育产业领域发展的信心，但高校并没有形成体育产业创新创

业氛围，高校学生对于体育产业创新创业难有真正的实践，即高校难以带动
更多高校学生走入体育产业创新创业领域。

2. 高校学生对体育产业创新创业的满意度不高

中国高校体育产业创新创业各环节的发展情况影响高校学生自身体育产
业创新创业的进程，可以说中国高校体育产业创新创业各环节的发展状况的
影响尤为关键。中国高校体育产业创新创业各环节既涉及中国高校体育产业
创新创业课程、培训、赛事、实习实训，还包括了诸如场地设施、信息咨询
服务、项目孵化、实践平台、成果转化、政策落实、项目宣传、社会支持等
环节。总体上看，高校学生对中国高校体育产业创新创业各环节满意度不
高，有较大提升空间。根据调查数据，高校学生对体育产业创新创业课程持
有"一般"、"不满意"和"非常不满意"这三类并非积极态度的占比之和
为45.2%，对体育产业创新创业培训持有"一般""不满意"和"非常不满
意"的占比之和达到45.0%（见图14）。

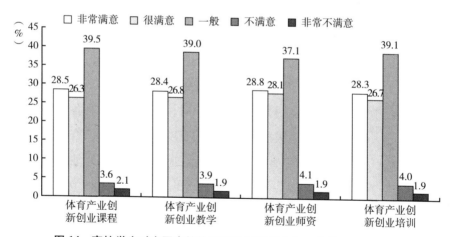

图14 高校学生对中国高校体育产业创新创业各环节的满意度（1）

而高校学生对体育产业创新创业赛事和实习实训持有"一般"、"不满
意"和"非常不满意"的占比分别为43.5%和44.6%（见图15）。高校学
生对于中国高校体育产业创新创业各环节，持有"一般"、"不满意"和
"非常不满意"这三类并非积极态度的占比之和均超过了四成，其中超过三

成的高校学生仅认为中国高校体育产业创新创业"一般"。超过三成比例的学生态度的转变有赖于中国高校体育产业创新创业各环节继续有针对性地改进和提升，对每一个环节进行相应的优化，才能让更多高校学生对于中国高校体育产业创新创业各环节持有积极的态度。

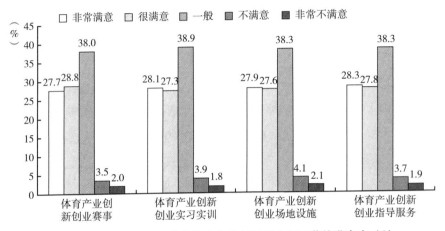

图 15　高校学生对中国高校体育产业创新创业各环节的满意度（2）

3. 高校学生对中国高校体育产业创新创业的态度差异性大

高校学生对中国高校体育产业创新创业的态度呈现出地区间不均衡，各地区间高校学生的态度存在明显的差异，同时从年级段来看，各年级段间也同样存在较大的差异，各年级段高校学生的态度不均衡。从调查数据可以看出，按照地区分布来看，在对体育产业创业意愿情况上，东北地区和华东地区高校学生持有"非常强烈"的态度占比分别为 42.1%、38.0%，而西南地区和华北地区高校学生相应的占比分别为 25.1%、23.0%；在关于中国高校体育产业创新创业教育的支持情况上，东北地区和华东地区高校学生"非常支持"的占比分别为 50.8%、50.1%，而西南地区和西北地区高校学生相应的占比分别为 39.5%、38.7%。按照年级段来看，对体育产业创业意愿持有"非常强烈"态度占比最高的是本科高年级段即大三、大四、大五的高校学生，其占比为 34.9%，而研究生以 26.2% 的占比排在最后；在对中国高校体育产业创新创业教育支持度上，本科高年级段即大三、大四、大五的高校学生对中国高校体育产业创新创业教育表示"非常支持"的占比达 47.7%，而认为"一般"、"不太支持"和"完全不支持"的占比之和最高的是本科低年级段即大一、大二的高校学生，占比为 19.6%。可以看出，高校学生态度在地区分布上差异大，年级上不均衡，从侧面反映出地区间各高校体育产业创新创业发展水平发展的不均衡，以及高校在对各年级段的体育产业创新创业教育上存在差异性。

三 中国高校学生体育产业创新创业行为现状分析

中国高校学生体育产业创新创业行为就是在体育产业领域实现体育产业内部生产要素和生产条件新组合的过程，这个过程就包括了对于体育产业创新创业领域新观点、新方法、新技术的学习、创造和运用的过程，具体体现在高校学生在校期间参加学习体育产业创新创业相关课程、参与体育产业创新创业相关活动和培训等。笔者通过对高校学生参与体育产业创新创业相关课程、活动和培训等中国高校学生体育产业创新创业行为基本情况进行调研，试图分析中国高校学生体育产业创新创业行为存在的问题。

（一）中国高校学生体育产业创新创业行为基本情况

1. 参与体育产业创新创业相关课程情况

课程学习作为学校开展教学活动的最基本单元，在创新创业成为一门课程后，特别是在"大众创业、万众创新"国家战略格局下，全国大部分高校都开设了关于创新创业的课程。但体育产业创新创业相关课程的开设程度，并没有达到一个理想情况，根据调查数据，已开设体育产业创新创业相关课程的高校占比为 43%，有占比为 13% 的高校准备开设体育产业创新创业相关课程，同时仍有 44% 的高校未开设体育产业创新创业相关课程（见图 16）。超过四成的学校未开设体育产业创新创业相关课程，这一情况说明了体育产业创新创业相关课程在高校中渗透率仍显不足，课程作为最基础的教学方式，是助力体育产业创新创业普及和发展的重要手段。

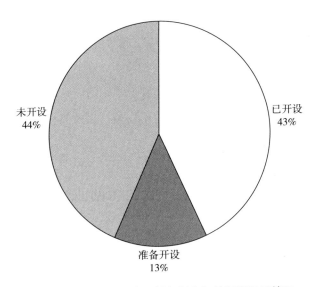

图16 中国高校体育产业创新创业相关课程开设情况

从各地区高校体育产业创新创业相关课程开设情况来看，已开设体育产业创新创业相关课程的占比靠前的分别是东北地区和华东地区，占比分别为54.2%和52.3%，其次是华中地区、西南地区、华南地区，其占比分别为48.9%、48.3%、42.1%，占比靠后的是西北地区和华北地区，占比分别为35.4%、32.9%（见表6）。

表6 各地区高校体育产业创新创业相关课程开设情况

单位：%

地区	已开设	准备开设	未开设
华东地区	52.3	15.1	32.6
华北地区	32.9	11.6	55.5
华中地区	48.9	13.5	37.6
华南地区	42.1	15.8	42.1
东北地区	54.2	13.6	32.2
西北地区	35.4	15.2	49.4
西南地区	48.3	15.8	35.9

课程教学讲究教学方法、教学手段，不同的课程类型适用于不同的课程内容，创新创业课程不同于一般理论课程，是要求"理论+实践"并重的一门课程。根据调查数据，从课程类型来看：创新创业课程类型中占比最高的一类是"必修课"，其占比为57.1%；其次是以"选修课"的类型来开展创新创业课程，占比为55.2%；而更加强调实践性的"实践课"占比仅为31.2%，其比例远低于前两种课程类型（见图17）。如此看来，高校在设置创新创业课程类型时，更多地仍将创新创业课程归在偏理论性教学的必修课和选修课这类课程类型中，缺乏对于创新创业课程在实践性上的重视。

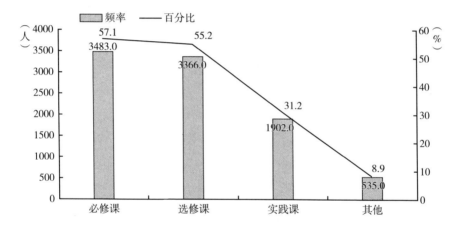

图 17　中国高校创新创业课程类型

从高校开设创新创业课程的内容上探究，能够更好地描绘出高校创新创业课程特征。根据调查数据，就高校创新创业课程内容而言，其中占比最高的一类课程内容是"创新创业概论"，占比为66.2%，再次说明了当前高校创新创业课程处于一个起步阶段，课程内容主要是以基础理论为主。其次分别是"创新类课程""创业类课程""经济管理类课程"，涉及的比例分别为49.2%、47.9%、44.1%。同时，高校创新创业课程内容中涉及"体育产业创新创业概论"的占比为31.2%，进一步说明中国高校体育产业创新创业课程渗透率略显不足，未来普及和推广体育产业创新创业课程的空间巨大（见图18）。

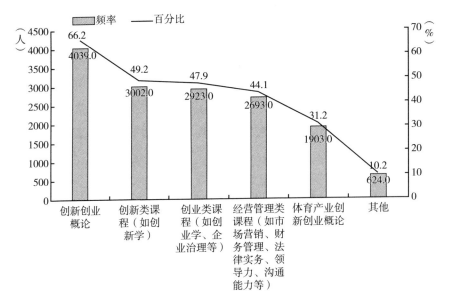

图18 中国高校创新创业课程内容

在课程学习过程中，教师起着主导作用，教师的授课方式很大程度上影响着教学结果和教学目标的实现。根据调查数据，在授课方式中，排名前3位的方式分别是"注重学生知识运用能力的培养""注重学科领域的科技成果介绍，激发学生的学习动力""注重学生学习方法的教授"，同样可以看出，教师在开展体育产业创新创业的授课方式上，仍是偏于理论性、基础性的方式。相应地，偏向于社会实践性和个性化针对性的授课方式占比排名靠后，其中居于后3位的授课方式分别是"结合教学内容，采取社会调查等形式注重学生科技信息的收集、整理分析""结合教学研究，注重学生创新设计、研究能力的培养""注重学生个性的开发和引导，培养学生创新心理品质"（见表7），这也说明我国高校关于体育产业创新创业的授课方式还存在很大的提升空间。

表7　中国高校开展体育产业创新创业授课方式

授课方式	频率(人)	百分比(%)
注重学生知识运用能力的培养	4013	65.8
注重学科领域的科技成果介绍,激发学生的学习动力	3657	60.0
注重学生学习方法的教授	3541	58.0
注重介绍大学生创业案例,激发学生的学习热情和创业欲望	3367	55.2
结合参观、访问、社会调查等形式注重专业技能的拓展训练	2638	43.2
结合教学内容,采取社会调查等形式注重学生科技信息的收集、整理分析	2277	37.3
结合教学研究,注重学生创新设计、研究能力的培养	1928	31.6
注重学生个性的开发和引导,培养学生创新心理品质	1620	26.6
其他	403	6.6

　　另外,除课程开设情况、课程类型、课程内容和授课方式外,师资情况以及学生评价同样值得关注。根据调查数据,有占比为44%的高校无体育产业双创课程教师(见图19),这一比例同样说明了体育产业创新创业课程在高校的覆盖率还存在巨大的提升空间,需要进一步提高高校体育产业创新创业课程的渗透率。

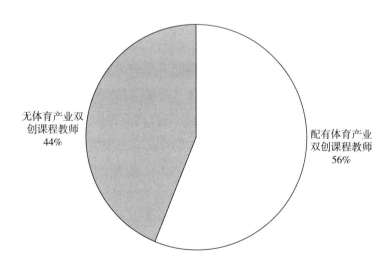

图19　中国高校体育产业创新创业课程教师配备情况

在开设创新创业课程的教师中，教师的来源丰富多样，这之中有学校就业指导中心人员、辅导员、学校行政管理人员、教学辅导人员和专职教师，其中占比排前3位的分别是"专职教师""教学辅导人员""学校行政管理人员"（见图20），可以看出教师来源占比偏高的还是传统意义上的类型。

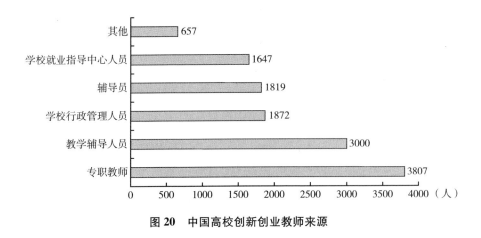

图 20　中国高校创新创业教师来源

中国高校学生对创新创业教育的评价，能够从另一个视角反映出中国高校学生创新创业教育过程中的行为反馈，从而便于更好地去把握中国高校学生创新创业教育。从整体情况来看，中国高校学生大多数对中国高校创新创业教育持有肯定的积极反馈，有 28.5% 的中国高校学生认为"非常满意"，占比 26.3% 的认为"比较满意"，认为"一般"的占比为 39.5%，相反有 3.6% 的认为"不满意"，"非常不满意"的占比仅为 2.1%。从教学情况来看，有 28.3% 的中国高校学生认为"非常满意"，占比 27.4% 的认为"比较满意"，认为"一般"的占比为 38.8%，相反有 3.7% 的认为"不满意"，认为"非常不满意"的占比仅为 1.8%。从师资情况来看，中国高校学生大多数对中国高校创新创业教育持有肯定的积极反馈，有 28.8% 的中国高校学生认为"非常满意"，占比 28.1% 的认为"比较满意"，认为"一般"的占比为 37.1%，相反有 4.1% 的认为"不满意"，认为"非常不满意"的占比仅为 1.9%（见图21）。

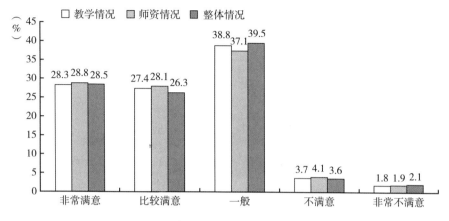

图21　中国高校学生对创新创业教育的评价

2. 参与体育产业创新创业培训情况

中国高校学生体育产业创新创业行为不仅包括了最基础的课程学习，还涉及各类偏实践性的活动、培训，诸如体育产业创新创业比赛、论坛、交流、研讨等。各类活动的开展是体育产业创新创业教育在中国高校生根发芽的重要载体，不同形式信息的传递、知识和技能的传授、灵感的启迪、思维的碰撞，都助力着中国高校学生体育产业创新创业高质量发展。根据调查数据，中国高校学生中"参加过体育产业创新创业培训"的占比为33%，有67%的中国高校学生"没参加过体育产业创新创业培训"（见图22）。作为最基础的高校学生体育产业创新创业的教育情况正处于起步阶段，从高校开展体育产业创新创业教育的总体情况来看，有接近七成的高校学生还没参加过体育产业创新创业培训，说明这部分学生所在高校开展体育产业创新创业教育工作存在改善和提升的空间，这部分学校体育产业创新创业教育开展情况的向好能够很大程度带动整体高校体育产业创新创业教育水平进一步提升。体育产业创新创业培训更多是摆脱课堂教育上仅停留在理论教学的模式，是体育产业创新创业人才培养过程中的重要环节，培训的形式多样，包含了专家讲座、课堂研讨、案例分享、实践实习，是理论与实践结合，培养高校学生创新创业能力的绝佳机会。但数据反映出参加过体育产业创新创业培训的学生占比仅有三成左右，很大限度上说明了体育产业创新创业培训的缺乏，乃至很多高校学生没有机会去接触和参与其中，高校体育产业创新创业的发展提升空间巨大。高校开展体育产业创新创业培训能够很大程度上激发高校学生对于体育产业创新创业的兴趣，让更多的产业政策、行业动态、创新创业前沿快速传递给高校学生，启迪高校学生对于体育产业创新创业领域的智慧，真正推动高校有志学生投身于体育产业创新创业。

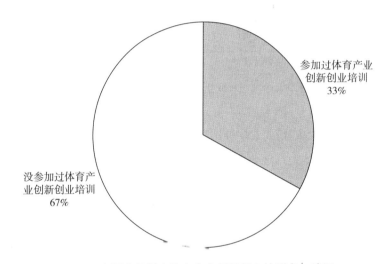

图22　中国高校学生体育产业创新创业培训参加情况

　　根据调查数据，各年级段中本科高年级段即大三、大四、大五的高校学生体育产业创新创业培训参加情况最为可观，有占比为48.8%的参加过体育产业创新创业培训，而本科低年级段即大一、大二的高校学生参加情况排在各年级段最后，仅有占比为26.1%的参加过体育产业创新创业培训（见图23）。

　　而从各地区高校学生体育产业创新创业培训参加情况来看：占比排名靠前的分别是华东地区、东北地区和华南地区，占比分别为42.6%、42.0%、41.2%；其次是华中地区和西南地区，占比分别为38.8%和34.7%，排名靠后的是西北地区和华北地区，占比分别为28.3%和22.0%（见图24）。

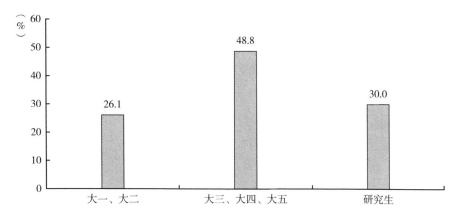

图 23 各年级段高校学生体育产业创新创业培训参加情况

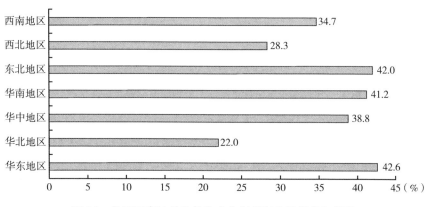

图 24 各地区高校学生体育产业创新创业培训参加情况

3. 参与体育产业创新创业赛事活动交流情况

中国高校体育产业创新创业还汇集了相关比赛、论坛、交流、研讨等活动，其中涵盖了各种形式和内容来激发和培养高校学生兴趣和思维，通过这些活动产生了一些创新创业成果。根据调查数据，从中国高校学生体育产业创新创业活动参与总体情况来看，有占比为 29.1% 的中国高校学生参与过体育产业创新创业比赛，参与过体育产业创新创业论坛、交流、研讨的中国高校学生占比为 27.6%，有占比为 21.8% 的中国高校学生参与过体育产业创新创业项目运营，还有占比为 12.6% 的中国高校学生参与过体育企业创新创业工作兼职。可以看出，在各类体育产业创新创业活动中，没有一项活动参与占比达到三成，这说明中国高校体育产业创新创业活动开展整体参与率一般，可见中国体育产业创新创业赛事活动交流开展的普及程度远远不够（见图25）。

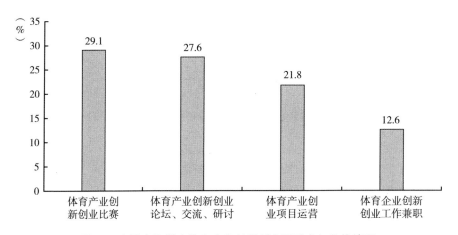

图 25　中国高校学生体育产业创新创业活动参与总体情况

从高校学生体育产业创新创业比赛参与情况来看，根据调查数据，各年级段中本科高年级段即大三、大四、大五的高校学生体育产业创新创业比赛参与占比最高，占比为35.8%，有占比为30.6%的研究生参加过体育产业创新创业比赛，而本科低年级段即大一、大二的高校学生参加情况排在各年级段最后，仅有占比为25.1%的参加过体育产业创新创业比赛（见图26）。

而从各地区高校学生体育产业创新创业比赛参与情况来看：占比排名靠前的分别是东北地区、华中地区和西南地区，占比分别为38.6%、32.5%、30.2%；其次是华东地区和华南地区，占比分别为29.2%和24.4%；排名靠后的是华北地区和西北地区，占比分别为22.2%和21.7%（见图27）。

高校学生在参与中国高校体育产业创新创业相关赛事活动中，产生了一些创新创业的成果，根据调查数据，其中有16.4%的高校学生进行了知识产权申报，另外有12.6%的高校学生进行了成果转化申报（见图28）。

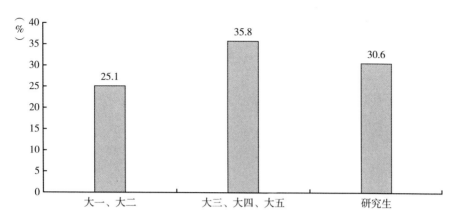

图26 各年级段高校学生体育产业创新创业比赛参与情况

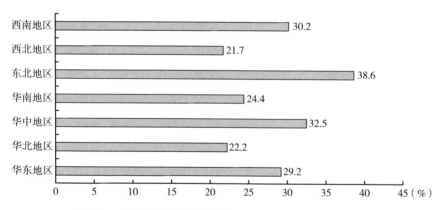

图27 各地区高校学生体育产业创新创业比赛参与情况

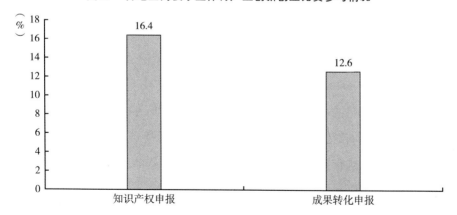

图28 中国高校学生体育产业创新创业知识产权申报和成果转化情况

中国高校学生体育产业创新创业成果转化方面，根据调查数据，各年级段中本科高年级段即大三、大四、大五的高校学生体育产业创新创业成果转化占比最高，其占比为 17.0%；其次是本科低年级段即大一、大二的高校学生，占比为 11.0%；而高校学生中研究生在体育产业创新创业成果转化占比最低，为 10.3%（见图 29）。

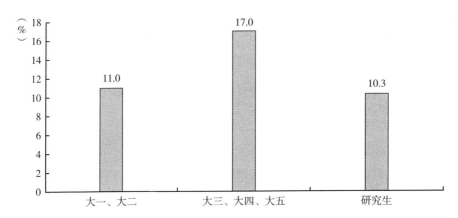

图 29　各年级段高校学生体育产业创新创业成果转化情况

而从各地区高校学生体育产业创新创业成果转化情况来看：占比排名靠前的分别是华东地区、华南地区和华中地区，占比分别为 16.2%、14.7%、14.6%；其次是东北地区和西北地区，占比分别为 14.2% 和 12.5%；排名靠后的是西南地区和华北地区，占比分别为 9.8% 和 9.3%（见图 30）。

从高校学生体育产业创新创业论坛交流研讨情况来看，根据调查数据，各年级段中本科高年级段即大三、大四、大五的高校学生体育产业创新创业论坛交流研讨参与的占比最高，占比为 37.2%，有占比为 29.8% 的研究生参加过体育产业创新创业论坛交流研讨，而本科低年级段即大一、大二的高校学生参加情况排在各年级段最后，仅有占比为 22.5% 的参加过体育产业创新创业论坛交流研讨（见图 31）。

就各地区高校学生体育产业创新创业论坛交流研讨参与情况来看：占比排名靠前的分别是西南地区和华东地区，占比分别为 34.6%、34.4%；其次是

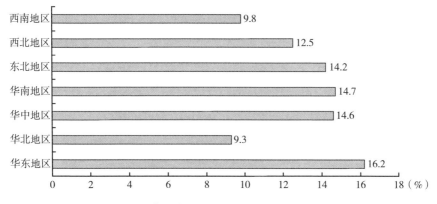

图 30 各地区高校学生体育产业创新创业成果转化情况

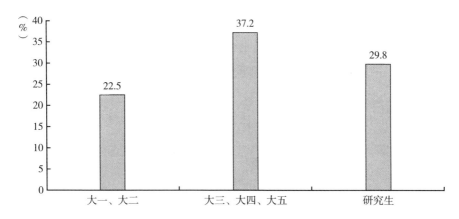

图 31 各年级段高校学生体育产业创新创业论坛交流研讨情况

华南地区、东北地区和华中地区，占比分别为 31.7%、30.5%、30.0%；排名靠后的是西北地区和华北地区，占比分别为 25.9% 和 20.2%（见图 32）。

（二）中国高校学生体育产业创新创业行为存在的问题

1. 高校学生体育产业创新创业课程参与度偏低

体育产业创新创业教育的基础在课程，体育产业创新创业课程的量和质决定了体育创新创业教育的下限，也是体育产业创新创业教育的生命线。从体育产业创新创业课程的量上来看，课程渗透率偏低是首要问题，即高校学

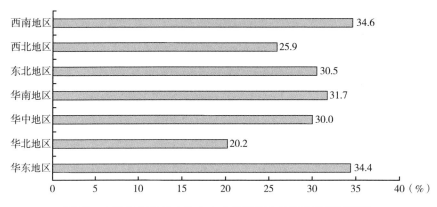

图32　各地区高校学生体育产业创新创业论坛交流研讨情况

生体育产业创新创业课程参与度低。在本文中，根据调研数据，有占比为44%的高校未开设体育产业创新创业相关课程；准备开设体育产业创新创业相关课程的高校占比为13%；已开设体育产业创新创业课程的高校占比为43%，不足五成（见图33）。这一数据说明了高校学生体育产业创新创业课程的参与度不足五成，在高校学生体育产业创新创业课程参与上有着巨大的提升空间。

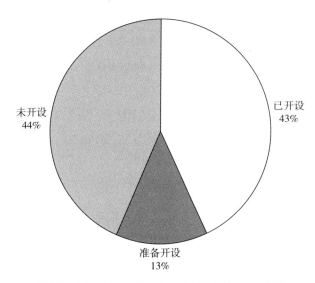

图33　中国高校开设体育产业创业相关课程比例

　　体育产业创新创业教育除了高校学生课程参与度偏低之外，从高校学生所参与课程的质上进行考察，结果显示同样存在一定的问题。体育产业作为一个复合产业，具备着自身独特的特点，其产业链覆盖了从第一产业到第三产业，需要掌握体育自身特点的同时具备交叉学科知识和实践。所以在进行体育产业创新创业课程时，其授课模式并非直接等同于传统的创新创业课程教授模式，而是需要适用于体育产业创新创业的授课模式，这就需要有具备相关技能和知识储备的教师进行专门讲授。在本文中，根据调查数据，在体育产业创新创业教师配备中，配有体育产业双创课程教师的高校占比为56%，有占比为44%的高校无体育产业双创课程教师（见图34）。这一数据说明了课程在质的把握上，仍然缺乏专门体育产业创新创业教师进行授课。体育产业拥有着学科交叉融合创新的巨大空间，要实现体育产业的高质量发展，就需要将体育这个社会系统中的一个组成部分同其他领域相结合，真正创新出"体育+""+体育"，在旅游、医疗、休闲娱乐、装备制造各个领域发挥体育作用，这就需要加强高校体育产业创新创业课程建设、师资队伍建设、加强"体创融合"发展，真正实现高校学生将所学专业应用于体育产业创新创业过程中。

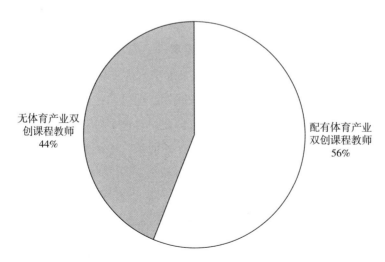

图 34　中国高校体育产业双创课程教师配备情况

2.高校学生体育产业创新创业课程实践性低

中国高校体育产业创新创业的主要场所是高校，多数学生选择在校期间或毕业季参与体育产业创新创业活动（见图35），所以如何开展好中国高校体育产业创新创业教育至关重要，高校体育产业双创教育也是影响体育产业创新创业发展的重要因素。

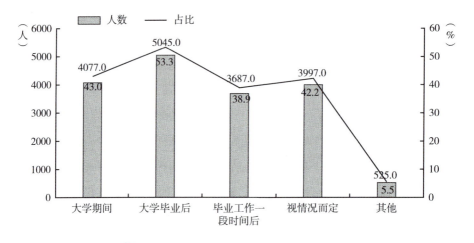

图35 中国高校学生体育产业创业时机选择

但实现中国高校体育产业创新创业高质量发展需要将体育产业创新创业制度与环境协同起来，形成合力。具体来讲，就是要把国家政府层面上的"大众创业、万众创新"国家战略和相关推动大学生创新创业的政策进行落实，通过地方政府、高校、社会等多方联动，促进高校学生体育产业创新创业发展。中国体育产业创新创业不仅仅停留于高校开设相关课程，体育产业创新创业具有自身特殊性，实践性强，还需要将体育产业创新创业制度同高校、社会环境联系起来。根据本文调查数据，高校学生所参与的中国高校创新创业课程中，大多以"必修课"的形式开展，占比达到57.1%，而以"实践课"形式组织的课程形式占比仍很低，仅为31.2%（见图36），这一数据说明创新创业教育没有真正意义上很好地贯彻国家关于创新创业的相应政策，体育产业创新创业课程需要更多的实践性，这要求高校给予课程开设更多的重视，调动更多的资源。体育产业创新创业制度发挥其作用，把周围环境所能给予体育产业创新创业教育的人力物力充分调动起来，协同起来。当前仍以传统的理论课形式开展的体育产业创新创业课程反映出缺乏调动多方资源来促进体育产业创新创业教育的开展，高校学生体育产业创新创业课程实践性低，这是实现高校体育产业创新创业教育高质量发展的有待解决的问题之一。

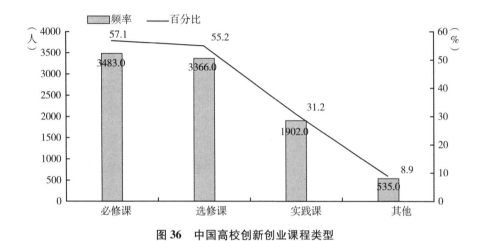

图36　中国高校创新创业课程类型

3.高校学生体育产业创新创业转换率低

中国高校体育产业创新创业旨在响应国家"大众创业、万众创新"战略和推动体育产业高质量发展、助力建设体育强国。究其根本是要将中国高校学生体育产业创新创业付诸实践，根据本文调查数据，中国高校学生体育产业创新创业活动中，涉及体育产业创业项目运营占比为11.8%，知识产权申报占比为8.9%，成果转化申报占比为6.8%（见图37）。这一数据表明，中国高校体育产业创新创业实践转化率低，体育产业创新创业产教融合度低，缺乏更多的成果转为企业的需求。这之中存在两方面问题：一是体育企业能力有限，无法在体育产业创新创业工作中投入更多的资源及精力；二是高校体育产业创新创业教育发展仍处于起步阶段，还没有很好地匹配市场需求或者创造前沿创新引领市场，更多停留于创新创业教育的初级阶段。

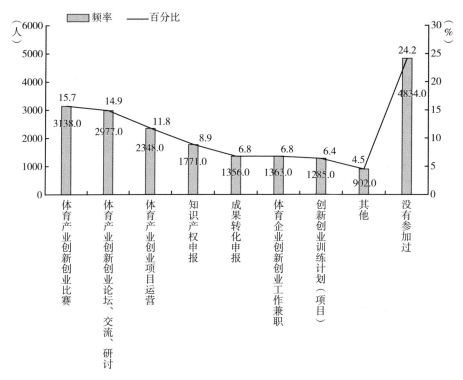

图 37　中国高校学生体育产业创新创业活动参与情况

中国高校学生体育产业创新创业行为在经过课程学习、讲座和比赛、实习实训等过程后，最终的实现途径就是在体育产业付诸实践，产教融合的实现才能从根本上实现体育产业创新创业高质量发展。

四　中国高校学生体育产业创新创业态度与行为改进提升对策

通过前文对中国高校学生体育产业创新创业态度和行为现状的分析，针对当前中国高校学生体育产业创新创业态度和行为所存在的问题，本文提出了四点改进提升对策，以期推动中国高校体育产业高质量发展。

（一）优化体育产业创新创业氛围，促进创新创业兴趣转化

中国高校创新创业氛围直接影响中国高校学生体育产业创新创业行为，只有优化中国高校体育产业创新创业氛围，才能帮助更多有意愿、有兴趣、有想法的高校学生参与到体育产业创新创业实践中去，实现创新创业兴趣的转化。通过营造中国高校体育产业创新创业氛围，激发高校学生体育产业创新创业兴趣，在各类活动中发现高校学生对于体育产业创新创业的兴趣，从而进一步引导兴趣转化。培养高校学生体育产业创新创业兴趣，就是要实现体育产业创新创业氛围的优化，普遍缺乏体育产业创新创业氛围，不仅无法达到培养高校学生体育产业创新创业兴趣的目的，更无法促使高校学生体育产业创新创业兴趣转化。优化体育产业创新创业氛围，首先需要充实相关体育产业创新创业培训，补足相应创新创业培训的缺失。一定数量的体育产业创新创业培训能够补齐现有的空缺，无论从兴趣激发还是能力培养上，体育产业创新创业相关培训都更具有针对性和实践意义。其次需要改变过往的培养理念，更多地注重实践教学，不要一味强调知识传输这一传统教学模式。优化创新创业氛围，就是要营造出培养兴趣、激发创造力的环境，丰富体育产业创新创业活动，运用相应的前沿技术手段，创造更有吸引力的教育教学环境，将最前沿的概念和科技引用到体育产业创新创业教学课堂、培训活动中，如"元宇宙"就可以应用于体育产业众多场景，体育产业具备诸多鲜活的创新创业案例，这些都能有效激发高校学生体育产业创新创业兴趣，引导高校学生将自身的本领和兴趣结合起来。高校开展体育产业创新创业培训对于高校学生进行体育产业创新创业行为起到关键的作用，良好的体育产业创新创业培训能够营造出适合高校学生成长的环境，激发高校学生体育产业创新创业的热情、启迪高校学生体育产业创新创业领域的智慧和推动高校学生投身于体育产业创新创业。

（二）增设创新创业课程、提升课程质量，实现专业实力和体育产业创新创业能力融合发展

以实践为导向，推动高校学生体育创新创业迈向新高度。高校层面对于

中国高校学生体育产业创新产业态度与行为的保障措施是最直接、最有效的，具体体现在体育产业创新创业教育的保障和落实政策支持的保障。把高校体育创新创业教育质量和成果纳入每年高校常规考核中，作为衡量高校办学水平、考核领导班子工作实绩的重要指标，纳入高校教育教学评估和学科专业评估指标体系，作为高校资金分配和年末考核评价的重要因素。同时，各高校要加快落实创新创业工作主体责任，成立领导小组，建立工作责任机制，制定实施细则，扎实推进高校学生创新创业工作。在评价体系中，更多地注重教育的实践性，不要一味以传统教育标准要求体育产业创新创业教育，通过制定标准来保障高校学生体育产业创新创业的实践性。同时，不可仅以就业率来衡量高校就业创业指导工作，可将毕业一定年限内、失业登记、离校后未就业等大学生纳入创业培训体系中，针对大学生的专业特点设计创业培训体系，提高学生的就业技能以及创业能力。鼓励大学生参与到创业培训与见习中，为大学生提供更多的实践机会，拓展培训大学生的范围。将社会资源融入大学生创业体系中，整合社会、高校以及企业等多方面资源设立大学生创业投资基金，由高校与政府共同进行管理，更好地利用国家教育基金，及时为大学生提供创业扶持资金，针对大学生的创业表现进行奖赏与宣传，提高大学生的创业自信心，真正推动高校学生体育产业创新创业迈向新高度。

要实现高校体育产业创新创业高质量发展，必须夯实体育产业创新创业课程这块基石。体育产业创新创业课程的优化需要从数量和质量两端同时发力，在数量上，鼓励高校增设体育产业创新创业课程，不只是体育院校或综合性高校的体育学院开设体育产业创新创业课程，其他非体育专业的院系也应该增设相应课程，数量上覆盖到更多的高校学生，才有机会孕育体育产业创新创业这块土壤。在质量方面，需要进一步提升所开设课程的课程质量，具体而言要更多关注于体育产业自身特点，具有体育产业创新创业课程自身的针对性。这里的针对性，就是要推动体育产业同高校学生专业实力相融合发展，要优化现有体育产业创新创业教育课程体系，将学生本专业所学所想用于体育产业创新创业。在课程体系中，突破体育学科的文科性质，实现多学科交叉汇聚。以服务体育强国建设和健康中国建设为目标。聘请更多具备体育产业创新创业背景的师资，让这些优秀教师带领高校学生深入解析中国体育现象、解决中国体育问题、指导中国体育实践，同时灵活运用自身学科知识和技能进行体育产业创新创业。增设"体育+""+体育""体育x"等新型交叉学科专业和课程，培养适应新时代社会发展所需要的高素质、创新型、复合型体育产业创新创业人才。将新工科、新医科、新农科、新文科教育融于体育产业创新创业课程体系中，例如在体育制造业中，诸多产品制造依赖于其他领域的技术创新和研发，体育智能设备、智能器械都是依赖于高端装备制造基础，最终将产品应用于运动训练、大众健身、竞赛表演等领域，只有让学生在更多的体育产业创新创业课程中接触到学科交叉融合的成果，他们才能真正领会到创新创业的真谛。

（三）构建体育产业创新创业协同机制，实现制度与环境有效协同

体育产业创新创业是在国家"大众创业、万众创新"战略背景和努力推进体育产业高质量发展的政策下迎来的发展契机，而高校学生在校期间这段时间正是其创新创业的重要窗口期，高校体育产业创新创业教育不只是为了完成相应的教学任务，更应看重实际体育产业创新创业成果。当前，构建起相应的体育产业创新创业协同制度，实现制度与环境有效协同至关重要。首先，需要加快形成创业、就业与人才培养的联动机制。各地政府同高校协同起来，根据当地经济社会发展情况尤其是体育产业发展状况和高校学生情况，通过对接当地各行业各产业需求，来进一步优化高校学科专业的培养计划和方式，根据体育产业发展状况和产业需求来实行培养类型的动态调整机制，真正实现培养经济社会所需要的体育产业创新创业人才实现学生"学有所用，学以致用"。其次，协同机制要联动政府、高校、社会，加大体育产业创新创业场所和资金的扶持力度。利用各地区各高校资源，加大对高校创业科技园、创业孵化中心等体育产业创新创业平台建设，让高校学生在校期间享受到更多优质的体育产业创新创业资源，同时各高校应当积极推动各学科研究实验室对接体育产业企业，实现校企联动培养机制，将企业和各研究基地的优质资源面向广大体育产业创新创业高校学生。鼓励体育企

业和地区政府积极推进高校学生体育产业创新创业基金设立，助力更多有志青年迈出创新创业的第一步，高校要通过体育产业创新创业协同机制联动政府，构建一套学校设立、企业合作、政府支持的资金筹措渠道，帮助高校学生进行体育产业创新创业。本文研究表明，高校学生体育产业创新创业的时期大多在大学时期及毕业后，各高校应充分认识到体育产业创新创业教育对于高校学生的影响作用路径及其背后的规律，从而利用好高校这个平台和这一时期来培养提升高校学生体育产业的创新意识与创业意向。体育产业创新创业协同机制就是将各类要素在不同层面上进行融合，通过改进现有的教学方案、课程体系、培养计划、实习实践活动等形成新的创新创业体系。

充分发挥政策作用，确保政策精准服务于高校学生体育产业创新创业。中国高校学生体育产业创新创业需要政府充分发挥政策作用，确保大学生创新创业政策的落实，能够精准地服务于高校学生体育产业创新创业，保障高校学生体育产业创新创业全周期顺利开展。首先，政府方面应当提供多渠道资金的支持，对于高校大学生创新创业教育发展基金，要做到资金发放到位、使用到位。制定相关政策，根据高校体育产业创新创业开展情况和高校学生体育产业创业情况来分配资金。同时，由政府牵头多方面引入社会、个人资金等，为高校学生提供一定的信用担保，与企业以及银行等金融机构进行合作，增加在大学生创业方面的财政扶持，实现各项财政资金衔接。其次，政府和高校一起搭建体育产业创新创业基础设施，如创新创业孵化园、创新创业中心等。构建体育产业创新创业保障氛围，尤其是在新冠肺炎疫情防控常态化下，体育产业遭受到不同程度的冲击，政府保障就是帮助高校学生提升防范、抵御风险的能力，从各个行业出发，调整税收优惠的政策，使得高校学生创新创业的税收优惠可以涉及体育产业，而不是仅仅局限在高新技术以及技术先进型服务等科技型企业。再次，设立一些激励制度，其中包括对于高校和高校学生的，鼓励高校更好地开展体育产业创新创业教育、活动、培训等，给予出成果的高校和高校学生相应的资金和基础设施支持，树立培养创新创业模范榜样。最后，进一步专注于立法和专属保护，让政府扮演好监督和保障高校学生体育产业创新创业的角色，确保高校学生在体育产业创新创业初期阶段、中期阶段、后期阶段都能有相应的保障。

（四）搭建市场对接机制，推动体育产业创新创业实践

体育产业创新创业的最终成果体现在成果转化、成果落地，当前中国高校体育产业创新创业仍处于初级阶段，市场与高校没有接轨，市场的需求没有在高校得到响应，同时高校所输出的相关成果很难被市场采纳。要提高高校体育产业创新创业的成果转化率，就必须真正搭接起企业和高校之间的桥梁，所谓的市场对接机制就是"产学研"模式。体育产业领域的企业将需求诉诸高校研发团队，这样高校学生在体育产业创新创业领域有了明确的方向，相应企业的资金支持能够给高校学生提供高质量的创新创业环境，进一步促进创新创业活动开展。同时，鼓励具备研发创新能力的技术型高校学生毕业去创业，将技术和研发成果输出直接面向市场。市场的反馈是最直接的，只有输出真正市场需要的产品和服务，相应的创业才会得到市场的认可，从而市场会给予企业丰厚的报酬，持续的资金回报又可以推动研发继续升级。研发带动产品和服务的产出，产品和服务的输出带来资金回报，资金回报又能促进研发进一步进行，产出更多更具有进步性的产品和服务，从而形成一个正反馈循环。在这种对接机制之下，市场的需求通过企业端最直接地反馈给了高校这个创新创业高地，同时企业的资金、技术等多方面的支持又能更好地激活高校学生的潜能，高校学生体育产业创新创业成果又能第一时间应用于企业的生产并面向市场，真正推动体育产业创新创业实践。

发挥好"产学研"的核心作用，促进高校学生体育产业创新创业正反馈循环。要实现体育产业高质量发展，必须打造现代体育产业体系，就是要形成以健身休闲业、竞赛表演业等为龙头，高端制造业与现代服务业融合发展的体育产业体系。而体育产业体系的核心就是体育产业企业，体育领域要想培育出一批细分领域的"专精特新"中小企业、"瞪羚"企业和"隐形冠军"企业就需要强化要素创新，充分发挥科技、资本、人才、数据等核心要素在体育产业创新创业发展中的作用。当前，体育领域存在大量需要大数

据、区块链、物联网、云计算、人工智能等新技术应用的空间，一味通过自身去构建企业团队已无法适应当下快速更新的技术变革。作为"产学研"的核心，市场一方代表的体育企业应当努力搭建与高校的对接机制，保障"产学研"模式的良性运转。一方面，体育企业积极地将需求诉诸高校，向高校求技术、求人才；另一方面，履行企业的责任和义务，帮助高校开展和推进体育产业创新创业工作，并给予适当的资金支持、提供设备供给和相关知识技能的辅导。企业是保障和保持市场活力的关键，只有企业不断参与，才能促进高校学生创新创业正反馈循环。同时，企业协同高校建立高水平的体育产业学院，集产、学、研、转、创、用于一体，将高校各学科成果转化为体育产业实践。

五　结论

"十四五"时期是我国实现第一个百年奋斗目标之后，朝着第二个百年奋斗目标进军的第一个五年，也是乘势而上筑牢体育强国根基、实现体育现代化的关键期。在"十四五"的开局之年，在加快把体育事业建设成为中华民族伟大复兴的标志性事业的前进道路上，在国家"大众创业、万众创新"战略深入推进下，中国高校学生体育产业创新创业成了重要课题。在面临世界百年未有之大变局，新冠肺炎疫情席卷全球的背景下，正确引导大学生，这一最具创新创业潜力的群体，"大众创业、万众创新"的生力军，参与和投身体育产业创新创业具有重大意义。合理地激发高校学生体育产业创新创业兴趣和潜能，利用好创新创业人才这一推动经济社会高质量发展的核心要素是中国高校创新创业教育的重要目标。从中国高校学生体育产业创新创业态度和行为来看，客观上存在体育产业创新创业氛围匮乏、课程渗透率偏低，且体育产业创新创业与其他专业结合度低、体育产业创新创业制度与环境协同度低、体育产业创新创业产教融合程度低等现实问题，只有针对性地解决当前问题才能实现中国高校体育产业创新创业高质量发展。首先，高校应当优化体育产业创新创业氛围，促进创新创业兴趣转化，同时增设创新创业课程、提升课程质量，实现专业实力和体育产业创新创业能力融合发展。其次，高校应构建体育产业创新创业协同机制，实现制度与环境有效协同。企业同高校间主动搭建市场对接机制，推动体育产业创新创业实践等。另外，应当从政府、企业和高校三个层面采取相应保障措施。

参考文献

陈烈、汤永洁、代显华、刘巧玲、唐毅谦：《地方应用型本科院校"一体三贯通"创新创业教育模式的理论旨趣与实践成效》，《教育与教学研究》2022年第1期。

窦亚飞：《高校创业教育生态系统：概念模型、演化机理与构建策略》，《黑龙江高教研究》2022年第6期。

李九阳：《"双创"政策对大学生创业行为的影响机理研究》，天津大学博士学位论文，2019。

李兴光：《创新创业教育对大学生创业意向的影响机制与路径研究》，对外经济贸易大学博士学位论文，2020。

孟照军、贺玉娟：《我国大学生创新创业中存在的问题及对策研究——评〈新时代大学生创新与创业〉》，《广东财经大学学报》2022年第3期。

任波、黄海燕：《体育强国建设背景下我国体育产业现实问题与发展策略》，《体育文化导刊》2022年第4期。

王洪才、郑雅倩：《大学生创新创业能力测量及发展特征研究》，《华中师范大学学报》（人文社会科学版）2022年第3期。

王秀梅：《创新驱动发展战略下工科研究生思想政治素质的培养》，《学校党建与思想教育》2022年第10期。

王志刚：《创新驱动教育出版深度融合发展——学习〈关于推动出版深度融合发展的实施意见〉的体会》，《科技与出版》2019年第5期。

余维臻、斯晓夫、严雨姗：《中国情境下新创企业如何实现颠覆性创新》，《科学学研究》2019年第10期。

2021～2022年中国高校体育产业创新创业培训发展报告

瞿斯逸[*]

摘　要： 高校体育产业创新创业培训对创新创业人才培育有着直接而深远的影响。当前我国高校体育产业创新创业培训涉及高校、政府、企业等多个培训主体，培训内容涉猎广泛，培训形式丰富多样。本文从高校、政府、企业这三个角度出发，多层次、多角度地对培训师资、培训形式、培训内容的总体情况进行介绍，综合运用相关数据资料开展相关分析，并辅以相应的说明案例，试图全面展现我国高校体育产业创新创业培训开展的情况。

关键词： 体育产业　创新创业教育　培训　产教融合　协同育人

一　中国高校体育产业创新创业培训师资

高校体育产业创新创业培训的师资来源广泛，以学校相关部门人员和专职教师为主，政府相关部门人员、企事业单位相关人员和社会培训机构人员为辅。各培训师资主体能够发挥各自的优势，传递各自的行业经验，为学生带来丰富多元的创新创业培训实践。对创新创业培训师资结构进行分析，有利于更好把握培训师资的结构特点，明晰当前创新创业培训的发

---

* 瞿斯逸，中央财经大学管理科学与工程学院 2020 级硕士研究生，主要研究方向为职业体育制度创新创业。

展情况及背后缘由，为后续优化培训师资机构提供参考。教育部全国万名优秀创新创业导师作为重要的创新创业培训师资来源，具有极强的代表性和风向性。对教育部全国万名优秀创新创业导师相关背景进行整理，对导师的服务意愿、选拔方式、行业覆盖进行整理分析，有利于更好把握教育部全国万名优秀创新创业导师的建设情况，为高校优化培训师资结构提供方向性的引导。

（一）中国高校体育产业创新创业培训师资来源

中国高校体育产业创新创业培训师资主体包括学校相关部门人员、专职教师、政府相关部门人员、企事业单位相关人员和社会培训机构人员等。学校相关部门人员指校就业创业指导部门、校团委的工作人员。其中，高校就业创业培训指导部门的设置会有些许差异：有的直接由校就业处负责，如哈尔滨体育学院、武汉体育学院；有的会另设专门负责创新创业事务的部门，如广州体育学院设立的大学生创新创业中心、吉林体育学院设立的就业创业指导中心。专职教师指从事创新创业课程教学的教师。这类教师往往自身具有较丰富的创新创业经验，如积极从事创新创业相关的学术研究、在所属专业领域具有创新性成果、具备产学研一体化经验等，从而兼具学术和实践能力。政府相关部门人员指与高校创新创业工作关系较密切的政府部门的相关人员，如当地教育局、人社局、科学技术局等。政府相关部门人员熟悉创新创业的形势背景和相关政策，能够从政府的角度对学生进行创新创业指导。企事业单位相关人员指和高校体育创新创业关系较密切的企事业单位的工作人员，具体包括企业管理专家、投资人、银行管理人员等。这类师资熟悉创新创业实操，对金融、管理等知识在创新创业活动中的应用体会十分深刻，能够为学生带来更贴近实际应用场景的培训。社会培训机构人员指开展创新创业培训的社会机构，如职业生涯规划机构、领导力培训机构。这类师资具有丰富的创新创业培训经验，知识结构更加体系化，能够提供更具专业性的教学。

调查结果显示，在高校体育产业创新创业培训师资来源中，学校相关部门人员占比为29.5%，专职教师占比为27.7%，政府相关部门人员和企事业单位相关人员均占比为 14.7%，社会培训机构人员占比为 10.9%，剩余 2.5% 为其他类型（见图 1）。可以看出中国高校体育产业创新创业培训师资以学校相关部门人员和专职教师为主，政府相关部门人员、企事业单位相关人员和社会培训机构人员为辅。多个主体开展教学活动，为学生提供了更全面、更多方位的教学视角。

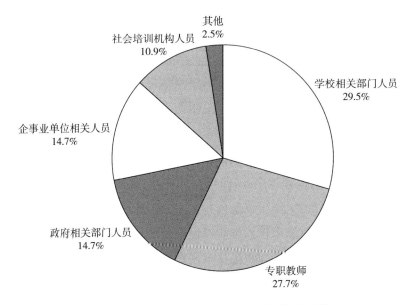

图 1　中国高校体育产业创新创业培训师资主体

（二）教育部全国万名优秀创新创业导师

为集合一批知识储备、实践经验丰富的创新创业导师，国家及大部分省级层面均在积极倡导成立创新创业导师人才库。各级创新创业导师库集结了来自各行各业的优质从业者，背景组成较为丰富，为创新创业培训教学的开展储备了丰富的人才资源。其中，最高层级的创新创业导师人才库为教育部组织成立的全国万名优秀创新创业导师人才库。首批入库导师有 4492 位，职业覆盖高校教师、产业从业者、风投基金负责人等。80% 左右的导师愿意提供担当评委、指导帮扶、开设讲座的支持服务。此外，50% 的导师愿意开设课程来提供教学服务。

就教育部全国万名优秀创新创业导师人才库的导师选拔而言，其主要分为省属高校推荐和教育部直属高校推荐两种路径。地方所属高校具有导师推荐名额，将导师人选报送省级教育部门，各省级部门统筹安排后再向教育部推荐；部委属高校则直接向教育部推荐。要求各单位所推荐的导师应是本校本地区创新创业人才库的导师，从而推动形成了校级、省级、国家级三个层次的导师人才库架构。每一层级都集结了一批切合该层级需求的创新创业导师人才队伍。

教育部全国万名优秀创新创业导师行业分布十分广泛，其中导师行业分布占比排名前 3 位的行业是教育，信息传输、计算机服务和软件业以及金融业，占比分别为 46.8%、21.3% 和 17.1%；导师行业分布占比排名后 3 位的行业是住宿和餐饮业、国际组织以及采矿业，占比分别为 2.1%、1.1% 和 1.0%（见图 2）。行业导师的分布数量和创新创业的技能需求有较强的关联性，如数据分析能力、信息技术水平和金融知识储备都是创业者极其重要的技能，所以来自教育、信息科技和金融业的导师较多；而餐饮业、采矿业等专业特点较强的行业则与大多数创业者的关联较小，涉及的相关知识和技能在创新创业中的应用场景有限，故来自相关行业的导师也较少。

来自教育行业的导师的具体岗位包括大学教师、教培机构导师、孵化器工作人员等；来自信息传输、计算机服务和软件业的导师的具体岗位包括信息科技行业从业者、高校信息科技专业老师等；来自金融业的导师的具体岗位包括金融业从业者、高校金融专业老师等；来自住宿和餐饮业的导师的具体岗位包括食品业从业者、旅游业从业者和高校旅游管理等专业的老师；来自国际组织的导师的具体岗位包括高校国际交流部门老师、涉及跨国业务的公司的员工；来自采矿业导师的具体岗位包括高校矿业、地质类专业的老师和能源业从业者。可以看出，某一行业的导师来源于两个方面：学界和业界。学界主要是该行业所属专业大类的教师，业界则是该行业的直接从业者。学界和业界导师相搭配，有利于为学生带来兼具学术性和实践性的创新创业培训，既能够保证基础理论的学习，也可以接触到大量的实践案例。

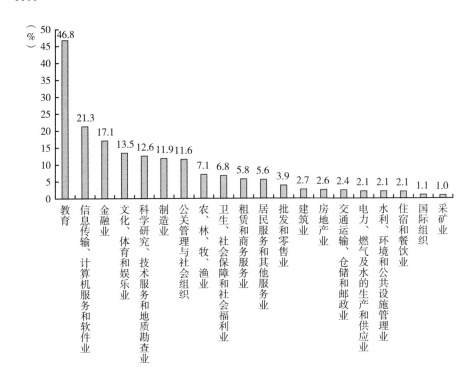

图2　教育部全国万名优秀创新创业导师行业分布

资料来源：教育部全国万名优秀创新创业导师人才库，https：//gxjx.chsi.com.cn/dok/publish/mentoryq/index.action。

二　中国高校体育产业创新创业培训形式

课堂教学是最为常见的高校体育产业创新创业培训形式，除此之外还有网络课堂、情景模拟、实战演练、讲座、观摩等形式。不同的培训形式各有其教学侧重点，如：课堂教学和网络课堂更注重基础知识的学习，让学生能够熟悉创新创业相关的基本理论；情景模拟和实战演练更注重实践能力，鼓励学生积极应用所学到的知识，实践自己的创新创业想法；讲座、观摩则更注重激发学生的创新创业活力。各个培训形式相辅相成，相互促进，为学生提供多层次的创新创业培训。

（一）课堂教学

《普通本科学校创业教育基本要求（试行）》对高校开展创新创业教学有着明确的规定，要求高校在原有的专业教学中融入创业教育，通过开设"创业基础"必修课，树立学生的创新创业思维，使学生掌握创业相关的基础知识。高校开展体育产业创新创业课堂教学，能够有效将创新创业教学和专业教学有机融合，让学生在掌握专业基础的同时，提高对创新创业的感知度。体育产业创新创业课程的内容涉及广泛，包括但不限于创新创业概论、创业学等创业类课程、市场营销等经营管理类课程、创新学等创新类课程。

高校体育产业创新创业培训形式多样，其中课堂教学是最为广泛采用的培训方式。调查结果显示，有65.0%的学生参加过课堂教学形式的创新创业培训。课堂教学是学校最常采用的培训形式，调查结果显示，在参加过课堂教学培训的学生中，有90.0%的学生表示参加过学校开展的课堂教学。其他主体进行课堂教学则相对较少，在参加过课堂教学培训的学生中，有28.0%的学生表示参加过政府部门开展的课堂教学，36.9%的学生表示参加过社会培训机构开展的课堂教学，22.0%的学生表示参加过多部门联合发起的课堂教学（见图3）。

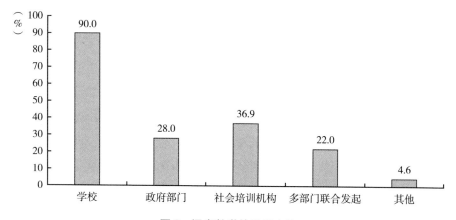

图3 课堂教学的开展主体

（二）网络课堂

网络课堂则是课堂教学的有效补充，调查结果显示，有 51.7% 的学生参加过网络课堂形式的创新创业培训。优质创新创业网课的存在为学生学习创新创业知识提供了一个便捷可行的渠道。教育部要求继续规范在线开放课程的教学管理，并完善线上课程的学分认定制度，这说明了网络课堂在大学教学体系中的重要性。超星尔雅、智慧树、学堂在线、优课联盟、中国大学MOOC 等平台提供了极为丰富的创新创业课程，涵盖创业机会识别、创业管理、创业实务等多方面、多层次的课程，让学生有机会以便捷的方式接触到大量的优质课程资源。

学校、社会培训机构和政府部门都较多地采用网络课堂的培训形式，调查结果显示，在参加过网络课堂培训的学生中，有 74.6% 的学生表示参加过学校开展的网络课堂，48.1% 的学生表示参加过社会培训机构开展的网络课堂，40.9% 的学生表示参加过政府部门开展的网络课堂。而只有 28.6% 的学生表示参加过多部门联合发起的网络课堂（见图4）。

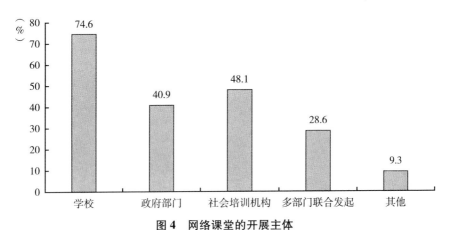

图4　网络课堂的开展主体

（三）情景模拟

情景模拟是指用信息技术等手段去模拟商业环境，让学生能够在某个特定的商业世界中去创立并运营企业，从而有效加深学生对创业实战和商业环境的理解、验证自身所学习的相关理论。调查结果显示，有51.3%的学生参加过情景模拟形式的创新创业培训。

学校、社会培训机构和政府部门都较多地采用情景模拟为培训形式，调查结果显示，在参加过情景模拟培训的学生中，有78.0%的学生表示参加过学校开展的情景模拟，51.3%表示参加过社会培训机构开展的情景模拟，39.8%表示参加过政府部门开展的情景模拟。而多部门联合体则开展得相对较少，有30.4%的学生表示参加过多部门联合发起的情景模拟（见图5）。

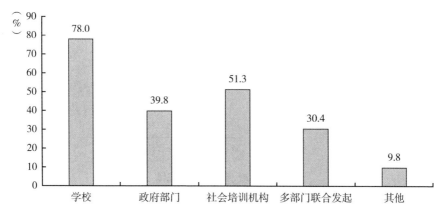

图5 情景模拟的开展主体

（四）实战演练

实战演练以创新创业训练营、创新创业大赛的形式为主，调查结果显示，有42.4%的学生参加过实战演练形式的创新创业培训。课堂教学和网络课堂偏重于理论的教学，实战演练则更注重创新创业的具体实践。学生参加创新创业训练营、创新创业大赛等，将自身的创业想法进行实践，有效提升了对创新创业知识的理解和领悟，并且能够在实践中发现自身的不足，明确未来可供改进的方向。

和情景模拟的情况类似，对于实战演练的培训形式，同样是学校、社会培训机构和政府部门较多地采用。调查结果显示，在参加过实战演练培训的学生中，有76.4%的学生表示参加过学校开展的实战演练，有55.0%的学生表示参加过社会培训机构开展的实战演练，有40.3%的学生表示参加过政府部门开展的实战演练。而参加多部门联合发起的实战演练的学生占比则要高于参加情景模拟的学生占比，有36.0%的学生表示参加过多部门联合发起的实战演练（见图6）。

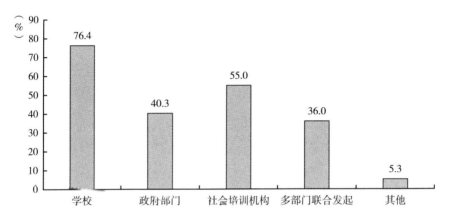

图6　实战演练的开展主体

（五）讲座

讲座主要是通过邀请校内外相关领域的专家，开展专题讲座、演讲，增进学生对创新创业领域前沿知识的了解。调查结果显示，有37.3%的学生参加过讲座形式的创新创业培训。

学校、社会培训机构会较多地采用讲座的培训形式。调查结果显示，在参加过讲座培训的学生中，有79.4%的学生表示参加过学校开展的讲座，有50.2%的学生表示参加过社会培训机构开展的讲座。政府部门和多部门联合体开展讲座也相对较多，有37.3%的学生表示参加过政府部门开展的讲座，有35.4%的学生表示参加过多部门联合发起的讲座（见图7）。

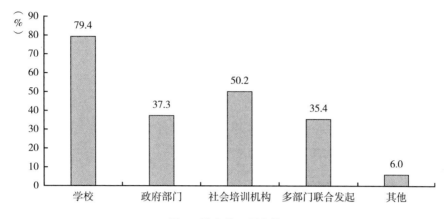

图7 讲座的开展主体

（六）观摩

观摩指实地走访企业或创新创业基地，能够有效激发学生创新创业的激情，发挥优秀创新创业者的带动作用。调查结果显示，有18.4%的学生参加过观摩形式的创新创业培训。学校、社会培训机构、政府部门和多部门联合都较多地采用观摩的培训形式。在参加过观摩培训的学生中，有81.2%的学生表示参加过学校开展的观摩，有54.7%的学生表示参加过社会培训机构开展的观摩，有44.7%的学生表示参加过多部门联合开展的观摩，有41.8%的学生表示参加过政府部门开展的观摩，可见观摩这种培训形式得到采用的普遍性（见图8）。

调查结果显示，在参加过创新创业培训的学生中有65.0%的学生参加过课堂教学，51.7%的学生参加过网络课堂，51.3%的学生参加过情景模拟，42.4%的学生参加过实战演练（实践、比赛等），37.3%的学生参加过讲座，18.4%的学生参加过观摩，还有4.8%表示参加过其他形式的培训（见图9）。

总体来看，实战演练的培训形式相对较少，这可能导致学生对创新创业的知识仅停留在理论阶段，而对更深层次的实践体会较少。建议各培训机构扩大实战演练乃至于情景模拟教学项目的占比，如更多地开展训练营、创客营这类的活动，提高学生的创新创业实践能力，保证学生能够真正参与到创新创业活动中去。另外，当前的体育产业创新创业培训，体育产业的学科特

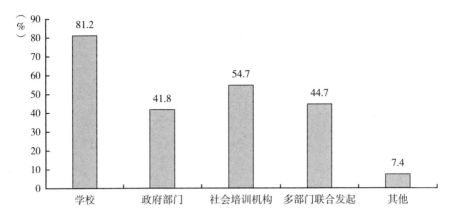

图 8　观摩的开展主体

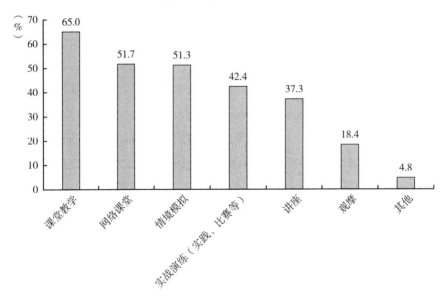

图 9　中国高校体育产业创新创业培训形式

点并不突出，相关的培训内容并未明确体现出体育产业创新创业的独特性，在体育产业创新创业基础理论知识的教学上相对缺乏。

（七）创新创业培训活动案例介绍

在高校实际的创新创业工作中，涌现出众多更具特点和创新力的培训活动。接下来对典型的创新创业培训活动形式进行介绍，并给出相应的案例以更好诠释该项活动的内涵。

1. 创新创业活动月

举办创新创业活动月，将一系列创新创业活动有机串联，在一个特定时间段内有序推出。不同于单项的活动，创新创业活动月的形式持续时间更长，涉及项目活动种类丰富，能够营造出鼓励创新创业的良好氛围，从而具有较好的带动和引导作用。以上海体育学院为例，在2021年11~12月举办的"创新创业教育活动月"中，系列活动涵盖校级体育创新创业大赛、校级退役运动员创新创业大赛、大学生创新创业论坛、大创论坛同期主题征文活动、体育创新创业主题沙龙、I&E能力提升计划、创业班相关课程教学参观活动、大学生创新创业成果展、体育创新创业项目对接会以及"体育创客+"系列视频发布。① 可以看出，在创新创业活动月中各类活动密度之高，覆盖人群范围之广，具体有涉及赛事、参观、讲座、展览、沙龙、征文、项目对接会等多项活动，具有较强的影响力和传播力。

2. 创新创业训练营

创新创业训练营通常为在较短期时间内，较密集地开设一系列创新创业类训练课程。不同于高校教师开设的常规课程，训练营的课程往往由业界人员开展，课程设置更为短小精悍，知识更贴近业界的真实情况。

天津体育学院在2021年6月举办了第一期就业创业能力提升训练营。② 训练营包含三门课程，分别为"入职初期与企业的融合和准备""初创型公司前期的管理与规划""马拉松路跑赛事发展前景"，均由文化体育从业者讲授。课程内容同时包含创业和就业知识，为有创业意向及初入职场的同学提供了最基础的知识储备。代表性课程的开设，能帮助学生搭建起系统的知识框架，为有相应意向的同学明晰了创新创业的前景规划应该从何入手。而

① 上海体育学院：《关于举办2021年上海体育学院"创新创业教育活动月"的通知》，https：//cxcy. sus. edu. cn/info/1062/1496. htm，最后检索时间：2022年7月11日。
② 天体创协：《就业创业能力提升训练营》，https：//mp. weixin. qq. com/s/4aS2XMMD6o8Y-i4akGdZ4w，最后检索时间：2022年7月11日。

武汉体育学院同样也将创新创业训练营打造成了学校的固定活动。其具体名称为"大学生创业精英训练营"，2021年已举办第二届。训练营采取报名择优选报的方式，一期仅招募30人。课程内容包括创新创业专家公开课、创新创业基地参观交流、企业家论坛、实战能力提升训练班及结业赛等多种形式。将理论学习与课外实践结合，将业内专家引入校园，为有创新创业意向的同学提供精细化培养方案。

3. 校企合作

校企合作为当下背景下所大力倡导的创新创业教育开展形式。高校所传授的知识始终与业界情况存在差异，而校企合作，高校和企业的紧密联合，互通有无，则有效地弥补了这一知识差异。如北京体育大学管理学院与北京五棵松体育馆运营管理有限公司、北京国家游泳中心有限责任公司等十余家企业组建产学研基地，在人才培养、产业规划、信息服务等方面进行广泛合作。[①] 沈阳体育学院同韦德伍斯集团联合申报"沈阳体育学院韦德伍斯校企合作健身产业研究院"，并举办经营管理人才培养班。[②] 哈尔滨体育学院与融创文旅集团共同创立哈尔滨体育学院融创冰雪学院[③]，以培养专业化冰雪产业人才为导向，整合双方技术专家、教学骨干和教学资源，全面有效地开展学生的实验、实习、实训、创新、就业创业等工作。通过合作建设实践实训基地、产业研究院，共享校企双方的创新创业资源、商业资源，有利于为在校学子了解真实的商业世界打开新的视角，增进其同业界的联系。

三　中国高校体育产业创新创业培训内容

高校体育产业创新创业培训课程涉及创业类课程、创新类课程和综合性

---

① 国家体育总局：《北京体育大学管理学院成立产学研基地》，https://www.sport.gov.cn/n20001280/n20745751/n20767277/c21461025/content.html，最后检索时间：2022年7月11日。

② 沈阳体育学院：《沈阳体育学院韦德伍斯校企合作健身产业研究院成立》，http://www.syty.edu.cn/info/1063/6075.htm，最后检索时间：2022年7月11日。

③ 哈尔滨体育学院：《哈尔滨体育学院与融创文旅集团举行校企合作签约揭牌仪式》，http://www.hrbipe.edu.cn/html/htxw/show-51041.html，最后检索时间：2022年7月11日。

课程。创业类课程侧重于创业实践，为学生提供创业的基础知识储备；创新类课程侧重于学生内在素养的提升，激发学生的创造力、领导力、沟通能力等；综合性课程则同时涉及创新、创业两方面，介绍创新创业的形势背景、相关政策。不同的培训机构主体对培训课程内容选择会各有侧重，这与机构本身的特点息息相关。而不同的课程由于课程特性和教学需要，往往学时设置差别较大，这也带来了高校体育产业创新创业培训丰富的学时构成，为学生在不同时间段都提供了相应的可选方案。

（一）中国高校体育产业创新创业培训课程

调查结果显示，就体育产业创新创业培训课程而言，以创新创业形势背景，企业创办运营专题课程（市场营销、财务管理、法律实务等），理论、技术与方法以及内在素养课程（如领导力、沟通能力等）为主。而对相关政策解读则相对来说涉及较少。在参加过创新创业培训的学生中，有65.4%的表示培训课程涉及创新创业形势背景，有60.0%的表示涉及企业创办运营专题课程（市场营销、财务管理、法律实务等），有57.4%的表示涉及理论、技术与方法，有43.5%的表示涉及内在素养课程（如领导力、沟通能力等），有24.7%的表示涉及相关政策解读，还有5.4%的表示还参加过其他类型的培训课程（见图10）。

可以看出，体育产业创新创业培训课程整体涉及的较为广泛，各类课程占比也相对平衡，让学生可以接触到创新创业多方面、多类型、多角度的知识，建立起较丰富的知识储备。但体育产业创新创业培训中关于相关政策解读的课程较少，仅有不到三成的人曾参加过相关政策解读的培训。但相关政策解读本应成为一个重要的教学任务，因为对创新创业政策的了解程度直接关系到创新创业执行层面，对创新创业活动有着极为直接的影响。如何提高创新创业相关政策解读的培训的占比，将各类政策的主旨精神准确传递到参会人员，需要培训的主办机构进一步关注。

进一步探寻各主办机构创新创业培训的课程情况，可以看出不同机构所开展的创新创业培训课程各有侧重。如学校培训涉及最多的课程为创新创业

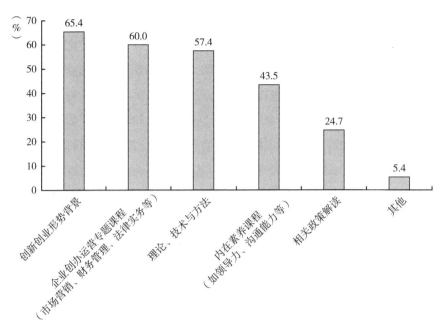

图 10　中国高校体育产业创新创业培训内容

形势背景，而社会培训机构、政府部门等机构则是以开展理论、技术与方法培训为主。

学校的创新创业培训涉及最多的课程为创新创业形势背景，其次为理论、技术与方法和企业创办运营专题课程。其中创新创业形势背景课程占比为 28%，理论、技术与方法和企业创办运营专题课程占比均为 22%。此外内在素养课程占比为 16%，相关政策解读占比为 10%（见图 11）。

社会培训机构的创新创业培训涉及最多的课程为理论、技术与方法，其次为企业创办运营专题课程。其中理论、技术与方法占比为 26%，企业创办运营专题课程占比为 22%。创新创业形势背景和内在素养课程涉及也较多，各占比为 20%。相关政策解读则占比为 10%（见图 12）。

政府部门创新创业培训涉及最多的课程为理论、技术与方法，其次为企业创办运营专题课程。其中理论、技术与方法占比为 26%，企业创办运营专题课程占比为 24%。创新创业形势背景和内在素养课程开展得同样较多，

创新创业形势背景占比为 20%，内在素养课程占比为 19%。相关政策解读
占比为 9%（见图 13）。

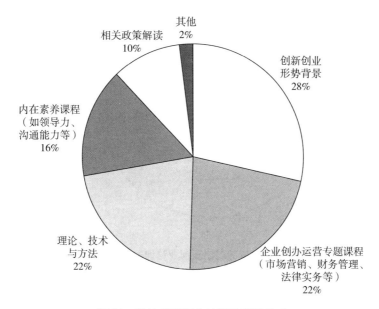

图 11 学校创新创业培训的课程构成

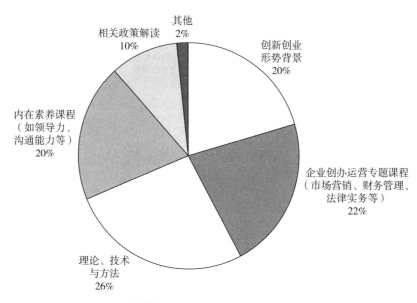

图 12 社会培训机构创新创业培训的课程构成

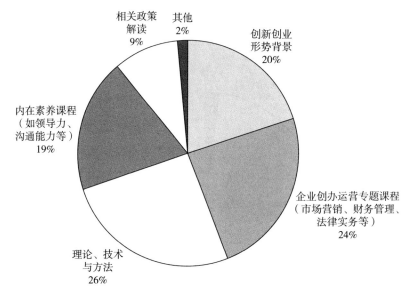

图13　政府部门创新创业培训的课程构成

多部门联合发起的创新创业培训涉及最多的课程为理论、技术与方法，占比为25%。而企业创办运营专题课程、内在素养课程和创新创业形势背景三者的占比十分接近，分别为21%、20%和19%（见图14）。

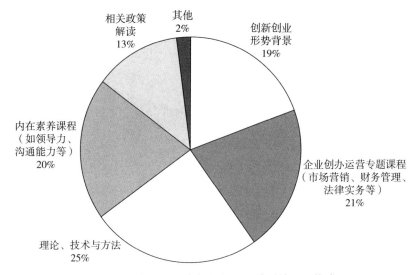

图14　多部门联合发起创新创业培训的课程构成

（二）中国高校体育产业创新创业培训学时

调查结果显示，就过去一年所参与的体育产业创新创业培训课程的课时而言，最低的仅为4~8学时，最高的达到48小时以上。调查中超65%的学生所参与培训的课时数分布为10~36小时（见图15）。不同体育产业创新创业培训之间课时差别较大。这也说明了创新创业培训的形式、层次较为丰富。讲座、观摩类的创新创业培训通常集中在较短时间段内，课时灵活，通常也会比较短。课堂教学、网络课堂则是固定时间授课，课时相对固定，通常也会较长。情景模拟和实战演练则依据实际情况而定，不同的规模或是不同类型都会导致课时有较大差异。

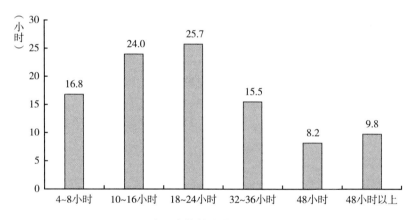

图15 中国高校体育产业创新创业培训课时

结束语

总体来看，我国高校体育产业创新创业培训发展势头向好。师资的来源、主体丰富，性别、年龄、学历的组成结构多样，多元化的教师结构能够为学生带来更具活力的培训活动；培训开展形式以课堂教学为主，辅以网络课堂、情景模拟、实战演练、讲座、观摩等，多种形式兼存，为学生提供了丰富的选择空间，也有利于系统提升整体的培训效果；培训内容整体涉及广泛，各内容占比较为均衡，让学生可以接触到创新创业多方面、多类型、多角度的知识，建立起较丰富的知识储备。

参考文献

陈大伟、徐纯：《产教融合协同育人背景下大学生创新创业教育体系构建与实践》，《科教文汇》2021 年第 8 期。

陈岗、胡亮、高淑贞、付景川：《综合性大学本科实践教学体系的建设与思考》，《中国大学教学》2013 年第 11 期。

冯伟：《本科生导师制在高校人才培养中的应用探索及改进措施》，《当代教育实践与教学研究》2021 年第 8 期。

唐建阳：《论加强大学生创业能力和创业意识的培养》，《企业家天地》2009 年第 1 期。

张光位：《基于创业能力为核心的地方高校创新创业教育体系构建研究》，《创新创业理论研究与实践》2022 年第 6 期。

中国体育产业创新创业政府及高校平台发展概况

温 蕾 李元晖*

摘 要： 体育产业创新创业平台是大学生参与体育产业创新创业实践的场所及空间，按其属性及举办主体，可分为高校和政府体育产业创新创业服务平台。本文对我国政府及高校体育产业创新创业平台的建设情况进行了简要分析，分析了两类平台的发展态势，提出"十四五"期间政府及高校体育产业创新创业服务平台高质量发展路径，以期不断推进政府及高校构建体育产业创新创业教育良好生态，培养更多体育产业高质量复合型人才，进一步推进高校创新创业教育改革，推进体育产业高质量发展。

关键词： 高校 政府 体育产业 创新创业 平台建设

一 高校体育产业创新创业平台开展现状研究

在新时代经济发展背景下，我国体育产业总量不断扩大，体育产业成为助力我国新时代经济发展的新引擎。体育产业的高速发展，加速了对体育产业专业化、高素质、高质量人才的需求，同时也对体育产业高质量、高素质人才的培养提出了更高的要求。高校体育产业创新创业平台建设是高校深化

---

* 温蕾，天津体育学院研究员，主要研究方向为高校体育产业创新创业教育；李元晖，中央财经大学体育经济与管理学院 2021 级硕士研究生，主要研究方向为职业体育制度、创新创业教育。

教育教学改革的一项重要内容，也是落实体育产业创新创业教育建设的一项重要举措，更是推进高校服务师生开展体育产业创新创业教育的重要实践平台，同时是推动体育产业创新创业学术研究和科技成果转化的重要途径。

本文从高校体育产业创新创业平台内涵、建设现状和发展趋势等方面进行了归纳分析，提出了构建高质量高校体育产业创新创业服务平台的发展路径，旨在持续促进高校体育产业创新创业平台的高质量建设，培养更多体育产业创新创业人才，进一步推动我国体育产业发展。

（一）高校体育产业创新创业平台概念

1. 高校体育产业创新创业平台含义

随着新时代经济发展，"平台"已逐步成为一种普遍的市场或行业组织的形式。简单讲，所谓平台，是为不同利益主体提供交流合作的场所或空间。从需求侧角度看，平台建设是提供刚需，满足参与者需求的场所或空间；从供给侧角度看，平台建设是汇集资源，激活并联动平台内外参与者，链接资源满足各方需求的场所或空间。

高校体育产业创新创业人才培养，一方面是培养学生在体育学专业、体育产业方向的专业素养能力，提升学生创新能力及综合素质能力，使学生在体育产业链条中找到适合自己的发展定位和职业规划；另一方面，随着体育产业快速发展，其产业覆盖范围广，产业链条长，对各环节各领域的人才需求和要求愈加精细化。高校作为人才输出的重要环节，人才培养需要同体育产业市场需求高度融合。

站在服从国家战略需求和建设社会主义现代化体育强国的高度，高校体育产业创新创业平台是高校为满足不同利益主体在体育产业创新创业服务方面的需求，所提供的交流合作场所或空间。它是以体育产业为核心，以创新创业教育为抓手，汇集整合资源，服务高校师生，以培养专业技能强、综合素质高、双创能力突出的高质量体育产业专业人才为目标，同时协同各方孵化体育产业优质项目，推动体育产业高质量发展的机构或组织。高校体育产业创新创业平台本质上不是单纯意义上的一个资源集合的服务中介平台，而是一个致力于打造完善的、具有持续成长潜力的"高校体育产业创新创业生态环境"。

2. 高校体育产业创新创业平台功能

概括来讲，我国高校建设的体育产业创新创业平台的功能主要包括四个方面：教育功能、服务功能、实践功能及孵化功能。

教育功能是以提供知识资源为核心。提供知识资源服务是高校体育产业创新创业平台最为核心的内容，是依托于高校独有的智力资源优势，在高校课程教学以外，提供围绕体育产业发展、提升创新创业能力所必需的知识资源。提供知识资源的高校体育产业创新创业平台本质上是一个"供货商"，在知识经济发展时代，回归教育本质，以学生需求为核心，为学生提供一个可以选择、可以尝试、可以体验的课程丰富的专业知识库。在平台建立的知识服务场景下，让学生了解在体育产业领域的新动态新发展，掌握面对未来职场的必备技能和研究方法，拥有专业思维方式和问题解决能力，具备同他人交往、协同处事的能力和不断探索创新的精神。知识服务功能构建的形式是多样的，可包括依托于网络建设的可自主学习的慕课网站，高校举办的体育产业讲座论坛等学术活动，等等。

服务功能是以提供便利服务为核心。提供便利的体育产业创新创业服务是高校体育产业创新创业平台最基础的功能。为满足学生多样的创新创业需求，平台要提供便利化服务，不仅包括提供专业化体育场地、创业办公空间、交流互动空间及创新创业活动所需要的设备设施等有形服务，还包括提供相关创业帮扶服务，如初创企业工商注册、创业法律咨询、相关财务政策补贴申请、创业企业发展投资融资咨询等无形服务。平台提供服务的载体可以是现实的场所，如众创空间、孵化器、孵化中心、实训实验室等，当然也可以是虚拟的空间，如虚拟仿真创新创业模型。

实践功能是以检验学生能力应用为核心。实践平台的搭建为学生提供了体育产业创新创业项目展示、能力展示的场景和场合，使学生在实践中检验其专业能力、综合能力的学习成效。同时学生在参与实践活动中，通过同体育产业行业专家学者、体育产业优质项目、产业领航企业及创业投资企业的交流互动，进一步加强对体育产业发展的认知，不断完善自身知识体系，提升综合素质和综合能力。实践平台开展相关活动可包括组织开展并指导学生参加中国"互联网+"创新创业大赛、"全国大学生体育产业创新创业大赛"，开展体育产业领域企业家进校园的培训实践，开展体育产业创新创业实训营，等等。

孵化功能是以推进双创项目转化为核心。高校体育产业创新创业平台的孵化功能主要是依托于高校自身的科学研发资源、智力人才资源优势建设，鼓励并引导有志于体育产业创业的学生，把握创业机遇，将创意转化为创业项目，将创业项目落实为实体企业，打通科技创意成果转化通道，从而推动学生在体育产业领域就业创业，促进体育产业蓬勃发展。

3. 高校体育产业创新创业平台类型

近年来，国家层面陆续发布的一系列有关进一步推进高校教育教学改革、加强高校创新创业就业教育和促进体育产业发展的政策文件，全国各高等院校均在积极落实开展高校体育产业创新创业平台的建设工作。按照高校体育产业创新创业平台建设主体区分，其类型可分为以下两种：一是以高校独立主导建设的，在校内为师生提供创新创业服务的平台，如高校招生就业中心（处）、创新创业教育中心（网）、众创空间、创业实验室、创新创业教育实践基地等；二是高校主导建设，由政府、科研机构组织或社会企业支持，合作建设在高校内部的平台，如创新创业孵化器、创新创业科技园等，其建设形式可包含线上、线下或两者结合的形式。

（二）高校体育产业创新创业平台建设情况

我国高校体育产业创新创业平台建设主体包括高等体育院校、体育职业院校及综合性大学体育学院（系或部）。高等体育院校是以体育事业、教育、发展为核心与方向建设的高等学院，其主导建设的体育产业创新创业平台在一定意义上更具体育专业性、体育产业化的特点；我国各体育职业院校体育产业创新创业教育及平台建设，多与体育职业院校的招生就业创业工作相融合；综合性大学体育学院（系或部）作为综合性大学的二级学院，在推进体育产业创新创业教育及平台建设上，主要依托学校校级资源。综合性大学多建设有校级众创空间、孵化器或科技园等，是由学校就业创业或招生就业处负责运营管理，面向全校学生开放，体育学院（系或部）作为综合性大学下属二级学院，学生在体育产业创新创业领域的创意想法或创业项目，均可以在校级建设的创新创业平台进行培训转化、孵化。

根据高校体育产业创新创业平台内涵特征，本文主要分析概括以推进体育产业发展为核心、以高等体育院校为主体建设的高校体育产业创新创业平台的建设现状。

1. 数量和规模不断扩大，众创空间发展待提升

2015 年科技部为深入贯彻落实《国务院办公厅关于发展众创空间推进大众创新创业的指导意见》（国办发〔2015〕9 号）和《国务院关于大力推进大众创业万众创新若干政策措施的意见》（国发〔2015〕32 号）文件精神，印发了关于《发展众创空间工作指引》（国科发火〔2015〕297 号）进一步明确众创空间的功能定位、建设原则、基本要求等，推动众创空间科学构建、健康发展。同年，科技部火炬中心印发《关于开展众创空间备案工作的通知》（国科火字〔2015〕183 号），根据备案标准和流程，开展国家级众创空间审核及公示工作。

自 2015 年起，全国体育院校积极落实推进创新创业教育，陆续建设高校众创空间（见表 1）。高校众创空间主要以高校为主体运营，以满足师生的创新创业需求为主要目标，提供所需的工作空间、网络空间、社交空间以及资源共享空间等，为创新创业活动提供高质量的服务，具有成本低、便利化、全要素、开放式等特征。

表 1　部分体育院校已建设的高校众创空间

体育院校	建设众创空间
北京体育大学	2018 年 10 月揭牌成立北体创客空间
上海体育学院	2009 年 11 月挂牌成立上海体育国家大学科技园,园区建设有科技园本部——众创坊
天津体育学院	2015 年建设成立天津体育学院众创空间
广州体育学院	2015 年 11 月建设广体信息科技众创空间

资料来源：各体育院校官方网站。

2021 年 3 月科技部火炬中心发布《关于公布 2020 年度国家备案众创空间复核结果的通知》（国科火字〔2021〕65 号），对 2386 家国家级众创空间资格进行重新复核，其中 2251 家众创空间符合国家备案资格，取消 135 家众创空间的国家备案资格。

根据高校众创空间定义及特点，在符合资格的 2251 家众创空间中包括 229 家高校众创空间，占总数的 10%（见图 1），但其中并未涉及高等体育院校、体育职业院校或综合性大学体育学院为主体建设的高校众创空间。

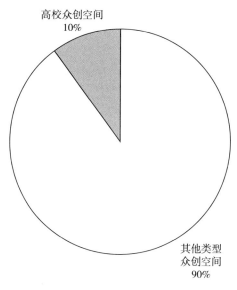

图 1　国家级备案空间分布情况

资料来源：科学技术部火炬高技术产业开发中心官网，http://www.chinatorch.gov.cn.

近些年，高等体育院校在众创空间、孵化器及科技园的建设上发展相对缓慢。首先，高等体育院校众创空间建设未满足国家级备案众创空间标准。按照科技部火炬中心公布的《国家众创空间备案暂行规定》，高等体育院校现有建设的众创空间、创新创业教育中心、孵化器及科技园的建设在空间运营时间、场地空间规模、师资孵化服务队伍建设、企业入驻数量及年孵化典型案例等方面未能满足建设服务标准。其次，目前高等体育院校众创空间建设没有形成优势特色，同体育产业结合不紧密。近些年，随着国家出台的相关的创新创业教育政策的逐步落实，全国各个高等体育院校都已陆续开展创新创业众创空间、创新创业实验室、孵化器及科技园建设工作，形成了一定的专业化、一体化的体育产业创新创业服务体系，但在运营发展、布局规划等方面处于"有而不全"的局面，教育知识资源服务有但不深入、创业扶持服务有但不精准、项目孵化链条有但不完整。最后，高等体育院校的创新创业项目转化孵化能力有限。无论是资金支持方面，还是体育产业市场企业资源方面，高校能提供的扶持都相对较少，优质体育产业项目的转化及孵化链条不完整，会导致众创空间发展的动能低下，不能形成空间发展的良性循环。

2."去行政化"不断深化，服务功能待多元化

自 2015 年国务院发布《关于加快构建大众创业万众创新支撑平台的指导意见》（国发〔2015〕53 号），高等体育院校积极落实国家政策方针，结合区域经济发展及区域特色陆续开展建设高等体育院校体育产业创新创业平台。通过对目前全国高等体育院校体育产业创新创业平台建设情况资料收集及情况调研发现，包括北京体育大学、武汉体育学院、天津体育学院在内的多数高等体育院校，在体育产业创新创业平台建设上主要是依托于高校学生处、招生就业处或就业创业指导中心等行政机构，其运行机制、管理模式一定程度上偏向于行政化管理手段。另外，部分体育院校逐步开展高校众创空间、就业创业实践基地及孵化器建设，以实现学生体育产业创新创业项目的培育及孵化，其运营方式多数是由高校自主运营，具有一定行政化管理性质（见表2）。2019 年 5 月上海体育学院成立平台型实体学院创新创业学院，通过对高校创新创业资源服务整合，联结"学校、政府、企业、社会、资本"，将体育产业创新创业理论与实践结合，构建了创业课程、创业训练、创业实践金字塔式的三级大学生创业工作体系，以培养具有创新精神、创业能力的体育产业人才为目标，积极构建完善的创新创业教育课程体系和营造体育产业创新创业科研学术环境。

表2 高等体育院校体育产业创新创业平台建设情况

院校	体育产业创新创业平台建设机构或组织
北京体育大学	由学校校级就业创业指导服务中心开展相关创新创业工作,2018年学校成立北体创客空间,其办公场地有200余平方米,主要服务于孵化在校生或毕业生(毕业两年内)的苗圃期大学生创业项目为主
上海体育学院	2009年成立了上海体育国家大学科技园,科技园本部——众创坊(众创空间)是上海体育学院的大学生创业见习基地。2019年学校撤销创新创业指导中心部门,成立了上海体育学院创新创业学院,由学院统筹相关创新创业工作
武汉体育学院	由校团委、招生就业处负责创新创业工作,学校设立大学生创业特区;2015年开展实施了"青铜计划"。2018年成立武体大学生创新创业俱乐部
西安体育学院	由学校学生处、就业指导中心开展相关创新创业工作
成都体育学院	由学校学生处、就业指导中心以及2014年学校成立的大学生创新创业俱乐部共同统筹创新创业工作
沈阳体育学院	由学校招生就业处负责统筹创新创业工作,学校建设有大学生创新创业孵化基地。学校管理与新闻传播学院设立创新创业与就业指导教研室
首都体育学院	由学校招生就业处负责统筹相关创新创业工作,同时开设星星之火创新创业工作室
天津体育学院	由学校学生处就业指导中心、教务处共同统筹学校创新创业工作;2015年成立校级众创空间,依托空间建设及运营,服务大学生创新创业需求
河北体育学院	由学校就业指导中心开展相关创新创业工作,同时搭建创新创业实践平台满足学生创新创业实践需求
吉林体育学院	由学校招生就业处、就业创业指导中心统筹开展创新创业工作,学校建设有学生就业创业实训基地
哈尔滨体育学院	由学校招生就业处统筹开展相关创新创业工作,学校建设有就业创业基地
南京体育学院	由学校教务处统筹学校双创实践课程,学校建设有大学生实践成长服务平台,大学生创新创业训练智能管理系统
山东体育学院	2016年学校成立创新创业教育工作领导小组,其下设创新创业办公室,负责统筹开展相关创新创业工作。同时学校设有就业创业见习基地
广州体育学院	学校成立大学生创新创业中心及广体信息科技众创空间开展相关创新创业工作
郑州大学体育学院	由学校招生就业中心统筹创新创业工作,学校建设有创业园区

资料来源：全国15所独立建制的体育院及官网。

从上海体育学院成立的平台型创新创业学院可以看出，我国体育院校体育产业创新创业平台建设正逐步向"去行政化"方向发展，在平台型创新创业学院建设模式下，参与平台建设的各群体，如高校、二级学院、教师、学生、科研机构及相关企业将具有更全面的发展空间、更灵活的协作机制和更多的合作机遇。

通过调研还可以看出，从各体育院校体育产业创新创业平台建设内容及功能特征看，多数院校已建设创新创业实体空间环境，为师生开展创新创业提供了一定的空间环境服务，同时组织开展相关的创新创业教育培训、企业家讲座及创新创业赛事等实践活动。但在平台功能构建和服务内容上，形式较为单一，为学生提供的创新创业服务范围较窄、内容不够丰富，未能充分满足学生对体育产业创新创业的多样化、专业化的需求。

3. 专创融合教学体系不断完善，知识资源体系待丰富

随着产业结构调整与升级，体育产业发展呈现出巨大的发展潜力。体育产业创新发展需要专业化、多样化、综合素质高、适应能力强的复合型体育产业人才。各高等体育院校积极落实高校教育教学改革工作，推进开展创新创业教育，按照《普通本科学校创业教育教学基本要求（试行）》文件要求，各院校均已开设"创业基础""创新创业基础"等必修课程，推进专业教育与创业教育有机融合。2013年南京体育学院开始在体育经济与管理专业中开设"创业学"，后为响应国家"大众创业、万众创新"的号召更名为"大学生创新创业"，并在全校范围内开设。2018年课程加快了内涵建设的步伐，根据体育类院校专业人才培养的需要，融入了体育产业的相关知识。

课程教学是人才培养最为基础和关键的环节。目前，各高等体育院校体育产业创新创业平台，尚未能构建体育产业创新创业教育知识资源体系。在围绕平台核心的教育服务、知识资源服务功能建设方面，内容不够全面、体系不够完整、课程缺乏产业特色。与体育产业创新创业相关的体育产业市场环境评估、体育产业市场调查、创新就业相关法律知识、初创企业相关财务知识、企业运营发展相关的商务谈判及投融资等诸多方面内容的课程及知识资源相对较少，往往是通过开展创业培训、企业家论坛或创业模拟等形式为学生答疑解惑，未形成系统的体育产业创新创业知识资源体系。

4. 以赛育人、实践育人模式逐渐形成，成果转化与孵化链条待完整

近年，高等体育院校积极探索实践育人、以赛促学、以赛促教的育人新模式，构建实践育人长效机制，使学生在实践中受教育、长才干。以赛促教，通过赛事实践可以检验学生在体育产业专业领域知识的学习与应用；以赛促学，通过赛事实践活动提高学生沟通能力、自学能力和建立团队协作意识等，着力提升学生实践创新能力。中国"互联网+"大学生创新创业大赛是由教育部与政府、各高校共同主办的一项技能大赛，2015~2021年共举办7届赛事。各高等体育院校为深入推进大众创业、万众创新，激发学生的创造力，以创新引领创业和就业，形成更高质量创业就业的新局面，积极落实组织大学生参与中国"互联网+"大学生创新创业大赛。

根据教育部公布的第六届中国国际"互联网+"大学生创新创业大赛获奖名单[①]，其中高教主赛道及"青年红色筑梦之旅"赛道获奖名单的数据显示，上海体育学院及沈阳体育学院共有5项学生体育产业创新创业项目进入国赛决赛范围，其中高教主赛道共3项，"青年红色筑梦之旅"赛道2项。而根据第七届中国国际"互联网+"大学生创新创业大赛获奖名单[②]，其中高教主赛道及"青年红色筑梦之旅"赛道获奖名单的数据显示，共有9项学生体育产业创新创业项目进入国赛决赛，其中高教主赛道项目增加至5项，包括北京体育大学、天津体育学院、沈阳体育学院及武汉体育学院团队项目，"青年红色筑梦之旅"赛道项目增加至3项，其中沈阳体育院校2项、上海体育学院1项（见表3）。

[①] 《教育部关于公布第六届中国国际"互联网+"大学生创新创业大赛获奖名单的通知》，http：//www. moe. gov. cn/srcsite/A08/s5672/202101/t20210115_ 509932. html，最后检索时间：2022年7月10日。

[②] 《教育部关于公布第七届中国国际"互联网+"大学生创新创业大赛获奖名单的通知》，http：//www. moe. gov. cn/srcsite/A08/s5672/202202/t20220222_ 601209. html，最后检索时间：2022年7月10日。

**表3 第六届及第七届中国国际"互联网+"大学生
创新创业大赛体育院校获奖项目名单**

单位：项

届次	赛道	获奖名次	院校	项目数	总数
第六届	高教主赛道	银奖	上海体育学院	1	1
		铜奖	沈阳体育学院	1	2
			上海体育学院	1	
	"青年红色筑梦之旅"赛道	铜奖	沈阳体育学院	1	2
			上海体育学院	1	
第七届	高教主赛道	铜奖	北京体育大学	1	5
			天津体育学院	1	
			沈阳体育学院	2	
			武汉体育学院	1	
		入围总决赛	上海体育学院	1	1
	"青年红色筑梦之旅"赛道	铜奖	沈阳体育学院	2	3
			上海体育学院	1	

资料来源：《教育部关于公布第七届中国国际"互联网+"大学生创新创业大赛获奖名单的通知》，http://www.moe.gov.cn/srcsite/A08/s5672/202202/t20220222_601209.html，最后检索时间：2022年7月10日。

由表3可以看出，无论是入围国赛的参赛项目数量，还是入围项目所属高等体育院校数量，在第七届大赛中均有增加。这得益于各高等体育院校不断加强创新创业赛事育人机制，激励学生主动参与、主动作为，营造浓厚的参赛氛围，切实推动体育产业创新创业教育产出实效。

与赛事培育孵化优秀项目相关联的是高校体育产业创新创业平台的项目孵化功能的建设。各高等体育院校在孵化功能建设过程中，往往更注重项目孵化的前期过程，如创意激发、创意设计、项目可执行性分析等，通过创业课程、创客经验分享及优秀创业导师的指导服务，来激励和引导学生开展并参与到体育产业创新创业项目建设中。而在创意项目转化、创业项目落地等同市场对接、企业联动等方面，体育院校体育产业创新创业平台孵化功能建设具有一定局限性，在落实推进项目孵化同市场对接环节中，尚未形成全链条、全流程的管理体制。

5. 管理水平不断提高，协同发展机制待建构

随着全国各高校教育教学改革工作的深入开展，高等体育院校体育产业创新创业平台建设也处于动态更新状态，在体制机制建设、管理运营模式、实践平台建设及孵化流程管理方面，都积极落实高校教育教学改革的政策规划，以培养高质量体育产业人才为目标，以服务学生需求、产业需求、市场需求、企业需求为内容，不断深化平台功能建设。另外，各体育院校体育产业创新创业平台在对接体育产业行业市场及企业时，出现黏性不高、关联度不强问题。总的来说，是缺少同各高校间的互动协作机制，无法有效地集聚和整合高校间在学科建设、专业融合等方面的创新资源；同时，缺少同行业领域优秀企业的联动，目前我国高等体育院校在体育科技创新领域的力量较为薄弱，单凭高校自身拥有的资源，难以扶持学生在体育产业创新创业项目上的成果转化及再创新，且成果效益不佳。

（三）高校体育产业创新创业平台发展的 SWOT 分析

当前，在我国体育产业迅速发展的时代背景下，高校体育产业创新创业平台建设将成为培养体育产业高质量人才、孵化高质量项目的重要途径。高校开展体育产业创新创业平台建设具有巨大的内部优势与外部机遇，但也存在一些关键劣势和挑战（见图 2）。

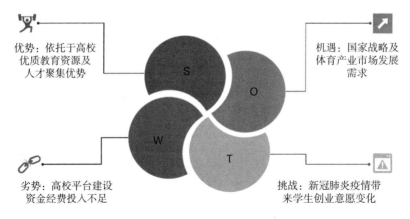

优势：依托于高校优质教育资源及人才聚集优势

机遇：国家战略及体育产业市场发展需求

劣势：高校平台建设资金经费投入不足

挑战：新冠肺炎疫情带来学生创业意愿变化

图 2　高校体育产业创新创业平台建设 SWOT 分析

1. 优势：依托于高校优质教育资源及人才聚集优势

高校资源优势助力体育产业发展。平台建设本质上是各类资源集合，通过平台组织使各类资源联动协作，达到平台建设的目标。高校自身就是一个资源集合体，从空间服务角度上来看，良好的办学环境与体育场馆条件能够为学生提供创新创业活动的实践平台，如在高等体育院校中，天津体育学院新校区众创空间建设面积约2600平方米，包括路演厅、办公休闲区及商务洽谈区等，可为创客团队提供60~80平方米的办公空间，开放工位100余个，为创业团队提供了独立的、专业性强的良好创业实践空间；在知识资源服务方面，高校在学科和专业建设上占据优势，丰富的教学与科研资源、专业的教学师资团队能够激发学生创新能力，随着教育现代化进程发展，高校信息化建设水平也在不断提升，高校在体育产业领域学科资源、产业资源信息的动态更新和获取，都将助力学生开阔思维，拓宽视野。2018年教育部上线"国家虚拟仿真实验教学课程共享平台"，在2017~2021年体育学类课程数据中，共有28项虚拟仿真课程在平台实现课程资源共享，其中已认定课程10项，申报课程18项，涉及体育教育、运动训练、运动康复等多类专业领域（见表4），高校资源优势的整合利用将助力于体育产业发展，成为体育产业发展的新动力和强优势。

表4　国家虚拟仿真实验教学课程共享平台体育学类别认定课程

课程名称	所属院校
冰雪运动防护虚拟仿真实验	北京体育大学
马拉松比赛科学补液虚拟仿真实验	上海体育学院
运动竞赛焦虑测评、作用及其干预的虚拟仿真实验	武汉体育学院
运动改善情绪及其脑可塑性变化虚拟仿真实验	扬州大学
运动性猝死的风险筛查与现场急救虚拟仿真实验	华南师范大学
青少年运动机能评定虚拟仿真实验	华东师范大学
足运动康复工程虚拟仿真实验项目	福建师范大学
健身运动处方综合设计性虚拟仿真实验	湖南师范大学
下肢肌力量训练设计与运动生物学监控虚拟仿真实验教学项目	陕西师范大学
赛艇运动员专项机能测评虚拟仿真实验项目	江西师范大学

资料来源：国家虚拟仿真实验教学课程共享平台网站，http://www.ilab-x.com，最后检索时间：2022年6月30日。

人才优势为体育产业发展注入强大动力。人才是第一资源，创新是第一动力。高校建设是以人才培养为首要任务，人才优势为体育产业高质量、可持续发展注入强大动力。一方面，体育院校及体育职业院校可以充分发挥学科和专业建设优势，按照新时代体育产业、体育市场发展对人才的需求，对各类人才培养方案进行整体优化和布局，持续提高体育产业高质量人才培养质量；另一方面，综合性大学可以充分发挥学科多元化优势，聚焦产业科技融合、专创教育融合等，打造更高水平的科技研发团队，推进体育产业复合型人才培养，带动体育产业和体育经济发展。

2. 劣势：高校平台建设的资金经费投入不足

资金经费投入不足是高校建设体育产业创新创业平台的最大困境，高校经费投入不足会影响高校体育产业创新创业平台建设的规模，出现服务功能不健全、服务链条不完整等问题。同时，平台建设是一项持续动态更新的过程，需要持续的经费支撑，才能保证平台的建设随着时代经济发展，按照产业市场发展及学生需求，做到不断提升服务质量，实现平台建设的可持续发展。

3. 机遇：国家战略及体育产业市场发展需求

近年来，国家高度重视体育教育及体育产业发展问题，并出台了一系列政策推动高校体育产业高素质、复合型人才的培养，推进体育产业高质量发展（见表5）。例如，2019年国务院办公厅印发《关于促进全民健身和体育消费推动体育产业高质量发展的意见》（国办发〔2019〕43号），全方位、多层次、立体化地提出高质量发展的路径，明确体育产业的新方向，体育产业迎来新的更大的发展机遇。同年，国务院办公厅印发《体育强国建设纲要》指出五个方面战略任务，提出"从激发市场主体活力、加强体育市场监管等方面，加快发展体育产业，培育经济转型新动能"。2021年国家体育总局印发《"十四五"体育发展规划》提出要推动高等体育院校改革和发展，引导和支持高等体育院校培养更多具有创新精神和创业能力、行业急需的体育人才。高校作为体育产业人才输出的主要阵地，构建高校体育产业创新创业平台，是实施国家战略发展的需要。

表5　中央与国务院关于推进体育发展相关政策文件

时间	部门	政策文件
2019 年 4 月 4 日	中共中央办公厅 国务院办公厅	《关于以 2022 年北京冬奥会为契机大力发展冰雪运动的意见》(中办发〔2019〕19 号)
2019 年 8 月 10 日	国务院办公厅	《关于印发体育强国建设纲要的通知》(国办发〔2019〕40 号)
2019 年 9 月 4 日	国务院办公厅	《关于促进全民健身和体育消费推动体育产业高质量发展的意见》(国办发〔2019〕43 号)
2020 年 10 月 10 日	国务院办公厅	《关于加强全民健身场地设施建设发展群众体育的意见》(国办发〔2020〕36 号)
2020 年 10 月 15 日	中共中央办公厅 国务院办公厅	《关于全面加强和改进新时代学校体育工作的意见》和《关于全面加强和改进新时代学校美育工作的意见》(中办发〔2020〕36 号)
2021 年 7 月 18 日	国务院	《关于印发全民健身计划(2021—2025 年)的通知》(国发〔2021〕11 号)

资料来源:现行有效的体育法律、法规、规章、规范性文件和制度性文件目录（截至 2021 年 12 月 31 日）。

体育产业市场快速发展。2016~2019 年我国体育产业保持高速增长,经测算,2020 年全国居民体育消费总规模达到 1.8 万亿元,比 2015 年增长 80%,呈现出体育消费水平显著提升、体育消费结构持续优化、体育消费格局日趋均衡、体育消费新业态不断涌现、体育消费细分市场快速发展等特点。[①] 2020~2021 年受新冠肺炎疫情影响,体育产业各类别增加值出现下降,但随着 2022 年北京冬季奥运会的成功举办及国家"双减"政策落地,冰雪体育、体育培训等领域快速发展,促使体育消费市场迅速发展,人民体育消费需求不断增加。对体育产业相关企业的发展而言,急迫需要从事体育行业的专业性强、综合素质高的复合型人才。对人才的需求,将正向推进高校体育产业创新创业平台建设发展。

4. 挑战:新冠肺炎疫情带来学生创业意愿变化

新冠肺炎疫情对大学生进入体育产业进行创业的意愿带来不利影响。受

[①] 国家体育总局经济司:《强化标准引领　夯实消费基础》,https://www.sport.gov.cn/n20001280/n20001265/n20067533/c24269348/content.html。

新冠肺炎疫情影响，在一段时期内，体育相关行业生产经营受到了极大冲击，包括体育培训业、健身休闲娱乐业的线下业务的阶段性停滞、体育赛事及表演全面停办、体育旅游服务业相对静止等，出现体育企业运营成本压力增大、人才流失甚至是企业破产倒闭等问题。在部分体育院校已发布的《2020届及2021届毕业生就业质量报告》中，自主创业学生占比不足2%（见表6），可以看出，体育行业经济市场的巨大变化，在一定程度上影响着大学生在体育行业就业创业的意愿。体育行业的人才流动是体育产业发展活力的重要保证，而体育行业市场变化会对大学生选择进入体育产业进行创业就业的意愿产生一定影响。高校体育产业创新创业平台建设中，要更注重帮助学生增强对体育产业市场发展的信心，鼓励和引导学生积极投身体育产业发展建设，在体育行业就业创业工作中为学生提供更多帮助。

表6　部分体育院校2020届及2021届毕业生自主创业学生数量

体育院校	2020届			2021届		
	毕业生总数（人）	创业学生人数（人）	占比（%）	毕业生总数（人）	创业学生人数（人）	占比（%）
首都体育学院	910	4	0.44	1020	6	0.59
天津体育学院	1531	5	0.33	1513	19	1.26
上海体育学院	1591	11	0.69	1693	9	0.53
南京体育学院	1778	21	1.18	1853	20	1.08

资料来源：各体育院校2020届及2021届毕业生就业质量报告。

（四）"十四五"高校体育产业创新创业服务平台发展路径

开展高校体育产业创新创业平台建设，深入贯彻体育强国战略，在布局上，将体育产业创新创业平台建设融入高校教育教学改革顶层规划，使平台建设与学科专业建设、课程体系改革深度融合，相互成就。在目标上，充分发挥高校教育知识资源，推进科研学术成果的孵化与应用，同时利用现代化技术手段，构建高校教育数字化服务体系。在内容上，以体育产业创新创业竞赛驱动，将知识资源、实践服务、协作联动有机结合，实现体育产业高质量人才培养工作各个环节的联动和集成。在形式上，加快建设政、校、企多方联动协作的育人机制，建设高校体育产业创新创业重要人才培养中心和体育产业项目孵化创新高地，为新时代人才强国、体育强国战略锚定新方向。在发展上，建设高校体育产业创新创业全链条服务体系，坚持持续增加服务手段、拓宽服务渠道，积蓄平台高质量发展新动能，为体育产业高质量发展提供强大驱动力（见图3）。

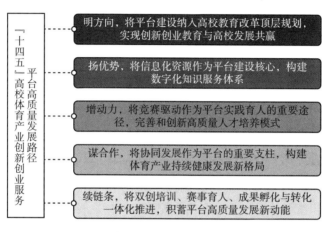

图3 "十四五"高校体育产业创新创业服务平台高质量发展路径

1.明方向，将平台建设纳入高校教育改革顶层规划，实现创新创业教育与高校发展共赢

时代进程发展催生高校开展创新创业教育，创新创业教育也在推动着高等教育教学的全面改革。随着经济时代发展，体育产业也从原有简单、单一的传统行业变成需求多行业融合的新兴产业，而人才是推进产业发展的重要因素，高校作为人才培养高地，需提高创新意识，将体育产业创新创业教育作为重要的办学特色，将高校体育产业创新创业平台建设视为高校教育改革顶层规划中的一个重要组成部分，同时这也是高校育人育才工作的一个重要途径。制定促进体育产业创新创业平台发展的宏观规划，加强统筹和战略设计，将体育产业创新创业平台建设与高校学科建设、专业建设、课程建设相融合。同时落实体育产业创新创业平台微观服务保障，结合体育产业市场发

展及学生切实创业就业需求，加强高校体育产业创新创业平台功能服务建设，促进高校创新创业教育步入更符合体育产业经济市场发展要求和学生创新创业就业要求的新时期和更为契合的新阶段。

2. 扬优势，将信息化资源作为平台建设核心，构建数字化知识服务体系

高校体育产业创新创业教育平台建设要充分发挥高校教育资源优势，以知识资源、教育服务为核心，一是构建双维度的知识资源平台：以知识资源为核心，拓宽视野，搭建体育产业创新创业知识资源集合平台，整合高校内部优质课程、联合高校高质量师资资源，围绕体育产业创意、创造、创新与创业，输出创新创业理论及实践知识，提高学生综合素质能力等方面开展优质应用课程建设，优化学生知识结构，更好满足学生多样化、多层次的创新创业需求，同时搭建高校大学生体育产业创新创业科研学术理论交流平台，扩大学生视野，引导学生关注体育文化产业、体育法治、体育服务、体育健康产业和体育产业大数据等领域，培养学术思想活跃、具备国际视野的体育产业高素质专业人才。二是创新要素驱动，提质增效，搭建体育产业创新创业数字化知识服务体系，充分利用高校数字教育发展战略机遇，推进体育产业创新创业知识网络平台、大数据平台及虚拟仿真等有机结合，通过教育技术协同，提升教育教学质量，助力体育产业创新创业知识服务走向精准和高效，同时数字化知识服务体系也是高校教育和课堂教学的补充和延伸，更好地做到扩大优质教育资源覆盖面。

3. 增动力，将竞赛驱动作为平台实践育人的重要途径，完善和创新高质量人才培养模式

高校体育产业创新创业平台建设落脚点是提升学生专业素质、技能素质及综合素质能力。以竞赛为抓手，构建实践育人模式。高校平台要积极为学生组织各类体育及体育产业相关竞赛活动，突出专业特点，并结合体育产业专业人才培养需要确定合适的竞赛类型，为学生搭建展示自我、锻炼能力的平台。一方面，通过参加竞赛活动、教师指导过程对学生已经学过的理论知识进行考查，并在竞赛实践中对学生进行相关知识经验的补充，增强学生专业素养，同时也有利于高校提升教育教学质量及创新体育产业人才培养模式。

另一方面，体育产业创新创业相关竞赛将同时吸引众多体育产业市场中的科研机构、行业协会及企业的关注和参与，促进平台与体育产业市场的联系接轨，建立多方参与者的良性互动机制，更好地掌握体育产业市场发展动态和企业需求变化，同时赛事的举办有利于提升高校和平台的知名度和影响力。

4. 谋合作，将协同发展作为平台的重要支柱，构建体育产业持续健康发展新格局

立足长远，高校体育产业创新创业平台建设应与体育产业的发展需求、体育经济市场变化及学生对体育产业创新创业需求紧密结合，面对变化与机遇，建立多方联动机制。构建体育产业育人育才、优质项目转化孵化新格局。一是要建立高校间、高校与相关科研机构研究中心的体育产业创新创业平台联动协作机制，以跨学科专业融合发展为着力点，架起院校之间、各类组织之间的合作桥梁，并在不同学科专业之间建立交流联系，鼓励对话、协同创新以实现体育产业新技术、新学术成果资源的共为、共享。二是通过平台建设深化政、校、企体育产业高质量人才培养合作机制，高校做实做深体育产业"政、产、学、研、用"，积极发挥高校的社会服务功能，积极为企业培养和输送高素质、高质量的体育产业人才；联结政府、企业资源，做好高校学生体育产业优质项目孵化对接，利用平台创新创业服务功能，培育转化学生体育产业优质创业项目，把握优质项目进入市场的第一步，持续支持和跟进孵化流程，共同构建结构合理、充满活力、有竞争力的体育产业创新创业人才培养体系，推进体育产业高质量发展。

5. 续链条，将双创培训、赛事育人、成果孵化与转化一体化推进，积蓄平台高质量发展新动能

高校体育产业创新创业平台的建设要充分认识到三个方面：一是平台建设的机制体制是长效的、可持续的设计；二是平台建设是围绕体育产业市场发展而动态变化的；三是平台建设是有链接的。将知识资源服务、双创培训、赛事实践、成果孵化与转化一体化推进，以"点"续接成"链"，形成全链条的创新创业平台服务体系，坚持持续增加平台服务手段、拓宽平台服务渠道，帮助大学生在体育产业创新创业领域更有针对性地解决缺知识、缺平台、缺服务和缺资金等瓶颈问题，同时吸引和凝聚社会各界参与到体育产业发展建设中，助力优化体育产业市场发展环境，积蓄平台高质量发展新动能，为体育产业高质量发展提供强大驱动力。

二 体育产业创新创业政府服务平台开展现状

2019 年，国务院办公厅印发《关于促进全民健身和体育消费推动体育产业高质量发展的意见》，提出发挥政府资金引导作用，同时建设体育产业发展平台和推动体育社会组织发展。[①] 体育产业创新创业政府服务平台建设是深入实施创新驱动发展战略的核心要素，是政府整合体育产业创新创业资源的有效集成平台，是完善体育产业创新创业服务的要地，是推动体育产业产学研协同创新及科技成果转化的核心枢纽。

本文从体育产业创新创业政府服务平台概念、建设现状及发展趋势进行了概括分析，提出建设高质量体育产业创新创业政府服务平台的发展路径，希望以此推进体育产业创新创业良好生态环境建设，助力培养更多体育产业创新创业人才，孵化更多体育产业优质项目，促进体育产业体育市场规模不断扩大，进一步推动我国体育产业发展。

（一）体育产业创新创业政府服务平台概念

1.体育产业创新创业政府服务平台含义

"创新创业"这一概念最早源自"大众创业、万众创新"，由李克强总理在 2014 年 9 月的夏季达沃斯论坛上提出。[②] 2015 年 3 月 11 日，国务院办公厅印发《关于发展众创空间推进大众创新创业的指导意见》，提出了促进

---

① 《国务院办公厅关于促进全民健身和体育消费推动体育产业高质量发展的意见》，http://www.gov.cn/zhengce/content/2019-09/17/content_ 5430555. htm，最后检索时间：2022 年 7 月 4 日。

② 《李克强驱动"双创"活力：大企业顶天立地，小企业铺天盖地》，http://www.gov.cn/xinwen/2016-01/03/content_ 5030354. htm，最后检索时间：2022 年 7 月 4 日。

"大众创业、万众创新"的政策措施，明确提出发展目标为到2020年，形成一批有效满足大众创新创业需求、具有较强专业化服务能力的众创空间等新型创业服务平台。① 所谓平台，是为不同利益主体提供交流合作的场所或空间。体育产业创新创业政府服务平台是政府为主导，为满足不同利益主体在体育产业创新创业领域多种需求，所提供的交流合作场所或空间。政府主导建设的体育产业创新创业服务平台是以体育产业为核心，以创新创业服务为抓手，汇集整合资源，以推进体育产业、体育市场高质量发展为目标，为优秀体育产业创新创业项目提供展示及孵化平台，助力培养高质量体育产业人才，推动体育产业高质量发展的机构或组织。

体育产业创新创业政府服务平台有资源丰富、权威性、宣传群体人数较多等优势，其作为学校、企事业单位及相关科研平台机构之间的有效桥梁，将不断推进体育产业创新创业与社会经济市场发展深度融合，促进体育产业政策、信息、人才、技术等资源的聚集整合，推动体育产业创新创业科技合作与成果转化。

2.体育产业创新创业政府服务平台类型

根据现有的体育产业创新创业政府服务平台建设内容及功能特征，其可分为以下三种类型。

一是创新创业信息服务平台，此平台汇集创新创业产业帮扶、激励政策和全国创新创业教育优质资源，包含国家和地方的政策发布、解读等。② 通过收集国家、区域、行业需求，为大学生精准推送行业和市场动向等信息，如：国家发改委开通的国家创新创业政策信息服务网③，提供权威性政策查询、政策解读、热点咨询等；国务院网站开设的"双创"政策汇集发布解

---

① 《国务院办公厅关于发展众创空间推进大众创新创业的指导意见》，http：//www.gov.cn/zhengce/content/2015-03/11/content_ 9519.htm，最后检索时间：2022年7月4日。
② 《国务院办公厅关于进一步支持大学生创新创业的指导意见》，http：//www.gov.cn/zhengce/content/2021-10/12/content_ 5642037.htm，最后检索时间：2022年7月4日。
③ http：//sc.ndrc.gov.cn/，国家创新创业政策信息服务网，最后检索时间：2022年7月4日。

读平台等①，提供国务院、部委、地方文件查询，权威解读、媒体解读等。

二是多功能交互式平台，平台提供多种功能，如赛事支持、政策信息、项目孵化等多项服务，如提供创新创业大赛、创业项目对接、创业培训实训、政策典型宣传等的全国大学生创业服务网②，提供产学合作协同育人项目线上对接、企业线上展示、优秀项目案例查询的教育部产学合作协同育人项目平台③。

三是培训实训服务平台，其通过搭建高层次创新实践科研平台，以项目为研究载体，实施大学生创新创业训练计划，如国家级大学生创新创业训练计划平台④，提供项目实训、项目对接等。

3. 体育产业创新创业政府服务平台功能

体育产业创新创业政府服务平台主要具有四个功能，包括信息资源整合功能、创业培训实训功能、孵化功能和融资功能。

信息资源整合功能主要包括体育产业创新创业政府服务平台通过政府力量综合运用网站、App、微信公众号等互联网平台为创新创业者提供政策信息、实训信息、孵化信息、融资信息、活动信息⑤等信息服务。利用政府信息的准确度和通达度，实现高效能的消息互通，打开沟通交流的渠道，实现在平台上的一站式信息收集，减少信息差带来的不必要消耗。

创业培训实训功能主要体现在体育产业创新创业政府服务平台将针对不同层次和阶段的大学生创新创业参与者，推介匹配的培训项目，开展相关的培训并提供相应的后继跟踪支持和监督评估工作，帮助大学生的创新体育产业创业活动开展，把创新创业理论知识精准运用在创业实践中，实现理论知

---

① http：//www.gov.cn/zhengce/shuangchuang_ platform/index.htm，中国政府网"大众创业 万众创新"政策汇集发布解读平台，最后检索时间：2022 年 7 月 4 日。

② https：//cy.ncss.cn/，全国大学生创业服务网，最后检索时间：2022 年 7 月 4 日。

③ http：//cxhz.hep.com.cn/index.html，产学合作协同育人项目平台，最后检索时间：2022 年 7 月 4 日。

④ http：//gjcxcy.bjtu.edu.cn/Index.aspx，国家级大学生创新创业训练计划平台，最后检索时间：2022 年 7 月 4 日。

⑤ 杨复伟：《高校创新创业平台建设与运营研究》，《合作经济与科技》2021 年第 5 期，第 100~101 页。

识和创业实训的整合。

孵化功能主要包括体育产业创新创业政府服务平台为确实有需要的大学生创新创业者，提供包括物理空间场所在内的孵化服务，免费的创业咨询、工商注册、政策申报、融资贷款、学习交流等创新创业孵化服务，摆脱传统发展模式的滞后，推动体育产业朝着高精尖的方向发展。

融资功能主要涉及体育产业创新创业政府服务平台为符合条件的大学生创业者提供包括小额担保贷款、天使投资在内的融资咨询、对接服务，实实在在地为其提供有结果的金融服务，为大学生创业在资金上提供支持。

（二）体育产业创新创业政府服务平台建设概况

根据对现有的以政府为主导建设的体育产业创新创业政府服务平台的内容建设、服务功能建设及运营情况等方面进行概括分析，体育产业创新创业政府服务平台建设情况主要体现在以下四个方面。

1. 信息服务平台功能不断增多，但缺少第一课堂和第二课堂统合

为深入实施创新驱动发展战略，推动"大众创业、万众创新"水平，2018 年初，国家发展改革委组织国家信息中心建设权威的创新创业政策统一发布平台"国家创新创业政策信息服务网"、App 和微信公众号，即"一网两端"。2018 年 10 月，国家创新创业政策信息服务网在双创活动周成都主会场核心展区亮相，宣布正式上线运行并在全社会推广。[①]

国家创新创业政策信息服务网由国家发展和改革委员会指导，国家信息中心主办，并负责运行维护，是整合共享国务院和国务院各部门，以及各省、自治区、直辖市人民政府及相关职能部门发布的创新创业信息的统一信息发布平台。国家创新创业政策信息服务网是为社会大众创业群集、创新企业、创业者提供权威性政策查询、政策解读、热点咨询等信息的服务平台，对于整合创新创业资源、深化创新创业政策解读能力，扩大创新创业政策惠

---

① 国家发展改革委：《关于政协十三届全国委员会第二次会议第 2615 号（经济发展类 161 号）提案答复的函》，https：//www.ndrc.gov.cn/xxgk/jianyitianfuwen/qgzxwytafwgk/202107/t20210708_ 1289561.html？code＝&state＝123，最后检索时间：2022 年 7 月 4 日。

及面具有重要的意义。

国家创新创业政策信息服务网网站开通"主页、政策库、政策分析、示范基地、活动跟踪、服务拓展"等栏目（见表7），权威统一发布创新创业政策、动态、活动、服务等信息，建设政府与公众互动交流新渠道。创新创业服务平台客户端包含"头条、基地、活动、政策、服务、报告"等栏目，第一时间为广大创业企业及创业者提供快速、便捷、多样化和个性化的创新创业服务。

表7 国家创新创业政策信息服务网功能

网站栏目	分类功能	具体描述
主页	标题栏	站内搜索
	资讯栏	分为部委、热门、地方、社会团体和基地五个部分,以时间为序显示消息（包括颁布政策情况）
	专题栏	分部委和地方的最新政策、排名前五的月度政策热点、专题专栏、活动跟踪和服务拓展几个部分
政策库	政策动态	按照全国、国家、地方动态、基地四个分类按时间顺序对政策以及相关信息进行排序
	政策查询	按全部、国家政策、发布地区、政策分类、适用人群进行普通检索,也可通过高级检索按照发文日期、文号、行业进行检索
政策分析	地图	两个根据政策关注度以及政策数量分布的地图,可通过点击地图区域显示当地最热政策TOP5
	专题栏	分别显示年度最火政策、季度最火政策、月度最火政策、周度最火政策的前三名
示范基地	基地动态	按照全部、批次、类型三个分类按时间顺序对基地最新动态信息进行排序
	基地库	按全部、批次、类型进行分类显示基地信息以及最新动态,还可根据省份、基地名称进行查询
活动跟踪	专题栏	为五个专题:主要活动、部委、地方、基地、社会团体,按照时间顺序进行排序
服务拓展	创业者服务	双创时间轴、政策服务以及办事指南
	孵化空间及众创空间服务	政策服务以及办事指南

资料来源：国家创新创业政策信息服务网（http：//sc.ndrc.gov.cn）。

从平台网站功能内容来看，较为齐全，但从其具体实用程度来看，网站虽然加入高级检索功能，但与普通检索并无较大区别，检索结果并未有改变，检索便捷程度有待提升。同时，政策信息服务、活动信息等功能，虽方便创业者直接查询，但其平台创业动态更新速度较为缓慢，部分栏目信息还停留在 2019 年度，网站跟踪维护有待加强，创业政策信息渠道有待拓宽（见图 4）。

图 4　国家创新创业政策信息服务网截图

资料来源：国家创新创业政策信息服务网（http：//sc.ndrc.gov.cn）。

从问卷调查的情况来看，10793 名学生中对体育产业创新创业信息服务以"非常满意、比较满意、一般、比较不满意、非常不满意"五档进行划分，并赋值 5、4、3、2、1，得到均值为 2.24，学生对于目前信息服务评价较低，学生不了解信息查询渠道或对当前信息渠道认可度低。国家创新创业政策信息服务网作为国家发改委建设的平台，其权威性、全面性和普适性较高，均分较低的主要原因在于网站宣传力度较小，大学生对其普遍了解程度低。因此，该信息服务网应该加大传播力度，让更多的大学生了解此有效渠道。

平台应实时听取学生反馈意见，建立健全平台功能，完善搜索能力，及时更新平台信息，加强平台与各类活动的有效对接，提供实时动态信息，利用数据抓取精准、及时的创业者热点难点问题，及时回应创业者关切的突出问题、焦点问题。以平台多方面的努力，切实从大学生创新创业自身需求出发，为大学生体育产业创新创业提供多层次、全方位的支持体系，提高大学生的创业成功率，从而带来更多体育产业就业岗位，真正实现以创业带动就业。①

根据国家创新创业政策信息服务网中政策库栏目的政策查询，查询到体育相关政策信息 1339 条，根据站内搜索，查询到体育相关动态信息 195 条。政策库中的政策查询显示，目前政策库共有 7200 条创新创业相关政策，其中，体育产业创新创业政策占比为 18.6%，体育产业创新创业在政策数量上颇为可观（见图 5）。

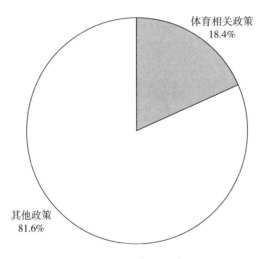

图 5　相关政策查询情况

资料来源：中国政府网，http://www.gov.cn，
最后检索时间：2022 年 7 月 4 日。

目前政府体育创新创业服务信息平台主要服务于第二课堂，虽然将专业教育与创新教育相融合，但从第一课堂的服务来看，政府平台对其有所缺失。问卷调查结果显示 12.9% 的同学认为创新创业培训指导不足，仅有 10.3% 的学生参与过政府平台举办的体育产业创新创业培训。虽然有部分平台有第一课堂内容，但是所含内容较少。

---

① 徐晓影：《大学生创新创业平台建设研究》，《科技创业月刊》2021 年第 4 期，第 138~140 页。

教育部、财政部委托高等教育出版社建设的高等教育课程资源共享平台"爱课程网"，自 2011 年 11 月 9 日开通以来，相继推出三项标志性成果，包括中国大学视频公开课、中国大学资源共享课和中国大学 MOOC，提高大学生第一课堂内容丰富程度。但其提供的在线开发课程中的创新创业课程较少，目前在授课程仅有 3 门（见图 6），结束课程 28 门。

图 6　爱课程网截图

资料来源：爱课程，http：//www.icourses.cn，最后检索时间：2022 年 7 月 4 日。

2. "互联网+"以赛促创初见成效，但仍需健全反馈、帮扶机制

2015 年 5 月，《国务院办公厅关于全面深化高等学校创新创业教育改革的实施意见》（国发办〔2015〕36 号）提出全面深化高校创新创业教育改革①，2015 年 7 月，《国务院关于积极推进"互联网+"行动的指导意见》（国发〔2015〕40 号）对互联网的创新成果与经济社会各领域深度融合提出意见②。随后出台的各类文件明确了全面深化高校双创教育改革的目标，要求加快推动各领域与互联网的融合与发展。为深入贯彻落实相关文件精神，推进高校创新创业发展，在教育部统筹下，自 2015 年至 2021 年，已开

---

① 《国务院办公厅关于深化高等学校创新创业教育改革的实施意见》，http：//www.gov.cn/zhengce/content/2015-05/13/content_ 9740.htm，最后检索时间：2022 年 7 月 4 日。

② 《国务院关于积极推进"互联网+"行动的指导意见》，http：//www.gov.cn/zhengce/content/2015-07/04/content_ 10002.htm？_ wv=5，最后检索时间：2022 年 7 月 4 日。

展 7 届中国国际"互联网+"大学生创新创业大赛，吸引了 603 万个团队 2533 万名大学生参赛。① 大赛已经成为覆盖全国所有高校面向全体大学生、影响最大的高校"双创"盛会②，并且也吸引了其他国家的大学生报名参赛，成为"双创"国际交流合作的新平台。

中国国际"互联网+"大学生创新创业大赛（以下简称"大赛"）由教育部统筹，会同各有关部委、省、市人民政府主办，省、市政府所在当地高校承办，以一年一届的形式开展。如 2021 年大赛由教育部、中央统战部、中央网络安全和信息化委员会办公室、国家发展改革委、工业和信息化部、人力资源和社会保障部、农业农村部、中国科学院、中国工程院、国家知识产权局、国家乡村振兴局、共青团中央和江西省人民政府共同主办，南昌大学、南昌市人民政府和井冈山市人民政府承办③，此形式可更好地发挥各省、市及高校资源优势，提升部校、校校、校企等各种渠道的协同育人成效。大赛的赛制包含了各高校自己组织的校赛、各省（区、市）组织的省级复赛和最终由教育部主办的全国总决赛，根据大赛官网公布的信息，大赛从初赛到决赛经历近 6 个月的时间，涉及数百万名大学生。

随着大赛规模不断扩大，影响力稳步提升，大赛的参赛院校及参赛项目数量逐步增加，从大赛入围总决赛参赛项目数量来看（数据统计不含优秀组织奖、单项奖），2015 年入围共 300 个团队，2016 年、2017 年均设置入围总决赛项目数量为 600 个，2018 年设置入围 800 个项目（数据统计不含

---

① 《深入实施创新驱动发展战略，全力支持大学生创新创业工作——教育部有关负责人就〈国务院办公厅关于进一步支持大学生创新创业的指导意见〉答记者问》，http：//www.moe.gov.cn/jyb_ xwfb/s271/202110/t20211015_ 572466.html，最后检索时间：2022 年 7 月 4 日。

② 《教育部高等教育司负责人就〈教育部关于举办第八届中国国际"互联网+"大学生创新创业大赛的通知〉答记者问》，http：//www.moe.gov.cn/jyb_ xwfb/s271/202204/t20220412_ 616109.html，最后检索时间：2022 年 7 月 4 日。

③ 《教育部关于举办第七届中国国际"互联网+"大学生创新创业大赛的通知》，http：//www.moe.gov.cn/srcsite/A08/s5672/202104/t20210419_ 527107.html，最后检索时间：2022 年 7 月 4 日。

国际赛道项目），2019 设置入围总决赛团队为 1200 个，2020 年入围 1600 个项目，2021 年入围 3200 个项目，其获奖项目数量按比例增设。

以 2020 年、2021 年两年大赛获奖项目为主要研究范围，从获奖团队名称与体育产业相关性来看：2020 年第六届中国国际"互联网+"大学生创新创业大赛总决赛中共 12 个体育产业类项目获奖，从获奖团队所属院校来看，共有 6 个项目来自体育院校；2021 年第七届中国国际"互联网+"大学生创新创业大赛总决赛中共 28 个体育产业类项目获奖，从获奖团队所属院校来看，共有 10 个项目来自体育院校。

体育产业类创业项目逐年增多，但是相对于所有参赛项目而言，比例极小。体育院校参赛获奖的项目也极少。由此可见，体育产业的创新创业项目发展仍有很大的潜力以及提升空间。

在大学生创新创业赛事过程筹备中，大学生有很多创新的想法但往往缺少创业经验积累以及资金支持，大学生创新创业平台普遍能够解决创业学生对于场地的需求，而创新创业经验的传授如果只通过学校通识教育难以达到预期效果，很多高校教师并不具备实践能力，没有深入企业的一线，对于很多新技术与新工艺还不够了解。[①] 所以，创新创业服务平台应建立帮扶机制，促进学生创新意识和实践能力的提升。

此外，参赛过程中大学生可以通过体育产业创新创业政府服务平台查询相关政策，提高自身创新创业能力，通过相关赛事与实训提高综合能力，平台可以筛选出优秀的创业项目，但赛事、实训通过简单的等级划分，缺乏对学生的反馈机制。问卷调查结果显示 25.7% 的学生认为体育产业创新创业缺少反馈，使学生无法对原有项目及自身水平改进提高，学生无法通过平台找到自身短板，补足自身能力，提高综合素养。

3. "国创计划"培训实训颇有成效，但体育产业成果有待增加

2012 年，教育部在"十二五"期间实施国家级大学生创新创业训练计

① 陈婉、付威威：《大学生创新创业实践平台教学改革》，《科技资讯》2021 年第 4 期，第 142~144 页。

划（以下简称"国创计划"）。国创项目秉承"兴趣驱动、自主实践、重在过程"，旨在激发大学生创新创业活力，提升创新创业人才培养能力，为实现高等教育高质量发展奠定坚实基础。

"国创计划"实行项目制管理，在类型上分为创新训练项目、创业训练项目和创业实践项目三类，在类别上从 2021 年起分为一般项目和重点支持领域项目两类。[①] 教育部高教司发布的国家级大学生创新创业训练计划名单显示，2019 年计划项目名单共计 38447 项（其中创新训练项目 32171 项、创业训练项目 4508 项、创业实践项目 1768 项），2020 年 38207 项（其中创新训练项目 31845 项、创业训练项目 4734 项、创业实践项目 1628 项），2021 年 38492 项（其中创新训练项目 32667 项、创业训练项目 4256 项、创业实践项目 1569 项）（见图 7）。

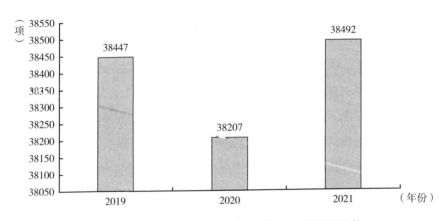

图 7 2019~2021 年国家级大学生创新创业训练项目数

资料来源：中华人民共和国教育部，http：www.moe.gov.cn，最后检索时间：2022 年 7 月 4 日。

为推动高校创新人才培养工作，教育部自 2007 年起开始实施"大学生创新性实验计划"项目，从 2008 年开始，连续 3 年主办"全国大学生创新

---

① 《教育部高等教育司关于报送 2021 年国家级大学生创新创业训练计划立项项目的通知》，http：//www.moe.gov.cn/s78/A08/tongzhi/202104/t20210426_528605.html，最后检索时间：2022 年 7 月 4 日。

论坛"。2011 年，为深化高校创新人才培养工作，教育部决定与科技部共同推进大学生创新能力训练，将"全国大学生创新论坛"调整为"全国大学生创新年会"①，2012 年为进一步加强大学生创新创业能力训练，教育部与科技部决定将"全国大学生创新年会"更名为"全国大学生创新创业年会"②；截至 2021 年已成功举办 14 届年会。

自 2019 年第十二届年会起主要内容为三个方面：遴选参加"国创计划"中创新训练项目学生的学术论文（约 200 篇），以学术报告的形式进行学术交流；"国创计划"中创新训练项目、创业训练项目和创业实践项目（约 200 项），以网络资源演示形式进行项目交流；"国创计划"中创业训练项目和创业实践项目（约 50 项），进行项目推介、宣传和交流。③

从 2019~2021 年年会参赛情况可以看出，体育产业相关项目入会比例较为稳定。以 2019 年第十二届至 2021 年第十四届年会参会项目为主要研究范围，从参会项目以及体育产业相关性来看：2019 年第十二届年会创业推介项目中共有 2 个体育产业类项目参会，4 个改革成果项目参会；2020 年创业推介项目中共有 1 个体育产业类项目参会，2 个改革成果项目参会；2021 年创业推介项目中共有 1 个体育产业类项目参会，2 个改革成果项目参会。从参会团队所属院校来看，2019 年共有 1 个项目来自体育院校，2021 年共有 2 个项目来自体育院校（见图 8）。

总体来看，体育产业类项目占比较小，不足全部项目的 1%，体育院校的占比更小，由此可见，体育产业的创新创业项目发展空间和发展潜力巨大。

---

① 《教育部办公厅关于举办第四届全国大学生创新年会的通知》，http：//www.moe.gov.cn/srcsite/A08/moe_742/s5649/201110/t20111014_125959.html，最后检索时间：2022 年 7 月 4 日。

② 《教育部办公厅 科技部办公厅关于举办第五届全国大学生创新创业年会的通知》，http：//www.moe.gov.cn/srcsite/A08/s7056/201211/t20121106_166880.html，最后检索时间：2022 年 7 月 4 日。

③ 《教育部高等教育司关于做好第十二届全国大学生创新创业年会准备工作的通知》，http：//www.moe.gov.cn/s78/A08/tongzhi/202007/t20200716_473188.html，最后检索时间：2022 年 7 月 4 日。

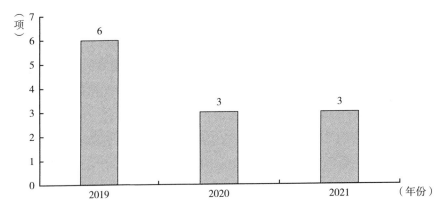

图 8　2019～2021 年全国大学生创新年会体育类项目入围数

资料来源：中华人民共和国教育部，http：//www. moe. gov. cn，最后检索时间 2022 年 7 月 4 日。

4. 全国大学生创业服务网成果转化和孵化机制逐渐形成，但与高校、企业对接仍需加强

2010 年 11 月 15 日，教育部下发的《关于做好 2011 年全国普通高等学校毕业生就业工作的通知》提到为加强对毕业生自主创业的指导服务，教育部将开通"大学生创业服务网"。[①] 随后，国务院有关部门出台了高校毕业生自主创业税收减免政策，推动建设"教育部大学生创业服务网"。次年 3 月 29 日，以"创业，我们在一起"为主题的中国大学生自主创业工作经验交流会暨全球创业周峰会在上海开幕。开幕式上，时任中共中央政治局委员、国务委员刘延东，时任中共中央政治局委员、上海市委书记俞正声共同开通全国大学生创业服务网站。[②]

全国大学生创业服务网作为一个交互式平台，采用线上网站（门户网站+微信公众号）和线下活动相结合的运行模式。全国大学生创业服务网致力于打造"互联网+"大赛支持、创业项目对接、创业培训实训、政策典型

---

① 《教育部关于做好 2011 年全国普通高等学校毕业生就业工作的通知》，http：//www. moe. gov. cn/srcsite/A15/s3265/201011/t20101115_ 111911.html，最后检索时间：2022 年 7 月 4 日。

② 徐晶晶：《全国大学生创业实验室上海揭牌》，《上海教育》2011 年第 8 期，第 6 页。

宣传、创业专业咨询五大功能。全国大学生创业服务网是由教育部、中央网信办、国家发改委、工信部、人社部、国家知识产权局、中国科学院、中国工程院、共青团中央和省级人民政府共同举办的中国"互联网+"大学生创新创业大赛唯一官方指定公众平台。通过平台可进行大赛报名、咨询，查看大赛通知、动态、常见问题以及获奖项目风采等内容。

平台通过线上线下相结合的方式，为参赛竞赛团队提供项目展示服务，组织优秀项目与地方政府、产业园区、投资机构、优质企业、企业服务机构及领军人才等开展对接，推动"互联网+"大赛项目落地、孵化和融资。

此外，平台通过提供最新的政府创新政策以及权威专家政策解读，为各方提供了解创新相关政策，解决信息不对称问题，进而满足人们的信息需求。平台为大学生提供学习、了解高校对于大学生创业的扶持鼓励政策、融资信贷办法等，降低信息不对称引起的阻碍，为创业打好基础。

平台以创新创业大赛促进学生创新创业实践学习、经验积累，在比赛过程中，许多研究成果走出实验室，在与企业、客户的交流中获得更多需求信息，推动科研成果与市场需求充分匹配，更好地为科学研究提供方向和目标。[1] 平台提供的孵化渠道，可与市场进行对接，但仍未健全"高校育苗-政府孵化加速-企业园区产业化"的创新创业链条。

从政府对高校创新创业教育的支持情况来看，以"非常满意、比较满意、一般、比较不满意、非常不满意"五档进行划分，并赋值 5、4、3、2、1，从地区差异上看，西南地区打分最高，平均分为 2.39 分，东北地区打分最低，平均分为 1.98 分，总体来看，政府对高校创新创业教育的支持情况打分平均分低于 2.5 分（见图 9），政府应加强对学校创新创业教育的支持，积极与高校、企业对接优质资源，协助建立体育创新创业孵化平台。

---

① 邹润榕：《创新创业生态下的科技成果转化组织对接模式》，《广东科技》2021 年第 8 期，第 107~109 页。

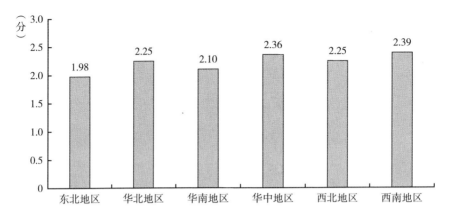

图 9　不同地区关于政府对高校创新创业教育的支持情况平均得分

资料来源：《中国高校体育产业创新创业教育调研（教师问卷）》。

（三）体育产业创新创业政府服务平台发展的 SWOT 分析

体育产业创新创业的发展离不开政府服务平台的支持，在目前体育产业逢勃发展的阶段，政府服务平台将是体育产业高质量发展的重要助力，体育产业创新创业政府服务平台有着自身强大的优势和重要的外部机遇，但也面临着诸多劣势和挑战。

1. 优势：国家政策支持，资金、资源调动能力较好

2014 年国家实施"大众创业、万众创新"的战略，大学生创业活动开始进入活跃期。从中央到地方的创业政策逐渐系统化，政策内容更加详细具体，创业扶持力度更大，创业制度环境从金融支持、税收优惠等方面持续纵深优化，进一步释放创业活力[①]（见表 8）。在国家支持下，如国家创新创业政策信息服务网、全国大学生创业服务网、"国家级大学生创新创业训练计划"等平台纷纷涌现，平台结合多项资源，依托政府服务平台的权威性和公信力强的特点，吸引更多大学生加入创新创业实践，助力大学生完成创新创业训练。

[①] 王翠娥：《基于需求端的大学生创业制度分析》，《天津中德应用技术大学学报》2020 年第 6 期，第 82~86 页。

表8　国家层面关于建设双创平台相关政策

发文机关	发文字号	政策名称
国务院办公厅	国办发〔2021〕35号	《国务院办公厅关于进一步支持大学生创新创业的指导意见》
国务院	国发〔2018〕32号	《国务院关于推动创新创业高质量发展打造"双创"升级版的意见》
国务院	国发〔2017〕37号	《国务院关于强化实施创新驱动发展战略进一步推进大众创业万众创新深入发展的意见》
国务院	国发〔2015〕53号	《国务院关于加快构建大众创业万众创新支撑平台的指导意见》

资料来源：中国政府网。

同时平台也花费大量资金助力以学生为主体开展创新性实践，推进高校在教学内容、课程体系、实践环节等方面进行综合改革，提升大学生创新创业能力。截至2021年，1000余所本科高校的139万名大学生参与"国创计划"，累计34万个国家级项目获得资助，内容覆盖全部学科门类，支持经费约58亿元[①]，"国创计划"已经成为面向全体大学生的一项创新创业人才基础培育工程。政府服务平台政策和资金上的优势，为体育产业发展提供强大助力，同时培养体育产业高质量人才，带动体育产业蓬勃发展。

2. 劣势：缺乏根据市场发展和学生需求的灵活性调整

体育产业创新创业政府服务平台内容和功能的调整缺乏灵活性，虽随着每年市场变化而做出改变，如全国大学生创业服务网主办的中国国际"互联网+"大学生创新创业大赛每年的赛制和内容都会随着市场变化进行调整，增加产业命题赛道、每年调整参赛类别、参赛数量增加等，但由于受到纵向体制的影响，平台涉及从全国到各省到各高校的层层实施和筛选，从提出到实施所需时间较长。

同时，由于体育产业供给侧改革以及近年来疫情的影响，体育产业行业结

---

① 教育部：《教育部新闻发布会介绍第七届中国国际"互联网+"大学生创新创业大赛有关情况》，http://www.gov.cn/xinwen/2021-10/09/content_5641636.htm，最后检索时间：2022年7月4日。

构不断变化，市场需求不断更新，面对如此多变的市场，学生对创新创业需求也产生更多不同的要求，而政府服务平台从收到反馈到提出解决措施的时间周期较长，难以及时满足学生需求。平台应减少冗杂程序，及时按照市场发展及学生需求，完善反馈机制，不断提高平台服务功能，实现平台的可持续发展。

3. 机遇：体育产业市场发展需求及空间大

2014 年 10 月，国务院颁布《关于加快发展体育产业促进体育消费的若干意见》，把全民健身上升为国家战略的同时，利好体育产业的一系列指导性文件的相继出台，使健身休闲业无论在供给侧还是在消费端迅速呈现"两头热"局面，2015~2020 年，据国家统计局数据，体育产业总规模从 1.7 万亿元[①]，占同期国内生产总值的比重为 0.8%，增加到 2.7 万亿元[②]，占同期国内生产总值的比重为 1.06%，利好政策形成的杠杆效应，既撬动了资源的配置与资本的投入，更给从业者注入了坚强的信心，引领社会投资纷至沓来，营造体育创业蔚然成风，屹立在风口上谋篇布局的案例层出不穷。

与全球体育产业发达国家相比，我国体育产业占比仍然较低，美国、日本和欧洲国家体育产业都占到国家 GDP 的 3%～4%，中国体育产业发展基础还相当薄弱，但发展空间也较大。同时，呈现的资源消耗较低、需求弹性很大、覆盖领域宽广、产品附加值较高、产业链条较长、带动作用很强的特点，预示着其发展后劲强大。[③] 北京冬奥会筹办在迈向国际化、产业化、大众化的道路上已开始向全世界展现中国体育产业的发展成果。中国体育产业积极谋求发展与治理，体育产业创新创业政府服务平台的存在，旨在既发挥其韧性又挖掘其潜力的同时，积极推进创新与转型，以增强中国体育产业蓬

[①] 《国家体育总局 国家统计局联合发布 2015 年国家体育产业规模及增加值数据的公告》，http：//www.stats.gov.cn/tjsj/zxfb/201612/t20161227_ 1446406.html，最后检索时间：2022 年 7 月 4 日。

[②] 《国家体育总局 国家统计局联合发布 2020 年全国体育产业总规模与增加值数据公告》，http：//www.stats.gov.cn/xxgk/sjfb/zxfb2020/202112/t20211230_ 1825764.html，最后检索时间：2022 年 7 月 4 日。

[③] 刘盼盼、刘庆群、刘征：《中国体育产业发展需求和治理研究》，《商丘师范学院学报》2021 年第 6 期，第 57~60 页。

勃发展的原生动能。

4.挑战：新冠肺炎疫情造成的巨大冲击以及体育产业供给侧改革

新冠肺炎疫情给我国体育产业造成较大的冲击，2020年，全国体育产业总规模为27372亿元，增加值为10735亿元。与2019年相比，总产出下降7.2%，增加值下降4.6%（见图10）。如何在疫情后期恢复产业活力、寻找发展新路径已然成为头号问题。体育赛事停摆或延期，体育产业化发展战略受阻，体育用品企业受损严重，居民消费水平下降，体育用品企业受损严重。种种因素给体育产业创新创业带来了巨大的挑战，从宏观角度来讲，疫情防控常态化时期，体育产业的发展对国家和社会以及体育企业都提出了更高的要求。

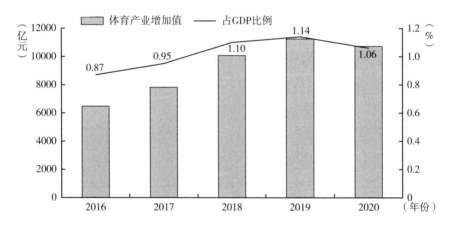

图10 2016~2020年全国体育产业增加值及占GDP比例

资料来源：国家统计局网站，http：www.stats.gov.cn，最后检索时间：2022年7月4日。

体育产业还面临产业结构不匹配的问题，从2021年12月国家统计局公布的《2020年国家体育产业总规模与增加值数据公告》中可以看出，体育产业内部结构中体育用品制造业的总产出比重为44.9%，体育服务业总产出的比重为51.6%。[①] 我国推行的体育产业供给侧改革就是将体育产业低水

---

① 《国家体育总局 国家统计局联合发布2020年全国体育产业总规模与增加值数据公告》，http：//www.stats.gov.cn/xxgk/sjfb/zxfb2020/202112/t20211230_1825764.html，最后检索时间：2022年7月4日。

平的供需不平衡转变为高水平的供需平衡，大力发展新兴体育产业，驱动体育制造业等体育产业转型升级。疫情防控常态化以及体育产业供给侧结构性改革对体育产业的发展而言是挑战也是新的机遇，在疫情防控期间将"线上线下"相结合，在"困"中求"变"，推动体育产业供给侧结构性改革，体育产业的发展与改革仍然任重道远。

（四）体育产业创新创业政府服务平台的发展路径

1. 立足新发展阶段，主导创新创业教育面向全体大学生

我国正在迈入新发展阶段，构建以国内大循环为主体、国内国际双循环相互促进的新发展格局，这是中华民族伟大复兴历史进程的大跨越，体育产业也面临着以供给侧结构性改革为主线的产业升级。体育产业创新创业由于其规模较小、居民体育消费意识和文化还需培养等特点，急需政府服务平台引导和扶持。① 政府体育产业创新创业服务平台因立足新时代发展要求，结合体育产业发展现状、学生需求和市场导向，全面完善平台功能，专业化、市场化平台内容，推进平台审查程序、数据资源标准化建设，汇集政府、企业、高校和社会资源，利用平台自身技术、场地、资本优势，使利化大学生创新创业服务，引导大学生精准创新创业，提升大学生创新创业能力，加强对大学生创新创业项目的跟踪和专业化孵化，为初创期、早中期企业提供财税会计、法律政策、教育培训等综合服务，全面提高平台能力，推进培养体育产业创新创业人才。

《中华人民共和国高等教育法》总则中提到高等教育的任务是培养具有社会责任感、创新精神和实践能力的高级专门人才。② 体育产业创新创业教育不只是面向少数有志于创业的学生的针对性教育，而是面向全体学生的根

---

① 付波航：《我国体育产业发展的瓶颈及其高质量发展路径》，《南京体育学院学报》2022年第6期，第26~34页。
② 王艳华：《新时代提升民办高校思政理论课教师职业素养的路径研究》，《科教文汇》2022年第10期，第45~48页。

本任务。[①] 以教育部等国家部委共同主办的中国"互联网+"大学生创新创业大赛为例，7年时间，它被打造成为创新创业领域的现象级产品。从最初的20万人参加，到国内外121个国家和地区的4347所院校的228万余个项目956万余人次报名参赛。[②] 政府体育创新创业服务平台应该提供面向全体学生的创新创业教育服务，为其培养创新创业精神和能力，并通过平台提供信息服务、赛事服务、孵化服务、培训实训服务，高校体育产业创新创业发展应借助政府体育创新创业服务平台的全面性、权威性以及宣传面广的特点，为不同领域、不同行业培养和造就规模宏大、类型齐全、层次各异的创新型人才队伍，以高质量的创新创业型人才推动体育产业转型升级与创新型国家建设。

2. 建立健全反馈评价、帮扶机制，助力培养体育产业创新创业优秀人才

高校大学生具有理论知识扎实、思维活跃等优势，是创新创业的生力军，具有无可替代的优势。政府体育创新创业服务平台应落实立德树人根本任务，通过创新创业体验活动、双创赛事、培训实训等各类活动提升大学生思维逻辑能力、主动探索意识和探索精神、敢闯敢试精神、创新精神、冒险精神等，以平台助力推动思想政治教育、专业教育和创新创业教育深度融合，在培养学生专业能力的前提条件下，融入创新创业教育，并以思政教育保持学生思想的先进性和时代性。以2021年"互联网+"红旅活动为例，各地各高校紧扣"建党百年"主题，全程贯穿"四史"教育，2586所院校的40万个创新创业团队、181万名大学生参加活动，对接农户105万户、企业2.1万多家，签署合作协议3万余项，产生了良好的经济效益和社会效益[③]，注重引导学生认识社会、体悟个人对国家、社会、民族的责任。立足

---

① 陈运贵：《关于高校创新创业教育的逻辑检视》，《社科纵横》2017年第11期，第166~169页。

② 《教育部新闻发布会介绍第七届中国国际"互联网+"大学生创新创业大赛有关情况》，http：//www. moe. gov. cn/fbh/live/2021/53775/twwd/202110/t20211009_ 570869. html，最后检索时间：2022年7月4日。

③ 《教育部新闻发布会介绍第七届中国国际"互联网+"大学生创新创业大赛有关情况》，http：//www. moe. gov. cn/fbh/live/2021/53775/twwd/202110/t20211009_ 570869. html，最后检索时间：2022年7月4日。

时代发展，助力体育产业与其他产业深度融合，结合社会发展的现实需求，关注现实难题，引导学生为社会问题提供经济的、市场导向的解决方法，提供科学创新、技术创新，培养学生社会责任感、家国情怀，使其成为新时代优秀卓越人才。

平台可根据大学生创业者所提出的不同创业方案中具体的创新内容、创业项目、创新成果等提出综合性的反馈与评价，通过实践测评功能，及时找出创业者在创新创业中出现的问题，弥补不足与缺陷，提高学生创新创业积极性，以便大学生通过创业实践总结经验和教训，少走弯路。

此外，可以组建创新创业服务指导团队，团队中不仅可以有高校或者平台内部指导教师，还可以包括创业人士、企业家、政府部门工作人员等，为大学生创新创业者提供定制式的指导。为大学生创业者提供的支持不仅可以有政策层面的咨询和创业知识的宏观建议，还可以提供诸如企业策划、管理、资本运作等细节方面的信息，甚至更详细的企业运营指导。在具体实践过程中，各大学生创新创业平台还可以邀请有丰富创业经验的成功人士或创业者与学生分享经验。同时，可以建立创业者跟踪解决机制，组织创业讲座、访谈、征文等活动，介绍国内外的创业理念、创业政策、创业案例和创业方法，打造创业交流平台，实现信息资源共享。

3. 完善双创比赛、培训实训持续发展机制，推进统合第一课堂和第二课堂

"互联网+"等双创比赛，以赛促学、以赛促教、以赛促创，将教育融入赛事中，破除大学生创新创业教育端和实践端壁垒，让大赛成为连接教育和产业的重要桥梁和纽带；"国创计划"等培训实训成了面向大学生的连续性工程，培养了大学生"敢闯会创"的综合素质，为新时代大学生展现风采、服务国家提供了新平台。为更好发挥赛事、培训实训对体育产业创新创业的推动能力，应完善其可持续发展机制，坚持以政府为主导，行业企业协同深入赛事，鼓励高校积极参与，发挥其规模效应、连锁效应和范围经济效益，吸引更多优质体育资源聚集，提升体育产业资源使用效率，培养体育产业创新创业人才，形成良性互动，提高体育产业效益。同时，配套落实支持政策和条件保障机制，支持高校进一步完善大赛激励措施，激发大学生创新创业活力。

此外，目前的政府体育产业创新创业服务平台主要停留在"第二课堂"层面，但政府体育创新创业服务平台更应该贯穿教育全程，统合第一、第二课堂。尽管高校是第一课堂的主力军，但是政府体育创新创业服务平台应该协助高校利用自身资源统筹能力集合高校资源，利用互联网技术提供在线开放课程等手段弥补师资不足等问题。正如《国务院办公厅关于深化高等学校创新创业教育改革的实施意见》指出各地区、各高校要加快创新创业教育优质课程信息化建设，推出一批资源共享的慕课、视频公开课等在线开放课程。[①] 通过政府整合资源，弥补不同高校间创新创业教育资源不平衡等问题，同时引导高校课程体系进行改革创新，大学生创业活动中具有实践性、风险性和不确定性，传统的创新创业教育难以培养学生处理不可预测事件的能力，通过改革创新提供体验式创业教育课程体系，充分结合第二课堂的实践，以此丰富第一课堂内容，帮助学生构建自我的创新创业体验教育，进一步提高大学生创业成功率。

4.厚培创新创业教育文化土壤，健全"高校育苗-政府孵化加速-企业园区产业化"创新创业链条

创新创业教育改革是一项深入细致、艰巨繁重的长期任务、系统工程，政府体育创新创业服务平台应切实将服务国家创新驱动发展战略的当前需求与培育国家创新体系的未来生力军相结合，将大学生创新创业教育与终身学习结合，切勿急功近利，以培养创新创业教育文化氛围为目的，丰富创新创业教育科学内涵，借助政府平台面向人群广的特点，向高校、社会进行广泛宣传，借助新媒体优势，积极宣传创新创业典型案例。重视个体特长，突出学生个体创新思维、主题精神和责任意识。着力推动创新创业教育改革向纵深发展，确保创新创业教育改革遵循规律、扎实推进、久久为功，同时发挥高校体育产业传承创新功能，以政府体育创新创业服务平台播撒创新创业种

---

① 《国务院办公厅关于深化高等学校创新创业教育改革的实施意见》，http://www.gov.cn/gongbao/content/2015/content_ 2868465.htm，最后检索时间：2022 年 7 月 4 日。

子，厚培创新创业教育文化土壤，助力中国实现从高等教育大国向高等教育强国的转变。

体育产业创新创业政府服务平台要充分发挥其资源性、权威性优势，将学校作为人才培养的高地，激发企业和社会力量对市场需求的洞察能力，并根据体育产业目前的实际需求以及面对目前的机遇和挑战，建立多方联动机制。将平台作为学校和企业的有效桥梁，发挥纽带作用，并将创新创业与社会经济发展深度融合，深入实施创新驱动发展战略，通过政府积极搭台、高校科研机构积极拥抱、企业主动参与的平台发展模式，进一步激发体育市场活力和社会创造力。各参与主体要为大学生建设集教育、研发、孵化、投资等于一体的"高校育苗-政府孵化加速-企业园区产业化"创新创业链条，形成多层次体育产业发展主题，支撑体育产业新兴产业快速发展，形成政、研、企、社会多方共赢的局面。

参考文献

柏景岚：《大学生创新创业课程的改革与实践——以南京体育学院为例》，《创新创业理论研究与实践》2021 年第 14 期。

程彬：《体育专业大学生创新创业教育现状、存在问题及对策研究》，鲁东大学硕士学位论文，2019。

陈芳、胡曦、李芳：《基于"双创"能力培养的体育应用型人才教育体系的思考》，《武汉体育学院学报》2020 年第 5 期。

蔡华：《创业素质为导向的高校体育教育创新研究》，《中国成人教育》2012 年第 15 期。

陈立春、杨怀宇：《"健康中国"理念下高校体育产业创新创业教育体系构建》，《体育科技》2021 年第 1 期。

陈婉、付威威：《大学生创新创业实践平台教学改革》，《科技资讯》2021 年第 4 期。

程序、程成：《高校优势资源服务体育强国战略的价值和应然路径》，《体育文化导刊》2020 年第 1 期。

陈运贵：《关于高校创新创业教育的逻辑检视》，《社科纵横》2017 年第 11 期。

付波航：《我国体育产业发展的瓶颈及其高质量发展路径》，《南京体育学院学报》2022 年第 6 期。

刘晨、聂晓莹、张炳君：《青岛建设全球体育城市的战略构想》，《中国经贸导刊（中）》2021 年第 11 期。

刘盼盼、刘庆群、刘征：《中国体育产业发展需求和治理研究》，《商丘师范学院学报》2021 年第 6 期。

卢文忠、张锦高：《基于 SWOT 分析框架下行业特色高校核心竞争力的提升》，《中国高等教育》2008 年第 2 期。

刘振忠、周静、李茜：《贯穿体育教学全过程的创新创业能力培养策略研究——以河北体育学院术科教学为例》，《山东体育学院学报》2014 年第 3 期。

刘振忠、张绰庵、赵智岗：《高等体育院校创新创业教育实践体系的构建》，《山东体育学院学报》2009 年第 11 期。

任波、黄海燕：《中国体育产业结构优化的机制、逻辑与路径》，《首都体育学院学报》2020 年第 5 期。

孙爱武：《应用型高校创新创业教育：理念创新、体系协同与实践成效》，《淮阴工学院学报》2021 年第 2 期。

王翠娥：《基于需求端的大学生创业制度分析》，《天津中德应用技术大学学报》2020 年第 6 期。

王思明：《"互联网+"背景下高等体育院校创新创业教育的产教融合路径研究》，《广州体育学院学报》2019 年第 4 期。

王艳华：《新时代提升民办高校思政理论课教师职业素养的路径研究》，《科教文汇》2022 年第 10 期。

王亚煦：《粤港澳大湾区建设背景下高校众创空间的发展策略研究》，《科技管理研究》2019 年第 24 期。

徐晶晶：《全国大学生创业实验室上海揭牌》，《上海教育》2011 年第 8 期。

徐晓影：《大学生创新创业平台建设研究》，《科技创业月刊》2021 年第 4 期。

杨复伟：《高校创新创业平台建设与运营研究》，《合作经济与科技》2021 年第 5 期。

杨光祥、文传浩、何希平：《基于众创空间的"政产学研用"协同培养模式探索》，《中国高校科技》2016 年第 4 期。

杨加玲、张伦厚、李燕、李伟：《连云港市体育产业高质量发展策略路径研究》，《运动精品》2021 年第 12 期。

邹润榕：《创新创业生态下的科技成果转化组织对接模式》，《广东科技》2021 年第 8 期。

赵勇：《新时代中国体育产业发展战略路径和对策措施研究》，《体育文化导刊》2018 年第 3 期。

张育广、张超、王嘉茉：《高校众创空间创新发展的演进逻辑及路径优化——基于平台理论视角》，《科技管理研究》2021 年第 17 期。

中国高校体育产业创新创业教育标准研究

唐立慧　阎隽豪*

摘　要： 高校体育产业创新创业教育标准研制是一项基础性工程。本文从理论探索、建设背景、内在动因、内容构成、现实困境以及实现策略对高校体育产业创新创业教育标准进行探索研究。高校体育产业创新创业教育标准建设是高素质人才培养的必然要求。本文从层次维、级别维、功能维、要素维、专业维、评估维确定了我国高校体育产业创新创业教育标准基本内容，并提出我国高校体育产业创新创业教育标准建设的现实困境及实践策略。

关键词： 创新创业　教育标准　创新创业教育　体育产业　人才培养

近年来，我国高校体育产业创新创业教育快速发展。国家密集出台《关于印发深化标准化工作改革方案的通知》《国家标准化发展纲要》《关于进一步支持大学生创新创业的指导意见》等多项政策，将"教育标准化""体育标准化""创新创业标准化"纳入政府的重点工作，我国高校创新创业教育标准体系建设迎来发展契机。当前，我国高校体育产业创新创业教育在地区、高校间差异化程度较高，高校体育产业创新创业教育标准建设滞后：不仅管理部门对我国高校体育产业创新创业教育标准化体系建设缺乏整体性把握，学界也缺乏对高校体育产业创新创业教育标准化的系统研究。深

---

* 唐立慧，天津商业大学体育部，主要研究方向为教育管理，体育行政。阎隽豪，天津体育学院社会体育与健康科学学院 2018 级硕士研究生，主要研究方向为体育公共政策、创新创业教育。

入推进高校体育产业创新创业标准研究迫在眉睫。鉴于此，本文将对高校体育产业创新创业教育标准展开研究，为相关工作推进及教育理论发展提供参考。

一　中国高校体育产业创新创业教育标准的概念

（一）高校体育产业创新创业教育标准的含义

"标准"在汉语语境中指的是"衡量事物的准则"。国家标准化管理委员会综合各方观点将国家制度层面的"标准"定义为"对重复性事物和概念所做的统一规定，它以科学技术和实践经验的结合成果为基础，经有关方面协商一致，由主管机构批准，以特定形式发布作为共同遵守的准则和依据"。"教育标准"是以我国教育制度与政策为基础，目的是使我国教育活动获得最佳秩序，在丰富实践经验以及理论研究基础上，对各级各类教育活动事项制定的各类教育规范与技术规定，它是评判教育质量的依据，也是监督教育实践活动的准则和抓手。"高校教育标准"是在"高校"范围内实施的"教育标准"，是评判高校学业质量、培养质量、管理质量的依据，是我国高校教育发展的重要抓手。

"高校体育产业创新创业教育标准"是"高校教育标准"的下位概念，其既继承了高校教育标准的基本内容，又涵盖了高校体育产业创新创业教育的特点。"高校体育产业创新创业教育标准"指为实施国家高等教育法律法规、高校创新创业教育以及体育产业发展相关方针政策，为在高校体育产业创新创业教育活动领域内获得最佳秩序，在高校创新创业以及体育产业教育教学实践与理论研究的基础上，经专家沟通、利益相关方协调、有关部门批准制定的高校体育产业创新创业教育规范与技术规定。它以科学技术与教育实践经验的结合成果为基础，经各界专家沟通研讨，有关方面协商一致，由主管机构批准，以特定形式发布作为共同遵守的准则和依据。在此概念中有三个关键要素。第一，高校体育产业创新创业教育标准的制定要以我国高等教育战略规划、高校教育规划及战略目标为指导。第二，要以保证体育人才培养质量为根本任务，把握好高校体育产业创新创业标准制定的"度"，与教育主体及时沟通反馈，保证标准建设的"动态平衡"。第三，各界专家在要素标准确定的基础上，标准体系的形成要充分考虑到各方利益，与有关方面进行充分沟通，保证标准在"管、办、评"的各个环节都能顺利推进。其不仅应融入学业质量标准、质量保证标准、质量信息标准等高等教育标准体系中，更应建立具有体育产业创新创业教育特色的标准体系。

教育质量的评定是多维的，从不同的视角切入对于教育标准研发内容及体系研发构建也不相同。教育标准概念中提到我国教育标准内容和功能、层次、级别、要素紧密相关，《教育部关于完善教育标准化工作的指导意见》提出要"明确教育标准分类"，完善各层次教育体系框架，并注重各级别标准有序衔接。我国《普通高等学校本科专业类教学质量国家标准》则针对不同专业提出了创新创业教育标准，其中指出创新创业教育要与专业融合，推动"专创融合"发展。而教育部在引导、保障层面多从教育要素、教育评估的视角出台相关政策，如创新创业示范校评估、创新创业导师人才库选拔等工作一方面契合了教育要素的分类，另一方面也体现了"教育标准"对于"教育评估"的重要性。而作为教育管理组织建设的重要参考，基于功能的标准内容研发大大提高高校体育产业创新创业标准体系的全面性、科学性。

（二）高校体育产业创新创业教育标准的分类

我国高校体育产业创新创业教育应秉持多元思维，从多个维度出发对我国高校体育产业创新创业教育标准展开研究。高校教育不单单是标准制定的主体多样，标准制定的目的、原则、内容、管理客体等也各不相同，我国编制的教育标准往往包括以下六个维度：层次维、级别维、功能维、要素维、专业维、评估维。从层次维、级别维、功能维讨论我国高校体育产业创新创业教育标准建设多倾向于制度的顶层设计，标准框架的搭建，从要素维、专业维、评估维探讨我国高校体育产业创新创业教育标准多倾向于内容及权重的建设（见图1）。六个维度互相融合，横向协调、纵向一体共同形成我国高校体育产业创新创业教育标准的完整体系，标准内容根据中国高校体育产业创新创业教育发展动态优化，以期相关标准更加科学、完善，得到广泛运用。本文尝试从以上六个维度对于我国高校体育产业创新创业教育有关标准的现状进行阐述，并对我国高校体育产业创新创业教育标准内容进行分析。

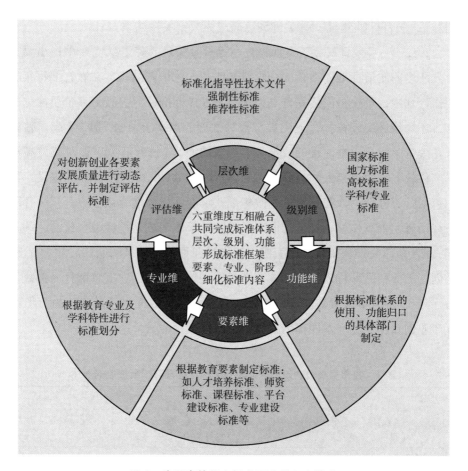

图1　我国高等教育标准研究的六个维度

二　中国高校体育产业创新创业教育标准的研发背景

（一）国家教育改革发展为高校体育产业创新创业教育标准研发指明方向

随着我国政治、经济、社会的快速发展，"高等教育改革""体育产业发展""创新创业教育""双师型人才培养""教育质量提高""复合型人才培养""教育标准建设"等关键词逐渐成为政策关注的重点。

2012 年，《教育部关于全面提高高等教育质量的若干意见》中指出要完善人才培养质量标准体系，优化学科专业和人才培养结构。在教育部每年的工作计划中，不仅提出要完善高校学科及管理标准，完善教育评价及优化制度，还均将创新创业教育提到教育战略发展的层次上。自 2017 年起，教育部在政策中对于标准建设的政策文本显著增加，《教育部关于加快建设高水平本科教育全面提高人才培养能力的意见》中 14 次提到教育标准建设，其中包括师资标准、课程标准、思政标准、学业评价标准等诸多方面，教育部坚持动态完善高校学科标准的原则，目前已基本完成学科标准全覆盖，2020 年，《教育部关于公布首批国家级一流本科课程认定结果的通知》中，有 81 个创新创业精品课程入选，但体育学类的创新创业与创业实践课程入选数为 0，高校教育改革政策为体育产业创新创业教育标准提供了政策支持，但体育产业创新创业标准发展仍需进一步实践探索（见表 1）。

表 1　我国高校教育改革政策中对于标准建设与创新创业的表述

时间	政策	政策内容
2012 年	《教育部关于全面提高高等教育质量的若干意见》	完善人才培养质量标准体系,优化学科专业和人才培养结构
2015~2021 年	《教育部关于印发〈教育部工作要点〉的通知》	制定高校分类体系和设置标准,加快建立高等教育分类设置、评价、指导制度,促进高校科学定位、办出特色。推动高校创新创业教育发展

续表

时间	政策	政策内容
2016~2021 年	《关于全国深化创新创业教育改革示范高校名单的公示》	在近百所高校开展创新创业教育改革试点工作
2016 年	《教育部办公厅关于印发〈促进高等学校科技成果转移转化行动计划〉的通知》	加强制度建设,营造成果转化良好环境。建立报告制度,完善成果转化评价体系
2017 年	《教育部关于推动高校形成就业与招生计划人才培养联动机制的指导意见》	推进创新创业教育改革,系统设计实践育人教育教学体系,分类制定实践教学标准
2017~2021 年	《教育部办公厅关于开展国家精品在线开放课程认定工作的通知》	建设创新创业课程标准
2018 年	《教育部关于加快建设高水平本科教育全面提高人才培养能力的意见》	政策中 14 次提到"标准建设"一词,高校教育标准建设需求达到新的高度
2019 年	《教育部办公厅关于实施一流本科专业建设"双万计划"的通知》	实施"六卓越一拔尖"计划 2.0,努力培育以人才培养为中心的质量文化,建立健全自查自纠的质量保障机制
2019 年	《教育部关于一流本科课程建设的实施意见》	教育部负责统筹指导一流本科课程建设工作,组织有关专家和机构研究制定一流本科课程建设、应用与管理的相关标准规范
2019 年	《教育部关于深化本科教育教学改革全面提高人才培养质量的意见》	将质量意识、质量标准、质量评价、质量管理等落实到教育教学各环节,内化为师生的共同价值追求和自觉行动
2019 年	《教育部关于印发〈国家级大学生创新创业训练计划管理办法〉的通知》	高校根据学科专业特点,确定项目资助额度标准
2020 年	《教育部关于公布首批国家级一流本科课程认定结果的通知》	共有 81 门创新创业精品课程,其中 184 门社会实践精品课程中基本都含有创新创业元素

资料来源:教育部官网,http://www.moe.gov.cn/,最后检索时间:2022 年 7 月 15 日。

教育标准法律、法规、政策、制度的制定及实施是一个更加复杂的过程,2012 年,教育部、国家发改委、财政部联合印发《关于深化教师教育改革的意见》,提出要建立高校教师评价标准,在"双师型教师"建设的基础上，开展教师教育质量评估，这是对高校教育主体标准建设的新要求。2015 年，《教育部关于深入推进教育管办评分离促进政府职能转变的若干意见》指出要加快国家教育基本标准建设，切实保障教育评价质量。教育评价的开展离不开教育标准的建设，彼时，体育产业创新创业教育的发展刚刚起步，教育标准建设尚未提上日程。2017 年，《中华人民共和国标准化法》重新修订，将教育标准化工作的开展写入法律条文中，将教育标准工作提到了新的历史高度。2018 年，教育部出台《关于完善教育标准化工作的指导意见》，强调要深化对教育标准化工作重要性的认识，明确教育标准分类，规范教育标准制定程序，完善教育标准体系框架、实施机制与管理机制，加强教育管理标准的国际交流。政府教育改革及教育标准化工作的开展为高校体育产业创新创业教育标准建设提供政治基础，也为相关教育标准的制定提供了战略方向指引。

（二）体育产业快速发展为高校体育产业创新创业教育标准研发提供现实参照

从《2001~2010 年体育改革与发展纲要》中"发展体育产业"概念的提出，到《国务院关于加快发展体育产业促进体育消费的若干意见》的出台推动体育产业快速发展，再到"双奥"的成功举办，《"十四五"体育发展规划》《体育标准化管理办法》的出台，我国体育产业向着规范化、多元化、高质量的方向发展。

在政策的大力推动下与国内"双循环"的新发展格局下，截至 2019 年，我国体育产业规模已经接近 3 万亿元，2020 年后因疫情影响，我国体育产业增加量有所减少，但依旧保持上涨势头，成为新发展格局下新的经济增长点（见图 2）。2019 年，中国体育服务业规模达到 14929.5 元（见图 3），"十四五"期间我国体育人均消费支出将不断增加，体育市场的消费结构将进一步扩大，体育产业结构将更加多元，体育产业将为我国内循环提供强大动力。

体育产业快速发展与高校体育产业创新创业教育标准建设联系紧密。

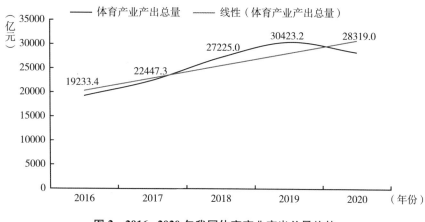

图2 2016~2020年我国体育产业产出总量趋势

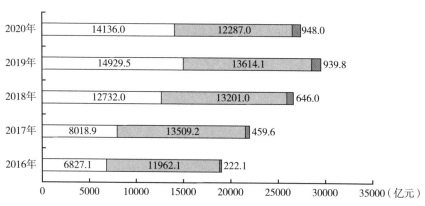

图3 2016~2020年我国体育产业各要素产出量

资料来源：国家统计局，http：//www.stats.gov.cn，最后检索时间：2022年7月15日。

2019年，国务院办公厅在《关于促进全民健身和体育消费推动体育产业高质量发展的意见》中提出要加强体育产业人才培养，鼓励普通高校、职业院校设置体育产业相关专业，形成有效支撑体育产业发展的高层次人才培养体系。体育产业的快速发展将为我国体育产业创新创业教育提供更多资源和机遇，体育产业创新创业教育发展也将为体育产业发展提供强劲动力。《国家高等教育标准》中对各学科"专创融合"工作提出要求，将创新创业教育融入学科、专业建设与发展中已成为大势所趋，高校体育产业创新创业教育将为新时代体育产业高质量发展输送更多体育人才，高校体育产业创新创业教育标准建设工作的开展也大大提高高校教育管理效率与体育产业人才培养质量。

体育产业快速发展也为高校体育产业创新创业教育标准建设提供现实参照。高质量人才培养是高校教育的落脚点，而体育产业高质量人才培养与体育产业发展紧密相关。近年来，国家日益重视体育标准建设工作，《体育强国建设纲要》中对健身教练、体育经纪人等体育职业的标准建设工作提出了新要求，同时提出要重点加强基本公共体育服务建设以及运动水平、赛事活动、教育培训等体育服务领域标准的制定修订，而高校体育产业创新创业教育标准的制定，更应在高校教育标准以及体育产业标准的基础上，明晰高校体育产业创新创业教育的个性及共性特点，以体育行业标准、企业用人标准为参照，加强校企、政企融合，提高高素质体育产业人才培养效率。

（三）科技进步与管理技能提升为高校体育产业创新创业教育标准研发提供解决方案

早在 2002 年，我国就出台了《教育管理信息化标准（试行）》，其中提出教育管理信息标准化工作是教育信息化工作的重要组成部分，教育管理的科学化、规范化发展与教育信息技术的发展息息相关。近年来，教育部印发了《教育信息化十年发展规划（2011—2020 年）》，出台了《教育管理基础信息》《教育行政管理信息》等 7 项标准，主持国内外教育信息化、教育管理信息化会议的召开，并出台《关于加强新时代教育管理信息化工作的通知》，推动教育管理、教育信息化与科学技术、大数据技术、新传媒运用等方面的融合发展。

随着"服务型政府""服务型高校"的政策不断推进，部门间联席会议的广泛开展，我国政府管理体制持续优化，政府部门间协同工作机制持续完善，管理技能向更加科学、更有效率的方向发展。教育信息化等科学技术的进步、管理体制机制的优化、管理技能的发展为我国高校体育产业创新创业教育标准的研究、建设、评估、管理、动态优化等提供了现实可能，也赋予了高校体育产业创新创业教育标准更多研究内容（见图4）。

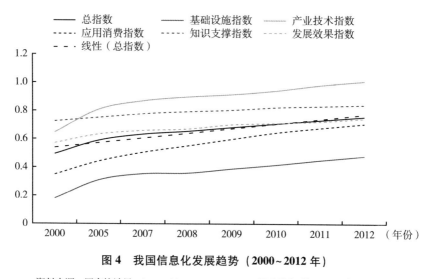

图4　我国信息化发展趋势（2000~2012年）

资料来源：国家统计局，http：//www.stats.gov.cn，最后检索时间：2022年7月15日。

（四）高校创新创业教育改革发展实际为体育产业创新创业教育标准研发建立靶向

2021年，在高校创新创业教育改革迈向深水区与高校毕业生就业情况日益严峻的双重背景下，国务院办公厅出台《关于进一步支持大学生创新创业的指导意见》，该文件指出创新创业教育的根本目的是提升大学生创新创业能力、增强创新活力，并进一步明确创新创业教育改革发展要从环境优化、平台建设、制度保障、要素体系建设等方面入手开展工作，这既顺应了高校创新创业教育改革发展的规律，也是我国高等教育改革发展的必然要求。

高校创新创业教育改革发展实际为体育产业创新创业教育标准研发提供靶向制度与政策保障。《普通高等学校本科专业类教学质量国家标准》对体育专业及体育产业相关各专业的高等学校本科专业教育做出规定，"专创融合"发展以及创新创业教育以标准的形式出现在高等教育过程中。在《第五轮学科评估方案》中提出毕业质量坚持整体就业质量和职业发展质量相结合，注重用人单位评价，将"学生就业与职业发展质量"指标覆盖到所有高校，在实际评估工作中，部分体育院校或体育专业将创新创业人才培养纳入专业质量评估标准中，在教育部制定的《社会体育专业标准》《体育运营与管理专业标准》《体育保健与康复专业标准》等标准文件中，均提出要将创新创业教育融入体育学相关专业的教育中，高校创新创业教育改革发展实际为体育产业创新创业教育标准研发提供重要参考，高校体育产业创新创业教育标准建设也必定要跟高等教育标准相衔接。另外，教育部在2015年后相继开展深化创新创业教育改革示范校评定、万名优秀创新创业导师评定、创新创业优质课程评定等工作，一方面相关评定标准为体育产业创新创业教育标准研发提供重要参考，另一方面体育产业创新创业教育标准体系作为国家高等教育标准体系的一部分，也要注重与国家高等教育标准的融合。国家创新驱动战略、高校创新创业教育改革政策、毕业生就业创业保障政策、体育产业政策的相继出台，为体育产业创新创业教育标准的研发提供政策内容支撑与保障。

高校创新创业教育改革发展实际为体育产业创新创业教育标准研发提供丰富的实践经验与研究数据。教育部《国家教育事业发展"十四五"规划》中提出教育要"以人为本"，推进高等教育提质创新发展，增强高校毕业生教育及就业质量。北京体育大学在其2021年毕业生就业质量报告中提出，专业性知识、技能与创新能力同样重要，北京体育大学在创新能力的培养方面呈现"供小于求"的情况（见图5），加强高校体育产业创新创业教育标准建设，是推动高校体育产业创新创业教育供给的重要环节。无独有偶，上海体育学院在《2021年就业质量报告》中指出，要按照教育部与上海市教委的统一部署，加快健全就业工作新体系，实施全员联动"稳就业"工程，要加强高校创新创业标准及评价保障标准建设，推动"多元化"创新创业平台发展，要强化政策引导新理念，做好重点群体"精准化"帮扶工作。

从调研数据来看，上海体育学院毕业生就业单位与专业相关度并不高（见图6），上海体育学院学生对于创业就业的培养与教育也在持续跟进开展。高校创新创业教育发展为体育产业创新创业教育标准研究提供了丰富的实践经验与数据，为高校体育产业创新创业教育标准各项指标的确立提供参考。

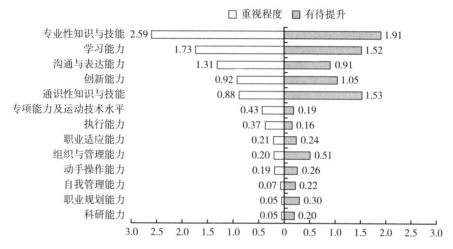

图5　用人单位招聘术科专业毕业生时重视和认为有待提升的职业能力

资料来源：《2021年北京体育大学毕业生就业质量报告》。

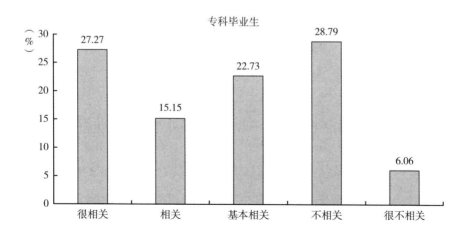

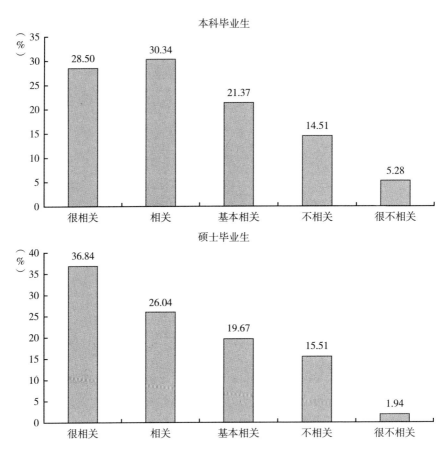

图 6　上海体育学院毕业生就业方向与专业相关度分布

资料来源：《2021 年上海体育学院毕业生就业质量报告》。

三　中国高校体育产业创新创业教育标准框架

（一）层次维度上的标准框架建设

在《中华人民共和国标准化法》中，从强制性文件、推荐性文件、标准化指导技术性文件三个不同法律效力层次对我国标准进行了分类。在《教育部关于完善教育标准化工作的指导意见》中，仅从强制性文件、推荐性文件两个法律效力层次进行了划分，标准化指导技术性文件在教育标准中的运用比较少见。基于此，中国高校体育产业创新创业教育标准的制定将围绕强制性文件、推荐性文件展开。

《教育部关于完善教育标准化工作的指导意见》中明确提出要建设包括国家标准、行业标准、地方标准等在内的多元化教育体系。其中明确推荐性国家标准、行业标准、地方标准、团体标准、企业标准的技术要求不得低于强制性国家标准的相关技术要求（见图7）。

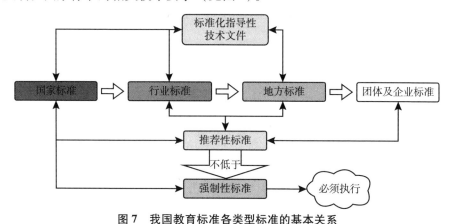

图7　我国教育标准各类型标准的基本关系

目前，我国高校体育产业创新创业教育强制性标准建设处于空白，地方、高校、团体及企业推荐性标准建设意识不强，我国高校体育产业创新创业教育标准"碎片化"发展，高校体育产业创新创业教育发展方向、理念、路径缺乏指导，发展状况无法评估，高校体育产业创新创业教育强制性标准建设迫在眉睫。根据《中华人民共和国标准化法》《教育部关于完善教育标准化工作的指导意见》的规定：高校体育产业创新创业教育强制性标准建设应由教育部牵头，国务院标准化行政主管部门负责强制性国家标准的立项、编号和对外通报，在制定过程中，应当按照便捷有效的原则采取多种方式征求意见，标准内容应包括但不限于高校体育产业创新创业教育的性质、理念、原则、目标、内容（要素），高校体育产业创新创业教育质量的内涵及描述；委托或组织由相关方组成的标准化技术委员会开展强制性标准与推荐性标准制定工作，在强制性标准的基础上开展推荐性标准的制定工作，鼓励建设分阶段的推荐性标准内容，并确保推荐性标准不低于强制性标准（见表2）。

表2　相关法律制度对我国高校体育产业创新创业教育标准制定的指导

法律/制度	标准建设相关内容
《中华人民共和国标准化法》	对强制性标准、推荐性标准等各类标准所适用范围、评估方式、流程制定等方面做出明确规定，为我国教育标准建设提供参考
《教育部关于完善教育标准化工作的指导意见》	规定了国务院、教育部以及各级政府在教育标准制定过程中职责权利，是我国教育标准化建设工作的指导性、纲领性文件

（二）级别维度上的各级标准衔接

《教育部关于完善教育标准化工作的指导意见》中指出现阶段要重点加快以下领域标准研制：学校设立及建设标准、教育装备标准、教育信息化标准、学校运行和管理标准、学科专业和课程标准、教育督导与评价标准、教师队伍建设标准、语言文字标准。《国务院办公厅关于深化高等学校创新创业教育改革的实施意见》从完善人才培养质量标准、创新人才培养机制、健全课程体系、改善教学与学籍制度、加强教师教学能力等7个方面提出了我国高校创新创业教育的任务和措施。将政策文本进行分析总结，提出我国高校体育产业创新创业教育国家标准发展方向，相关内容见表3。

表3　我国高校体育产业创新创业教育国家标准内容拟定方向

一级指标	二级指标
A1　高校体育产业创新创业人才培养标准建设	A1-1　将教育质量标准、创新创业标准、成果认定标准等纳入博士硕士学位基本要求中
	A1-2　明确高校体育产业创新创业教育目标
	A1-3　将高校体育产业创新创业教育指标、标注评价融入体育人才培养质量指标评价中
	A1-4　鼓励多元主体参与高校体育产业创新创业人才评价标准建设、细化人才培养标准内容
	A1-5　根据区域、高校、专业特色开展高校体育产业创新创业教育标准与专业质量教学标准融合工作

续表

一级指标	二级指标
A2　高校体育产业创新创业人才培养机制建设	A2-1　建立毕业生就业质量标准以及建设体育产业人才供需报告
	A2-2　建立需求导向的体育学科专业结构和创业就业导向的人才培养类型结构调整新机制
	A2-3　举办高校体育产业创新创业实验班
	A2-4　鼓励多元主体共同建立高校体育产业创新创业协同育人新机制
	A2-5　开设跨学科专业的交叉课程,培养复合型体育人才
A3　建设高校体育产业创新创业教育课程标准	A3-1　推动体育专业专创融合标准建设
	A3-2　在体育院校、体育职业学院、综合类大学的体育院/系/部广泛开设创新创业相关的必修课和选修课
	A3-3　开展高校体育产业创新创业教育课程学分标准建设。建设包括在线课程在内的各类学习认证和学分认定制度
	A3-4　加快高校体育产业创新创业教育优质课程信息化建设
	A3-5　加强高校体育产业创新创业教材研发
A4　开展高校体育产业创新创业多元教学方式标准建设	A4-1　在高校内广泛开展启发式、讨论式、参与式的体育产业创新创业小班化教学
	A4-2　建设体育产业创新创业特色考核模式,开发多元考核、考察的指标和标准
	A4-3　将高校体育产业创新创业教育实践与专业教学相结合
	A4-4　加强专业实验室、虚拟仿真实验室、创业实验室等各类体育产业创新创业实验室建设,并通过搭建及参与各级各类平台实现资源互联共享
	A4-5　建设高校体育产业创新创业及校外实践平台标准
	A4-6　将国家、地区、高校体育产业创新创业资源向学生开放,并将其纳入体育科研中心、体育实验室等评估标准中
	A4-6　将创新创业赛事参与情况纳入学分标准、教学标准、师资标准等高校体育产业创新创业教育标准体系中
	A4-7　将高校体育产业创新创业社团、讲座、论坛等活动举办参与纳入高校学科质量评估、师资工作量、学生创新创业学分标准体系中
A5　建设高校体育产业创新创业教学和学籍管理标准	A5-1　建设体育产业创新创业学分积累与转换标准
	A5-2　将高校学生创新实验、论文发表、创新创业等活动纳入学分体系中。将课题研究、实验工作等活动纳入课业成绩制度中
	A5-3　对有意愿有潜质的学生开展定向体育产业创新创业培养,制定培养方案,量化评价标准,实行弹性学制

续表

一级指标	二级指标
A6　高校体育产业创新创业学生指导服务及保障标准	A6-1　切实做好高校体育产业创新创业"机构、人员、场地、经费"标准建设工作，加强对自主创业学生的保障帮扶工作
	A6-2　加强资金标准建设，建设创新创业奖学金制度，整合发展财政和社会资金，多渠道统筹安排资金，鼓励社会力量参与大学生创业基金建设，提高资源利用效率
	A6-3　建立健全高校体育产业创新创业教育信息标准，建设高校体育产业创新创业服务平台，完成体育产业创新创业平台体系建设
	A6-4　建设各级各类高校体育产业创新创业学生、教师培训标准
	A6-5　将创新创业指南发布纳入行业协会、地区、高校工作评价体系中
	A6-6　将大学生创新创业赋能纳入我国教育、体育公共服务体系评价指标中
A7　加强教师创新创业教育教学标准建设	A7-1　各地区、各体育类院校、体育职业学院、综合类大学体育院/系/部要明确全体教师高校体育产业创新创业教育责任，将体育产业创新创业教育成果纳入高校教师考核评价中
	A7-2　建设多元化体育产业创新创业专职教师队伍，并建设准入及淘汰标准
	A7-3　鼓励政府、企业、产业基地等多方力量参与专业课、体育产业创新创业课程及师资队伍建设工作，并制定兼职教师管理规范，形成全国体育产业创新创业导师人才库
	A7-4　建立健全高校体育产业创新创业教师培训标准。通过培训、挂职锻炼等措施提高高校教师的体育产业创新创业意识及实践能力
	A7-5　将师资科研成果合作转化、对外转让、自主创业等成果产业化合作形式纳入标准建设过程中，并鼓励高校教师通过科研成果转化带领学生创新创业

表3中国家标准内容的罗列根据政策所述创新创业目标及任务演化而来，仅供后续国家标准建设工作参考。高校体育产业创新创业教育标准建设是一个系统工程，其不仅需要教育主管部门立项批准，还需各级政府、学界、商界专家共同研讨，组建具有广泛代表性的标准化技术委员会并开展试点工作反复验证优化方案，国务院办公厅正式批准方可生效。

高校体育产业创新创业教育标准应以国家标准、地方标准、专业标准为引领，根据自身特色，开展相关教育标准建设工作。高等体育院校应起到高校体育产业创新创业教育标准建设的示范带动作用，积极开展相关试点工作，组织标准研制专家团队,鼓励高校体育产业创新创业教育标准科研立项。地区标准、专业标准、高校标准可在国家标准基础上,根据自身发展状况,细化指标,并对各指标权重进行赋值,建设更易测量、更易评价的标准。

(三)功能维度上的职责内容划分

功能维度上的高校体育产业创新创业教育标准建设在教育标准建设领域并不常见,其往往融合在其他类型的标准建设中或在国家计划、指导意见等制度中充当"职责划分角色"。以我国高校体育产业创业教育服务平台标准建设为例,《国务院关于加快构建大众创业万众创新支撑平台的指导意见》中提出了"四众"的发展理念,即:众创,汇众智搞创新;众包,汇众力增就业;众扶,汇众能助创业;众筹,汇众资促发展。本文根据其中提出的10大项30小项的任务目标,基于功能维度整理出各部门在高校体育产业创新创业支撑平台制度建设中的权责,相关情况见表4。

表4　基于功能维度的我国高校体育产业创新创业教育平台部门标准内容

类别	归口参与部门					
	综合管理中心	教育研发培训中心	创业孵化中心	数据信息中心	用户服务中心	产品体验展示中心
教育培训功能	×	√	√	√	×	√
孵化功能	√	×	√	×	×	√
信息交互功能	√	×	√	√	√	√
资源调配功能	√	×	√	√	√	√
服务功能	√	√	√	√	√	√
文化发展功能	√	√	√	√	√	√
科研功能	×	√	√	√	×	×

本文根据《中国高校体育产业创新创业发展报告(2020~2021)》[1] 研究成果、《国务院关于加快构建大众创业万众创新支撑平台的指导意见》中

---

[1] 肖林鹏、靳原忠主编《中国高校体育产业创业创业发展报告(2020~2021)》,社会科学文献出版社,2021。

"众创、众包、众扶、众筹"的"四众"平台发展理念以及《国务院办公厅关于进一步支持大学生创新创业的指导意见》中关于平台建设的指导意见，对上述 7 个维度的二级指标内容进行分析阐述（见表 5），以期为后续我国高校体育产业创新创业教育平台评价标准工作推进提供参考。

表 5　基于功能维度的我国高校体育产业创新创业教育平台评价标准

一级指标		二级指标
B1	教育培训功能	B1-1　定期举办国家级/省市级/校级体育产业创新创业培训
		B1-2　制作体育产业创新创业优质慕课
		B1-3　建设平台师资队伍，加强学生专业知识、创新精神、实践能力的日常辅导
		B1-4　参与高校体育产业创新创业课程体系建设
B2	孵化功能	B2-1　依托高校为学生体育产业创新创业项目提供场地、设施
		B2-2　向企业、产业园、国家/社会平台等推荐优质项目
		B2-3　利用平台资源、渠道为学生体育产业创新创业项目市场推广赋能
		B2-4　提供项目投融资、上市渠道，引导优质项目参与路演
		B2-5　指导学生项目申报国家级/省市级/校级体育产业创新创业项目
		B2-6　举办高校体育产业创新创业赛事、论坛等活动
B3	信息交互功能	B3-1　建立高校体育产业创新创业网站、自媒体平台
		B3-2　发布项目咨询、招聘用人信息、合作产业园/企业/国家及社会平台等信息，发布日常路演、论坛、赛事、活动等信息
		B3-3　进行体育产业资讯的发布与解读、知识内容产出等
		B3-4　平台数据的储存、分析、运用、保障
B4	资源调配功能	B4-1　推动平台内外全产业链融合发展，降低项目运营成本
		B4-2　协调学校、企业、政府资源，助力学生体育产业创新创业项目发展
B5	服务功能	A5-1　为项目提供法律支持与援助
		A5-2　为项目提供专利咨询、查询、申请、保障服务
		A5-3　为项目提供金融咨询、公司申请、小微企业贷款咨询、会计托管服务
B6	文化发展功能	A6-1　引导学生企业/项目优质文化塑造
		A6-2　在学校及平台范围内塑造勇于创新敢于创业的文化
B7	科研功能	A7-1　主导、参与体育产业创新创业教材的研制与选用
		A7-2　参与、指导体育科技研发、科技产品研发、体育服务等研发工作
		A7-3　参与、指导社会科学研究工作，包括但不限于可行性研究报告撰写、发展指数构建等
		A7-4　对平台大数据进行分析、使用，助力体育产业创新创业项目开发

功能维度上的我国高校体育产业创新创业教育标准建设不仅可以运用于我国体育产业创新创业服务平台标准建设的过程中，在高校体育产业创新创

业教育国家级/省级/校级部门职责与权力标准内容建设、其他组织建设标准内容建设等场景下都可得到运用。另外，基于功能维度的标准建设要在国家政策的引导下，与层次维、级别维、要素维、专业维、评估维深度融合，共同完成我国高校体育产业创新创业教育标准体系的构建。

（四）要素维度上的评价内容确定

1. 师资标准

2016年，教育部办公厅出台了《关于建设全国万名优秀创新创业导师人才库的通知》，其中提出了"遵守中华人民共和国宪法和法律，具有良好的业务素质和道德情操，具有强烈的社会责任感和奉献精神，热心创新创业教育和指导帮扶大学生创新创业工作，知名科学家、创业成功者、企业家、风险投资人等各行各业优秀人才，创新创业教育教学能力强、实践经验丰富的高校教师"的创新创业导师基本要求。《国务院办公厅关于深化高等学校创新创业教育改革的实施意见》中指出要加强教师创新创业教育教学能力建设，从考核评价、师资聘用（准入标准）、师资培训、科技成果处置和收益分配机制等方面开展工作。这也为高校体育产业创新创业教育师资标准建设提供了参考，表6为基于政策内容的我国高校体育产业创新创业教育教师标准框架。

表6　基于政策内容的我国高校体育产业创新创业教育教师标准框架

一级指标	二级指标
B1　考核评价	B1-1　主持或指导学生获得国家级/省级/校级项目立项/结项
	B1-2　执教高校体育产业创新创业教学工作
	B1-3　主持参与体育产业创新创业课程建设
	B1-4　辅导学生项目参与国家级/省级/校级创新创业赛事、论坛、路演等活动
	B1-5　组织国家级/省级/校级创新创业赛事、论坛、路演等活动
	B1-6　主持、参与高校体育产业创新创业平台建设、运营
	B1-7　助力高校体育产业创新创业项目孵化，为学生项目提供法律、金融等支持服务
	B1-8　主持、参与高校体育产业创新创业教材编制

续表

一级指标	二级指标	
B2 师资聘用（准入标准）	B2-1	高校师资聘用标准
	B2-2	科研机构师资聘用标准
	B2-3	创业成功者师资聘用标准
	B2-4	优秀企业家师资聘用标准
	B2-5	风险投资人师资聘用标准
	B2-6	其他类型师资聘用标准
B3 师资培训	B3-1	建立国家级/省市级/校级创新创业师资培训体系
	B3-2	建立教育/科研/法律/政策/市场/金融/数据/软件等多元培训课程标准
	B3-3	建立高校/科研机构/创业成功者/优秀企业家/风险投资人等多元类型对口培训课程体系
	B3-4	建立师资培训成果互认互通机制，开展相关标准建设
B4 科技成果处置及收益分配	B4-1	科技成果对外转让及利益分配标准
	B4-2	科技成果合作转化及利益分配标准
	B4-3	科技成果作价入股及利益分配标准
	B4-4	高校体育产业创新创业教师自主创业及绩效认定标准

在建设完善教师标准内容的基础上，将级别维、评估维与我国高校体育产业创新创业教育教师标准内容进行融合（见图8），尤其在高校体育产业创新创业师资准入标准建设方面，可以在国家标准的大框架下，因地制宜、

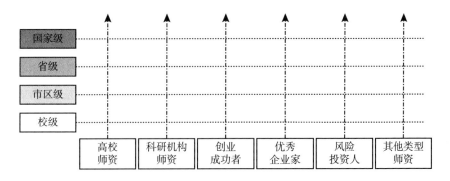

图8 设置不同级别维度的我国高校师资标准

因校制宜开展师资准入标准建设工作。在师资培训方面，鼓励建立多级体育产业创新创业师资培训体系，与各级别体育产业创新创业师资配套开展师资培训工作。

2. 人才培养标准

2021年，《国务院办公厅关于进一步支持大学生创新创业的指导意见》提出"要支持在校大学生提升创新创业能力，支持高校毕业生创业就业，提升人力资源素质，促进大学生全面发展，实现大学生更加充分更高质量就业"。目前，创新创业素质培养已经被写入了《普通高等学校本科专业类教学质量国家标准》体育学类（0402）中，该标准适用于体育教育（040201）、运动训练（040202K）等7项体育学类专业。标准中高度重视理论学习、科研能力、创新意识、创业能力的培养，鼓励推动体育专业"专创融合"发展。

在能力要求方面，《普通高等学校本科专业类教学质量国家标准》体育学类标准从获取与应用知识的能力、创新创业能力、社会服务能力三个层面进行阐述，其中提出要结合各专业的特点，推动人才培养标准建设。高素质体育人才培养要因专业而异、因人而异，体育教育、运动训练等专业可针对创新能力和意识进行培养，运动康复、休闲体育、体育管理等专业可适当倾向创业意识和能力的培养，相关内容见表7。

表7 普通高等学校本科体育专业类人才能力培养标准内容

一级指标	二级指标	权重
B1 获取与应用知识的能力	B1-1 学生具备自主学习自主发展的能力	X
	B1-2 能利用现代化手段获取信息	X
	B1-3 语言文字表达能力好	X
	B1-4 具备较强的专项运动技能,能将专业知识与专项技能融会贯通	X
	B1-5 具有求真务实的科学态度,初步具有研究和解决体育专业领域实际问题的能力	X
	B1-6 具有未来工作所需的操作能力和管理能力	X

一级指标	二级指标	权重
B2 创新创业能力	B2-1 富有创新精神,具有敏锐的观察力和分析问题、解决问题的能力,基本具备从事体育科学研究的能力	X
	B2-2 具有创业意识,具备创业认知能力、专业职业能力、资源获取与整合能力	X
	B2-3 具有独立工作能力、沟通联系能力、合作协调能力	X
B3 社会服务能力	B3-1 具有公共服务意识和公益精神	X
	B3-2 具备社会服务的基本技能与方法	X
	B3-3 具有较强的团队精神、协作能力,能够从事与体育有关的社会服务工作	X

　　我国高校体育产业创新创业人才培养标准内容要与《普通高等学校本科专业类教学质量国家标准》相衔接,并在此基础上针对不同专业对标准进行进一步优化改良,开展广泛科研工作,确定末级可测量指标及权重。人才培养标准的末端指标要尽量做到可测量、权重明确,为我国高校体育产业创新创业高质量、复合型人才培养提供评估工具、评估渠道,有力支撑我国高校体育产业创新创业教育发展。

3. 课程体系建设标准

　　我国高校体育产业创新创业教育课程标准的内容建设既建立在体育产业创新创业专业建设的基础上,又要与政府、高校、社会/企业平台的创新创业课程建设相衔接。上海体育学院已经在 2021 年开设了创新创业专业,北京体育大学、武汉体育学院、天津体育学院等体育院校近年来积极开展与政府、企业合作,进行体育专业课程、创新创业课程、思政慕课录制工作,创新创业教育也作为基础课程在全校范围内广泛开展。

　　《普通高等学校本科专业类教学质量国家标准》中提出高校创新创业课程一方面要体现其专业理念,另一方面要充分利用各类资源,推动高校课程"专创融合"发展,在传授专业知识的过程中加入创新创业理念,在创新创业课程中多元化运用专业技能。《国务院办公厅关于深化高等学校创新创业教育改革的实施意见》中明确指出，要在建立健全创新创业课程体系的同时，将课程标准建设与学分管理标准建设有机融合，要循序渐进、协同促进创新创业课程建设。利用信息技术进行慕课、视频公开课等课程建设，建立开放学习以及学分认定标准，组织专家编写创新创业教育重点教材。根据上述制度内容，本文拟定高校体育产业创新创业课程体系建设标准内容见表8。

表8 我国高校体育产业创新创业课程体系建设标准

一级指标	二级指标	
B1 高校体育产业创新创业课程建设	B1-1	体育产业创新创业专业知识体系以及创新创业与体育学科知识体系的融合
	B1-2	体育产业创新创业专业课程体系以及创新创业与体育学科课程体系的融合
	B1-3	体育产业创新创业实践课程
	B1-4	高校体育产业创新创业课程体系说明
B2 体育产业创新创业网络课程建设	B2-1	体育产业创新创业慕课准入与评定标准
	B2-2	体育产业创新创业网络公开课准入与评定标准
	B2-3	其他体育产业创新创业网络课程准入与评定标准
B3 课程学分管理	B3-1	确定创新创业课程在体育类专业及体育相关专业的学分比重
	B3-2	确定高校体育产业创新创业各类型课程学分比重
	B3-3	确定慕课、网络公开课及其他类型网络课程的学分体系准入标准
	B3-4	确定慕课、网络公开课及其他类型网络课程学分比重
B4 体育产业创新创业教材标准	B4-1	体育产业创新创业教材类型标准
	B4-2	体育产业创新创业教材质量评估标准
	B4-3	体育产业创新创业教材课程准入标准

4. 教学条件

《普通高等学校本科专业类教学质量国家标准》体育学科教学条件从教学设施、信息资源、实践基地、教学经费四个方面对标准内容进行了阐述。《国务院办公厅关于深化高等学校创新创业教育改革的实施意见》中提出要优化大学生创新创业环境，完善创新创业政策，降低大学生创新创业门槛，便利化服务大学生创新创业，改善创新创业教学条件。本节根据相关政策内容，从教学设施、信息资源、实践基地、教学经费对我国高校体育产业创新创业教学条件标准内容进行内容探讨（见表9）。

表9　我国高校体育产业创新创业教学条件标准内容框架

一级指标	二级指标	三级指标
B1　教学设施	B1-1　教学场地器材	B1-1-1　有满足体育产业创新创业科研需要的用房，并配备具有现代化多媒体设备的专用教室，规定生均教学场地器材价值
		B1-1-2　充分利用各类运动项目教学设施开展创新创业教学、实践工作
	B1-2　专业实验室	B1-2-1　保持体育产业创新创业课程必须的基本实验条件，建设审核评估标准
		B1-2-2　允许各专业实验室针对创新创业课程及科研实践工作开放，建设开放标准
	B1-3　体育孵化器、加速器、众创空间产业园	B1-3-1　建设体育孵化器、加速器、众创空间、产业园场地、设施、仪器向高校体育产业创新创业教育开放标准，建设体育孵化器、加速器、众创空间、产业园高校准入标准
B2　信息资源	B2-1　图书资料	B2-1-1　建设创新创业相关图书资料数量、类型、质量标准
		B2-1-2　加强创新创业图书及电子图书、期刊等采购
		B2-1-3　加强创新创业教材建设
	B2-2　信息资源平台建设	B2-2-1　网络课程建设标准
		B2-2-2　政-产-学-研-用信息交互标准
		B2-2-3　政策、活动等信息宣传标准
B3　实践基地	B3-1　各专业实践基地	B3-1-1　准入标准
		B3-1-2　保障标准
		B3-1-3　评估标准
B4　教学经费	B4-1　课程建设	B4-N-1　申请、使用、监管标准
	B4-2　平台建设	
	B4-3　项目扶持	
	B4-4　设施采购维修	
	B4-5　活动举办	
	B4-N　……	

5. 学分建设与融合

《国务院办公厅关于深化高等学校创新创业教育改革的实施意见》提出将创新创业必修课、选修课纳入学分管理标准中，并通过拓宽学分管理覆盖面的方式，将论文发表、实践实训、课题研究等活动纳入学分评定标准。教育部在 2016 年出台的《深化创新创业教育改革示范高校认定工作指导标准》将上述政策文本纳入示范高校认定标准中。2018 年，《普通高等学校本科专业类教学质量国家标准》出台，其中规定体育学科的总学分为 140～170 学分，各高校可根据情况做适当调整，其中并未提及创新创业教育需占最低学分数。目前，我国体育院校及体育职业技术学院创新创业教育开展并不理想，教育部公布的前两批深化创新创业教育改革 200 所示范高校名单中，我国 15 所体育院校与 18 所体育职业技术学院无一在列。学分建设对于体育院校及体育职业技术学院创新创业教育开展至关重要。表 10 在前文研究基础上，对我国学分标准进行进一步细分。

表 10　我国高校体育产业创新创业学分标准内容框架

一级指标	二级指标	
B1　拓宽学分管理标准覆盖面，完善学分管理标准	B1-1	明确体育产业创新创业课程类型
	B1-2	制定体育产业创新创业指导类课程学分总量及各类创新创业课程学分占比
	B1-3	建立体育产业创新创业专业学分标准
	B1-4	建立在线开放课程学习认证和学分准入标准
	B1-5	确定在线开放课程学习认证和学分计算量
	B1-6	加强在线开放课程学习认证监管
B2　高校针对体育产业创新创业改进完善学分制度	B2-1	各级各类体育产业创新创业参赛获奖学分积累与转换标准
	B2-2	参与各级各类体育产业创新创业培训学分认定、积累与转换标准
	B2-3	发表各级各类期刊/会议/专利成果学分认定、积累与转换标准
	B2-4	将各级各类大学生创新创业项目立项及结项加入学分认定、积累与转换标准及毕业成果制度中
	B2-5	将学生参与课题研究加入学分认定、积累与转换标准中
	B2-6	将学生体育科技实验成果加入学分认定、积累与转换标准中
	B2-7	将自主创业成果评定与学分积累、认定挂钩

另外要加强高校体育产业创新创业课程、实践学分建设与体育专业课程学分建设的深入融合，在"课堂教学、自主学习、结合实践、指导帮扶、文化引领融为一体"的创新创业教育体系理念的指导下，推动创新创业教育与专业教育、思政教育等协调发展。

6. 质量管理

我国高校体育产业创新创业教育标准的实施，离不开质量保障目标的确立及质量保障的规范与监控，体育院校、体育职业技术学院及综合类大学的体育院/系/部应以各级各类标准为基础建立质量保障目标系统，对高校体育产业创新创业课程、师资等各要素权责予以明确规定。建立健全教务运行、教学过程、教学资源、教学方案全方位、多维度、多层次的质量管理体系，并根据《普通高等学校本科专业类教学质量国家标准》等制度制定高校体育产业创新创业质量管理标准。

高校体育产业创新创业标准的实施，要以目标为导向，在制度指导下，保障高校体育产业创新创业各项工作充分落实，凝聚多方力量，加强信息反馈机制和调控改进机制建设，并在此基础上开展常态化高校体育产业创新创业教育质量评估工作，并出台评估报告。将多方参与建设毕业生跟踪反馈机制纳入标准内容中，保障体育产业创新创业教育工作开展。

（五）专业维度上的专创理念融合

我国高校体育产业创新创业教育是创新创业教育的下位概念，其既有创新创业教育的共性特征，又有体育产业、体育专业的独特之处。在体育学科内部各专业的发展方向也有所差异，正如《普通高等学校本科专业类教学质量国家标准》中所述，就体育学类本科专业中的 5 个基本专业和 2 个特设专业而言，在创新创业教育过程中要各有侧重，体育教育、运动训练等专业相对侧重于学生创新精神和创新能力的培养，社会体育指导与管理专业、运动康复专业、休闲体育专业相对侧重于学生创业意识和创业能力的培养（见表 11）。

表 11　部分体育专业核心知识

专业名称	专业核心知识
体育教育	教育学和心理学基本知识,学校体育的基本理论,体育教学、课外锻炼和训练竞赛的基本理论与方法等
运动训练	运动训练过程、专项运动教学、运动竞赛组织和管理的基本理论与方法等
社会体育指导	社会体育的基本理论、健身运动指导、体育产业经营与管理、体育社会工作的基本理论与方法等
武术与传统体育	武术、民族传统体育、传统体育养生等基本理论与方法等
运动人体科学	运动生物科学基础理论、运动机能监测与评价、运动处方理论与实践、国民体质健康评价的基本理论与方法、运动人体科学实验技术等
运动康复	康复与临床医学的基础理论,康复评定的理论与方法,运动康复、中国传统康复和运动伤害防护的理论与方法等
休闲体育	休闲体育的基本理论、休闲体育项目策划与组织、户外运动指导、休闲体育俱乐部和体育旅游的经营与管理等

国务院办公厅在《关于深化高等学校创新创业教育改革的实施意见》中提出了"面向全体、分类施教、结合专业、强化实践"的基本原则。基于专业维度的高校体育产业创新创业教育标准建设要从师资建设标准、人才培养标准、人才评价标准、学分制度、专业实验室/实验设施/科研仪器等使用制度、课程体系建设标准等出发,分析体育学类专业特点,制定契合专业发展的高校体育产业创新创业教育标准,推动高校间、地域间、学科间体育产业创新创业协同发展,加快推进体育学科专创融合,人才培养目标由"单一型"体育人才培养向"多学科、融合型、多元化"高素质体育人才培养转变。

（六）评估维度上的准入标准完善

评估维度上的我国高校体育产业创新创业教育标准的建立旨在通过对各可测量指标权重的确定,推动我国高校体育产业创新创业教育评估工作开展,其建立在成熟的标准之上,并通过反复研讨,确定末级指标以及其所占权重、指数,最后通过开展评估工作,评价我国高校体育产业创新创业教育总体或局部要素的质量。《国务院办公厅关于深化高等学校创新创业教育改革的实施意见》提出教育部门要把创新创业教育质量作为衡量办学水平、考核领导班子的重要指标，纳入高校教育教学评估指标体系和学科评估指标体系，引入第三方评估。《国务院办公厅关于进一步支持大学生创新创业的指导意见》《普通高等学校本科专业类教学质量国家标准》中也强调要开展创新创业师资、课程、平台、高校、人才培养质量等教育要素评估工作。

本文以 2020 年教育部办公厅颁布的《深化创新创业教育改革示范校建设成效自评表》为例，探索我国高校体育产业创新创业教育评估标准的建设方式及实施方式（见表 12）。

表 12　深化创新创业教育改革示范校建设成效自评

一级指标	二级指标	三级指标
组织保障 ($a_1 = 0.2$)	发展规划 b_1	将创新创业教育纳入学校"十三五""十四五"总体规划 c_1
		学校层面制定了科学系统的创新创业教育改革实施方案,实施效果良好 c_2
	工作机制 b_2	成立由主要负责同志任组长的创新创业教育工作领导小组,定期研究部署相关工作 c_3
		建立由教务部门牵头、多部门齐抓共管的创新创业教育工作机制 c_4
		成立了有利于整合校内资源推进创新创业教育的专门机构 c_5
	制度建设 b_3	建立创新创业学生转专业、弹性学制、创新创业学分积累与转换、创新创业档案和成绩单、创新创业奖学金等相关制度和激励政策 c_6
		将创新创业教育考核评价纳入教师专业技术职务评聘和绩效考核标准,建立教师到行业企业挂职锻炼制度,为从事创新创业教育的教师建立了合理的职称职务晋升通道 c_7
	资金保障 b_4	中央集中彩票公益金大学生创新创业教育专项资金执行率高、绩效评价好 c_8
		学校安排相关专项资金,持续支持创新创业教育改革 c_9
教育过程 ($a_2 = 0.5$)	培养方案设计实施 b_5	定期修订人才培养方案,明确创新创业教育目标要求,设立创新创业必修学分 c_{10}
		根据学生创新创业实际,实施灵活的学籍管理方式 c_{11}
	课程建设 b_6	面向全体学生开设了高质量的新生研讨课、学科前沿、创业基础等必修课和选修课 c_{12}
		打造了创新创业教育专门课程模块 c_{13}

一级指标	二级指标	三级指标
教育过程 ($a_2 = 0.5$)	课程建设 b_7	自主建设了创新创业教育在线开放课程、选课人数达到一定规模 c_{14}
		重点打造了一批专创融合的特色示范课程 c_{15}
		自主编写了创新创业教育相关教材、建立了案例库 c_{16}
	教学创新 b_8	设立专门的创新创业教育教改立项,支持教师开展教学改革探索 c_{17}
		广泛使用启发式、讨论式、参与式教学,积极推广小班化教学、混合式教学、翻转课堂,构建线上线下相结合的教学模式,改革考核内容和方式,探索实施非标准答案考试等 c_{18}
	教师队伍 b_9	建立了创新创业教育专职教师队伍 c_{19}
		支持专业教师讲授创新创业类课程、指导学生创新创业实践 c_{20}
		聘请各行业优秀人才担任创新创业兼职导师、建有创新创业导师库,建有相应管理规范,实行动态调整 c_{21}
		面向教师开展创新创业教育相关培训 c_{22}
	实践训练 b_{10}	建有创新创业实践平台(含大学生创业园、创业孵化园、众创空间、科技园、校企联合实验室、创新创业活动中心等)c_{23}
		与行业企业、科研院所等共建一批校外创新创业实践平台(含创业实训或创业实习基地、创业孵化基地等)c_{24}
		积极实施大学生创新创业训练计划 c_{25}
	实践训练 b_{11}	组织开展"青年红色筑梦之旅"活动 c_{26}
		积极参加"互联网+"大学生创新创业大赛 c_{27}
		成立学生创新创业协会、创业俱乐部等 c_{28}
教育成效及特色示范 ($a_3 = 0.3$)	教育效果 b_{12}	创新创业教育学生覆盖面 c_{29}
		在校大学生参与创新创业实践比例 c_{30}
		创新创业教育改革获省部级教学成果奖情况 c_{31}
		影响和带动其他高校情况 c_{32}
	社会效益 b_{13}	落地项目数 c_{33}
		带动就业人次 c_{34}
		应届毕业生创业情况 c_{35}
		毕业五年内学生创业情况 c_{36}
	特色项目 b_{14}	学校在创新创业教育实施中取得最为突出的业绩或重大改革创新,形成具有学校特色的典型经验和模式,具有可复制、可推广价值的举措 c_{37}

其中 a_1、a_2、a_3 为已确定一级指标在深化创新创业教育改革示范校建设评估标准中所占的权重,分别是组织保障($a_1 = 0.2$)、教育过程($a_2 = 0.5$)、

教育成效及特色示范（$a_3 = 0.3$），委托或组织由相关方组成的标准化技术委员会对二级指标、三级指标权重进行确认，保证各类指标框内权重总和等于母样本框权重值，如 $b_1 + b_2 + b_3 + b_4 = a_1$、$c_1 + c_2 = b_1$。

如以百分制对深化创新创业教育改革示范校建设成效进行评估，自一级指标基础上对建设成效自评成绩计算公式为 $N = \sum_{i=1}^{3} a_i n_i$，自二级指标基础上对建设成效自评成绩计算公式为 $N = \sum_{i=1}^{14} b_i n_i$，自三级指标基础上对建设成效自评成绩计算公式为 $N = \sum_{i=1}^{34} c_i n_i$。在此基础上，依据深化创新创业教育改革示范校建设分数进行示范校创新创业教育发展情况排名或发展指数排名，分数对应评价级别见表13。

表 13 深化创新创业教育改革示范校评价级别内容

分数段	评价级别
$N \geqslant 90$	A+
$90 > N \geqslant 85$	A
$85 > N \geqslant 80$	A−
$80 > N \geqslant 75$	B+
$75 > N \geqslant 70$	B
$70 > N \geqslant 65$	B−
$65 > N \geqslant 60$	C
$60 > N$	剔除示范校名单

评估维度上的高校体育产业创新创业教育标准建设在标准建设趋于完善时期应得到广泛应用，为高校体育产业创新创业教育的监督评估工作提供参考。评估制度除在创新创业教育改革示范校标准建设工作中可以开展以外，与级别维度融合在高校体育产业创新创业课程评价标准、师资评价标准建设内容中都可得到广泛运用。

四　中国高校体育产业创新创业教育标准建设的现实困境

（一）国家层面标准建设制度规划及任务内容亟待明确

《国务院办公厅关于深化高等学校创新创业教育改革的实施意见》作为高校创新创业改革的指导性文件，大大推动了我国各类型高校创新创业教育的发展，"完善人才培养质量标准"成为首要任务，其中规定不同层次、类型、区域高校要结合办学定位、服务面向和创新创业教育目标要求，制定专业教学质量标准，修订人才培养方案。但在具体实施过程中，体育职业技术学院站在"职业教育"与"高校创新创业教育改革"的政策高地，虽积极开展高校体育产业创新创业教育工作，但因缺乏国家层面标准建设制度规划指导，高校体育产业创新创业教育标准建设工作并未提上日程。我国15所体育院校近年来也广泛开展体育产业创新创业教育工作，高校体育产业创新创业教育标准研究已经出现，但总体而言体育院校创新创业教育发展相对滞后。一方面，相关标准建设确需国家层面规划指导；另一方面，"向上管理"的能量有限使得相关工作开展困难重重。综合类大学的体育学院/系/部的体育产业创新创业教育的发展参差不齐，部分高校凭借资源优势推动体育专业与其他专业创新创业教育结合发展，但多数高校因其师资、生源、环境、资源、体育专业定位等多重因素影响，对于体育产业创新创业教育处于"心有余而力不足"的状态，主要表现在师资力量不足、教育方法不明确、课程内容空洞、可调配资源较少等诸多方面，国家层面的标准建设制度规划及任务内容的完善在此时就显得尤为重要。

（二）地方层面体育领域教育标准建设意识有待提高

《教育部关于完善教育标准化工作的指导意见》中指出强制性标准、教育部规范性文件引用的推荐性标准为底线要求，鼓励地方结合实际出台并实施更高标准，并鼓励在细分领域、专业加强对我国教育标准的完善。我国《教育发

"十四五"规划》中也提出，围绕补齐省创新发展突出短板，强化政策供给和资源汇聚，突出分类办学凝练特色，全面提升高等教育核心竞争力和综合实力，此外要做到强化设区市政府统筹，因校施策，创新体制机制和政策供给，全面融入地方发展；在《体育事业发展"十四五"规划》中，也有因地制宜发展体育事业的表述。但体育领域作为高校创新创业教育的细分领域，在国家层面教育部门还未意识到高校体育产业创新创业教育标准建设的紧迫性，体育部门对于体育专业创新创业教育改革缺乏话语权，从而导致高校体育产业创新创业教育标准建设在国家层面缺少必要的政策支持与引导，省级教育部门、体育部门管理者也鲜有高校体育产业创新创业教育标准建设意识。体育领域创新创业教育标准建设既是新时代教育强省战略的组成部分，也是体育标准化建设的组成部分，提高地方政府指导高校体育产业创新创业教育标准建设意识对推动政、校、企协同发展，有效推动区域高质量体育人才培养有积极作用。

（三）体育院校创新创业教育标准建设示范引领作用并未显现

《教育发展"十四五"规划》中提出高水平大学、高水平专业在发展过程中应提升辐射作用，带动我国高等教育发展。2017~2018 年，教育部连续两年对创新创业教育改革示范高校进行评选，共选出 200 所创新创业教育改革示范校，体育院校及体育职业技术学院作为高等教育高质量体育人才培养的主要阵地，拥有相对丰富体育资源，本应引领创新创业教育标准建设工作开展。令人遗憾的是，全国 15 所体育院校以及 18 所体育职业技术学院无一上榜，体育院校以及体育职业技术学院在高校体育产业创新创业师资队伍建设、学分制度建设、课程体系建设、产学研融合发展等方面发展相对较慢，体育类高水平大学创新创业教育示范带动作用有限，体育院校创新创业教育标准建设研究处于萌芽状态，示范引领作用有限。

（四）体育产业创新创业教育标准建设科研成果支撑少

高校体育产业创新创业教育标准建设工作是建立在大量的科研与实践工作基础上的，在 2015 年《国务院办公厅关于深化高等学校创新创业教育改革的实施意见》的大力推动下，我国对于创新创业教育的研究呈现爆发式增长，创新创业教育各个细分领域的研究也不断出现，但对于高校体育产业创新创业教育领域的研究仍然较少（见图9、图10），无法满足创新创业教育标准全面、多元、科学的研制需求。2014~2021年在国家级社会科学基金项目入选名单中，仅有"新时代我国高校体育产业创新创业教育体系"这一体育领域创新创业的课题入选，我国高校体育产业创新创业教育标准建设只能在参考创新创业教育政策及研究成果基础上，对高校体育产业创新创业教育标准进行开发。形成可观察、可量化、可比较、可评估的高校体育产业创新创业教育标准的科学内容与体系任重道远。

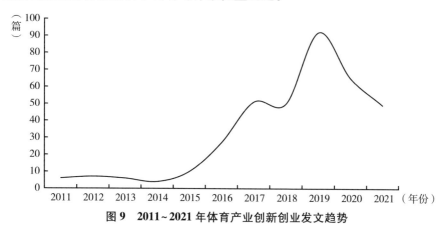

图9　2011~2021年体育产业创新创业发文趋势

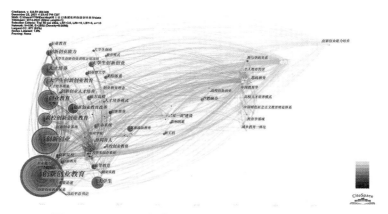

图10　2014~2021年高校创新创业教育关键词共现时区

体育产业创新创业教育研究不充分导致高校体育产业创新创业教育标准地域性、特质性、专业性研究滞后。《体育事业"十四五"规划》中提出要落实国家区域发展战略，推动体育事业协调发展。《体育学类教学质量国家标准》从培养目标与规格、教学方法与课程、教师素质与教学要求、教学设施与资源等诸多方面对各专业体育人才培养做出了不同的区分和要求。对于高校体育产业创新创业教育而言，在专项政策不健全、地方与高校重视程度相对较低、科研成果支撑少的背景下，高质量体育人才培养及"体创融合"相关研究较少，高校体育产业创新创业教育的特质性并未明确。因地制宜、因时制宜发展体育事业与体育产业是我国现阶段体育发展的主要任务之一，而目前高校体育产业创新创业教育的相关研究远不能满足标准建设需要，即既要在国家层面统筹地域间体育产业创新创业教育发展的共性，又要发现地域间体育产业创新创业教育发展的个性。在专业培养方面，高校体育产业创新创业教育已经由理念和教育方法向专业建设落实，高校体育产业创新创业教育标准如何与其他体育专业标准深度结合乃至融合，是摆在每一个体育人面前的难题。

（五）高校体育产业创新创业教育多元协同参与机制尚待发展

高校体育产业创新创业教育多元协同参与机制的发展既是高校体育产业创新创业教育标准的重要内容，也是高校体育产业创新创业教育标准建设工作面临的困境。一方面，现阶段高校体育产业创新创业教育发展"校政、校校、校企、校地、校所"融合发展机制尚未形成，政、产、学、研、用协同发展的理念并未得到广泛落实；另一方面，高校体育产业创新创业教育标准需要政府、地方、高校、科研院所、企业多方合作共同商讨，并推动各级各类标准的制定、使用、优化与完善，完成高校体育产业创新创业教育标准与人才培养标准、专业建设标准、师资评定标准的外部融合以及高校体育产业创新创业各要素教育标准的内部融合。可观察、可量化、可比较、可评估的高校体育产业创新创业教育标准的科学制定，离不开高校体育产业创新创业教育多元协同参与机制的发展。

五　中国高校体育产业创新创业教育标准建设推进策略

（一）及时推进高校体育产业创新创业教育标准顶层设计

推动高校体育产业创新创业教育标准顶层设计工作是现阶段高校体育产业创新创业教育标准建设的重要任务，其建立在创新创业教育标准建设、广泛的研究以及组织各方调研的基础上，应由教育部门主导，体育部门、国家标准化管理委员会协同，国家各部门积极配合推动工作开展。在示范校评估、师资评定、课程评估、高素质体育人才培养等方面要注重与创新创业改革示范校评估标准、创新创业导师人才库评定标准、高等教育课程建设标准、国家高等教育标准的衔接，将高校体育产业创新创业教育标准纳入国家高等教育标准体系建设中。

（二）加大高校体育产业创新创业教育标准建设支持力度

地方政府应依托区位优势、资源特点、环境特点、人才优势，在高校体育产业创新创业教育研究、高校体育产业创新创业标准建设、高校体育产业"政、产、学、研、用"合作交流等领域积极参与、加大投入。有条件的地区可鼓励在本地区内开展高校体育产业创新创业教育改革试点工作，支持建设体育产业创新创业教育改革示范校，优化高校体育产业创新创业教育标准建设内容，助力高校体育产业创新创业教育标准顶层设计工作开展。

（三）发挥体育院校体育产业创新创业教育示范引领作用

体育院校作为政策、资源积聚高地，应充分发挥自身体育产业创新创业教育发展示范带动作用，积极参与创新创业教育改革示范校建设工作，开展体育产业创新创业课程建设、平台建设等。根据相关工作经验，积极开展产学研交流合作以及高校体育产业创新创业教育科研工作。积极主导高校体育产业创新创业标准研制，支持高校体育产业创新创业标准委员会建设。注重以新时代我国教育改革战略与体育发展战略为引导，将新理念、新要素纳入高校体育产业创新创业教育标准研制工作中。

（四）鼓励多方参与体育产业创新创业教育标准研究工作

鼓励体育院校、综合类大学体育院/系/部、体育职业技术学院加强交流沟通，共同推进高校体育产业创新创业教育标准研制。鼓励"政、产、学、研、用"各方参与高校体育产业创新创业教育标准研究工作，形成政策驱动、产业配合、高校与科研院所主导、社会企业积极参与的高校体育产业创新创业教育标准体系建设的强大合力。要深挖高校体育产业创新创业教育地域性、特质性、专业性特点，为高校体育产业创新创业教育标准建设奠定更加坚实的理论基础。

（五）建立高校体育产业创新创业教育多元协同参与机制

地方政府、高校、科研院所、体育产业基地与企业要加强《国务院办公厅关于深化高等学校创新创业教育改革的实施意见》等政策落实，建立健全高校体育产业创新创业教育多元协同参与机制。高校体育产业创新创业教育标准研制应得到政府、高校、科研院所、体育产业基地与企业等各方的广泛支持，并聘请各界专家组成高校体育产业创新创业标准研制委员会，对标准内容进行反复研讨、修改、优化。要充分听取各利益相关方意见，确保高校体育产业创新创业教育标准在实施过程中得到广泛认可。

结束语

高校体育产业创新创业教育标准的研制是一个基础性工程，其既要与我国高等教育标准体系相衔接，又要结合体育产业与体育专业特点展开研制，这需要各方共同努力丰富高校体育产业创新创业教育研究成果，以推动我国高校体育产业创新创业教育标准顶层设计并助力高校体育产业创新创业教育标准研制工作开展。

参考文献

陈丽、李波、郭玉娟、彭棣:《"互联网+"时代我国基础教育信息化的新趋势和新方向》,《电化教育研究》2017年第5期。

魏东、陈晓江、房鼎益:《基于SOA体系结构的软件开发方法研究》,《微电子学与计算机》2005年第6期。

熊秉德、李定仁:《教学论》,人民教育出版社,2002。

谢维和:《分层、标准化与证书——高等教育内部影响毕业生就业的因素分析》,《中国高等教育》2004年第8期。

宣绚、程建钢、王学优:《标准化基础教育资源库的研究与设计》,《电化教育研究》2003年第4期。

杨琰华:《教育管理信息系统互操作标准化研究概述》,《开放教育研究》2003年第1期。

尹志华:《中国体育教师专业标准体系的探索性研究》,华东师范大学博士学位论文,2014。

杨兆山、金金:《建设"标准化学校"搭建义务教育均衡发展的操作平台》,《东北师大学报》(哲学社会科学版)2005年第5期。

周湘林:《大数据时代的教育管理变革》,《中国教育学刊》2014年第10期。

中国高校体育产业创新创业指数构建

李冠南*

摘 要： 体育产业创新创业作为新兴领域，既是"双创"经济发展中的经济支柱，又是国家推进体育强国、健康中国、全民健身等多项国家战略中的重要一环。中国高校体育产业创新创业指数构建是形成具有我国特色体育产业创新创业评价体系的根本性、基础性制度设计。本文采用系统论、制度经济学、社会生态学分析范式，多层次分析法、权重赋值法、综合公共政策学、管理学、法学、战略学等多学科理论方法，以大数据为基础，以创新创业指数为量化考核指标，建立形成一整套现代体育产业创新创业评价体系。高校体育产业创新创业指数体系的构建可以在一定程度上对高校体育产业创新创业工作进行评价得出量化结果，不断提高我国高校体育产业创新创业工作的开展。

关键词： 发展指数构建 高校创新创业 体育产业 创新创业要素

一 前言

体育产业创新创业，特指在体育产业领域开展的创新创业活动，体育产业创新创业是体育产业+创新+创业的三位一体结构。以体育为载体，创新

---

* 李冠南，北京体育大学 2022 级博士研究生，主要研究方向为体育公共政策、创新创业教育。

是内核，创业是运转形式，并将体育专业理论、创新创业教育相关知识与体育产业化结构知识进行融会贯通，丰富学生知识结构水平，不断完善我国体育创新创业能力，使我国体育产业创新创业领域取得突破性提高，为体育创新创业教育工作提供坚实的基础条件，为培养具有体育创新创业知识的体育专业人才奠定坚实基础。

体育产业创新创业指数是以大数据为基础、以创新创业指数为量化考核指标，建立形成的一整套现代体育产业创新创业评价体系。高校体育产业创新创业评价体系的构建，对完善和优化体育产业创新创业工作的开展具有重要作用。指数构建最核心的一步就是构建指标体系，指标体系包含三个要素：一定的构成元素（即指标 E），相应的结构层次 S，以及反映指标间关系的量或指标对研究对象影响的重要程度的量（即权重 W）。即指标体系是由 E、S、W 三元数组相互联系、相互作用构成的有机整体，$Z=f（E，S，W）$。对于指标体系的建立，主要有两种方法：定性分析法和定量分析法。人们一般用定性分析的方法，借助于专业知识，先建立一个较为粗糙和全面的指标体系（初选），然后再对该指标体系进行筛选。

二 我国高校体育产业创新创业指数体系的生成逻辑

我国高校体育产业创新创业指数是衡量高校体育产业创新创业发展状况的有效抓手，也为研究后序推进提供了重要"工具"。对我国高校体育产业创新创业指数体系发展规律进行解读，从理论层面与实践层面对我国高校体育产业创新创业指数的生成逻辑进行双重剖析，对提高我国高校体育产业创新创业工作水平具有积极推动作用。

（一）我国高校体育产业创新创业指数体系生成的政策逻辑

自李克强总理在 2014 年 9 月夏季达沃斯论坛上提出"大众创业、万众创新"号召以来，我国高校创新创业教育改革随即启动。2015 年 5 月国家发布《关于深化高等学校创新创业教育改革的实施意见》，正式吹响我国创新创业教育改革号角。"十四五"伊始，国务院办公厅发布《关于进一步支持大学生创新创业的指导意见》（国办发〔2021〕35号），明确提出"将创新创业教育贯穿人才培养全过程"。构建中国体育产业创新创业指数可以使用数字化的形式对高校创新创业工作进行量化数据比较，从而对优秀高校体育产业创新创业工作经验进行分享或改进部分高校工作中的不足。将体育产业创新创业作为新兴领域，既是"双创"经济发展中的经济支柱，又是国家推进体育强国、健康中国、全民健身等多项国家战略中的重要一环。新时代的迅速发展，推动着我国加快由"体育大国"向"体育强国"的转变，为更快适应体育创新创业领域发展的新要求，落实国家体育发展战略，体育产业创新创业指数体系构建应运而生。

（二）我国高校体育产业创新创业指数体系生成的文化逻辑

中华民族五千年的优秀传统思想流传至今，中国共产党的最高目标是实现共产主义，这与中华民族"天下为公"的大同思想具有异曲同工之妙。实现中国梦，实现体育梦，实现中华民族的伟大复兴，都激励着我们每一个中华儿女。一代人有一代人的使命，一代人有一代人的长征，"不忘初心、牢记使命"深深印刻在我们每一位华夏子民的心中，而中国共产党人的初心和使命是为中华民族谋复兴、为中国人民谋幸福，这也与我国的一些文化思想不谋而合。后疫情时代，我们更是看到了全体中华儿女的万众一心、同甘共苦，将涓滴之力汇聚成磅礴伟力。体育属于社会公共文化的一部分，更是中华传统文化中不可或缺的因素之一。我们面对各种未知的挑战，需要对我们的传统文化推陈出新，"取其精华，去其糟粕"实现"扬弃"，在发展中继承，在继承中创新，在创新中发展，以文化素质作为理论基础，创新体育产业显得尤为重要。

（三）我国高校体育产业创新创业指数体系生成的实践逻辑

创新我国高校体育产业创新创业指数工作评价体系，创建具有我国特色社会主义体育发展的一整套现代体育产业创新创业评价体系，来促进我国高校体育产业的健康有序发展。以我国现阶段体育社会发展的现实情况作为实践基础，运用量化指标体系对我国体育产业创新创业工作进行评价，提高评价体系在我国体育领域中的应用程度，用体育创新创业指数衡量高校体育创新创业工作的业务能力，可以实现高校领域内的资源优势互补，促进我国体育产业创新创业指数评价体系的全面推广。从现阶段的体育发展情况来看，我国体育产业创新创业指数发展尚未取得根本性突破，实践层面更是显得异常薄弱。基于此，构架中国高校体育产业创新创业指数体系显得尤为必要。

三　我国高校体育产业创新创业工作的指数构建

我国高校创新创业工作的指数构建涉及多个领域，从指导人员和高校领导对于创新创业工作支持的视角进行调研，了解我国高校体育产业创新创业工作指数构建存在的问题与困境，弄清我国高校体育产业创新创业指数构建工作的开展程度，构建符合我国社会主义特色的指数评价体系，为我国建设体育强国目标提供研究基础。

（一）我国高校体育产业创新创业工作的了解程度

我国高校体育产业创新创业工作作为新兴领域，具有一定不确定性，学生作为高校体育产业创新创业中的主体，对高校体育产业创新创业工作起决定性作用。体育产业创新创业教育政策又对体育产业创新创业工作起引领作用。如表 1 所示，从我国高校学生对体育产业创新创业教育政策的了解程度来看，一般了解占比最高（占总数的 29.50%），根本不了解占比最低（占总数的 5.50%），比较了解（占总数的 25.20%）比非常了解（占总数的 15.40%）人数占比高出 9.8 个百分点。在非常了解政策人群中大二年级人数占比最高（占非常了解总数的 4.90%）；在不太了解政策人群中大一年级占比最高（占不太了解总数的 8.00%）。

表1 对体育产业创新创业教育政策的了解各年级的交叉分析

单位：%

选项	A 大一	B 大二	C 大三	D 大四	E 大五	F 研一	G 研二	H 研三	I 其他	总计
A 非常了解	3.30	4.90	4.20	1.60	0.00	0.50	0.50	0.20	0.20	15.40
B 比较了解	6.20	7.60	5.80	2.80	0.00	0.90	0.80	0.40	0.70	25.20
C 一般了解	9.50	8.30	5.10	2.40	0.10	1.60	1.10	0.40	1.00	29.50
D 不太了解	8.00	7.50	3.10	1.80	0.00	1.70	0.90	0.30	1.00	24.30
E 根本不了解	1.60	1.90	0.60	0.40	0.00	0.40	0.20	0.20	0.20	5.50
总计	28.60	30.20	18.80	9.00	0.10	5.10	3.50	1.50	3.10	100.00

资料来源：《中国高校体育产业创新创业教育现状调查问卷（2022）》。

研究结果表明，我国高校学生对体育产业创新创业教育政策的了解程度总体占比较高，根本不了解的学生占比仅为5.50%；在不太了解政策人群中大一学生占比最高，这与大一学生刚刚进入大学校园、在逐渐适应大学的学习方式、脱离高中硬性规定的学习规律、难以注意到对体育产业创新创业教育政策有关；大二学生已经融入校园生活，课余压力与学业压力并不繁重，积极参加创新创业活动又是当前大学生的主要活动方向，因此大二学生在了解体育产业创新创业政策人群中占主要比例。总体来看，我国体育产业创新创业教育政策在我国高校学生中了解普及程度较高，对我国高校体育产业创新创业工作的开展奠定了政策与理论基础。

为进一步了解我国高校学生对体育产业创新创业教育政策的了解，我们可以使用单因素分析曲线来判定高校学生对创新创业教育政策的了解程度。调查结果表明，民办专科且年龄在22~23岁的学生对体育产业创新创业教育政策了解程度最高（预测值在1.7左右），同样，公办专科且年龄在22~23岁的学生、民办本科且年龄在24~25岁的学生、公办本科且年龄在22~23岁的学生对体育产业创新创业教育政策了解程度均为最高。除民办本科19岁及以下与26岁及以上学生对体育产业创新创业教育政策了解程度较低以外（预测值>3.25），其余不同类型学生对体育产业创新创业教育政策均为一般了解以上程度（见图1）。可见，我国高校学生对国家出台的体育产业创新创业教育十分重视，推进高校体育产业创新创业教育发展符合我国新时代体育发展的总体目标。

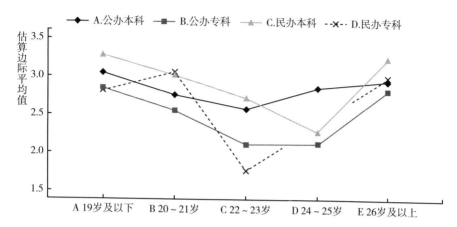

图1 不同学校类型学生对体育产业创新创业教育政策的了解情况单因素分析（单因素分析线形图预测值标注 2.5＝标准线）

资料来源：《中国高校体育产业创新创业教育现状调查问卷（2022）》。

对高校学生的不同身份进行调查发现：在校专科生对体育产业创新创业教育政策非常了解占比最高（占总数的28.3%）；在校本科生对体育产业创新创业教育政策一般了解占比最高（占总数的29.4%）；在校研究生对体育产业创新创业教育政策一般了解程度（占总数的30.6%）仅比不太了解（占总数的29.5%）高出1.1个百分点（见图2）。

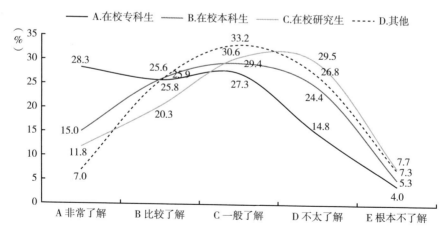

图2 不同身份类型学生对体育产业创新创业教育政策的了解情况分析

资料来源：《中国高校体育产业创新创业教育现状调查问卷（2022）》。

以上研究结果表明，我国高校学生普遍对体育产业创新创业教育政策了解程度较高，在校本专科生的了解程度高于在校研究生，高校本专科生的时间较为充足，是参与国家创新创业比赛活动的主要人群，而在校研究生的学术专业领域较为细分，因此对高校体育产业创新创业教育政策了解程度略低于本专科生的了解程度。总体来看，我国高校体育产业创新创业工作有较好的学生群众基础，对开展体育产业创新创业工作提供了强有力的基础保障，为建设社会主义现代化体育强国指明了明确方向。

（二）我国高校体育产业创新创业工作的师资来源

高校体育产业创新创业工作的主体是学生，提高学生的体育产业创新创业能力中师资队伍建设显得尤为重要，通过专业化老师的指导可以更好地提高学生的双创水平。调查结果显示，我国体育高校中配备体育产业创新创业指导教师的占比为57%（占总数），未配备体育产业创新创业指导教师的占比为43%（占总数），配备体育产业创新创业指导教师的比例比未配备体育产业创新创业指导教师的比例高出14个百分点（见图3）。

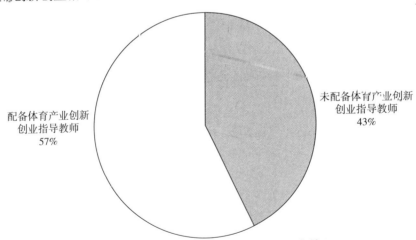

图3 高校体育产业创新创业指导教师配备情况

资料来源：《中国高校体育产业创新创业教育现状调查问卷（2022）》。

创新创业课程的师资队伍建设对指导学生进行创新创业课程的发展水平会起到一定的影响作用。调查结果显示，我国现阶段高校创新创业课程的师资来源以专职教师为主（占总数的 64.40%），辅导员与学校行政管理人员占比较为接近（分别为 30.83% 与 31.84%），学校就业指导中心人员占比相对较小（占总数的 27.29%）（见图 4）。

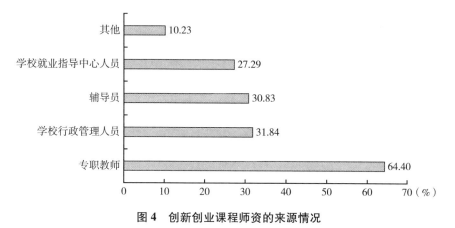

图 4　创新创业课程师资的来源情况

资料来源：《中国高校体育产业创新创业教育现状调查问卷（2022）》。

为进一步了解体育产业创新创业课程的师资来源情况，对我国开展体育产业创新创业课程的高校进行多重响应分析发现：专职教师占比最高（占师资来源的 58.53%）；教学教辅人员占比位居第二（占师资来源的 50.18%）；学校行政管理人员位居第三（占师资来源的 32.64%）；辅导员位居第四（占师资来源的 32.04%）；学校就业指导中心人员位居第五（占师资来源的 30.50%）；企业管理专家、政府行政管理人员、风险投资或银行管理人员与社会组织管理者占比均为 10% 左右（见表 2）。

表 2　开展体育产业创新创业课程与体育产业创新创业教师来源的多重响应

类别	数量及百分比	数值
专职教师	计数（人）	3594
	占体育产业创新创业教师的百分比（%）	58.53
教学教辅人员	计数（人）	3081
	占体育产业创新创业教师的百分比（%）	50.18
学校行政管理人员	计数（人）	2004
	占体育产业创新创业教师的百分比（%）	32.64

类别	数量及百分比	数值
辅导员	计数（人）	1967
	占体育产业创新创业教师的百分比（%）	32.04
学校就业指导中心人员	计数（人）	1873
	占体育产业创新创业教师的百分比（%）	30.50
企业管理专家	计数（人）	912
	占体育产业创新创业教师的百分比（%）	14.85
政府行政管理人员	计数（人）	684
	占体育产业创新创业教师的百分比（%）	11.14
风险投资或银行管理人员	计数（人）	474
	占体育产业创新创业教师的百分比（%）	7.72
社会组织管理者	计数（人）	447
	占体育产业创新创业教师的百分比（%）	7.28
其他	计数（人）	585
	占体育产业创新创业教师的百分比（%）	9.53
总计	计数（人）	6140
	占总计的百分比（%）	100.00

以上研究结果表明，我国高校创新创业课程的师资来源以专职教师与辅导员为主体，积极响应国家"大众创业、万众创新"号召，培养高校学生的创新创业能力。而体育产业创新创业课程的师资队伍建设则融合了多方面的师资队伍来源，形成了以专职教师为主、辅导员与就业指导中心人员为辅、社会多层面以及专业行业管理人员参与的多元化师资队伍建设体系。总体来看，我国高校体育产业创新创业课程开设程度仍需提高，将近一半的高校没有开始体育产业创新创业课程，因此，树立体育产业创新创业意识，在加强创新创业课程建设中发展体育产业创新创业课程是我国提高体育产业创新创业能力的关键环节。

（三）我国高校体育产业创新创业工作的资金来源

资金来源在我国高校体育产业创新创业工作中处于运转核心地位，任何一个组织或机构，没有资金来源作为支持就无从谈起。体育产业创新创业项目想要健康有序发展，需要对资金进行计划与控制、合理规划资金的使用途径，提高自身项目运转水平。研究结果表明，处于研究分析阶段的项目占比最高（占总数的 37.51%），处于筹备阶段的位居第二（占总数的 37.07%），开始投入运营的位居第三（占总数的 20.96%），获得校外投资的占比最小（占总数的 4.46%）（见表 3）。现阶段我国高校体育产业创新创业训练计划项目主要停留在研究分析与筹备阶段，仅有一部分开始投入运营，获得校外投资的项目则是少之又少。因此，我们应提高体育产业创新创业训练计划项目的实践能力，注意校企结合，加强体育产业创新创业项目的可执行性，在一定程度上保证具有可行性的体育产业创新创业项目顺利落地孵化。

表 3　是否参与了体育产业创新创业训练计划（项目）
与计划（项目）所处阶段的交叉分析

选项	数量及百分比	-3	A 研究分析阶段	B 筹备阶段	C 开始投入运营	D 获得校外投资	总计
A 是	计数（个）	0	689	681	385	82	1837
	占项目的百分比(%)	0.00	37.51	37.07	20.96	4.46	100.00
B 否	计数（个）	8956	0	0	0	0	8956
	占项目的百分比(%)	100.00	0.00	0.00	0.00	0.00	100.00
总计	计数（个）	8956	689	681	385	82	10793
	占项目的百分比(%)	82.98	6.38	6.31	3.57	0.76	100.00

注：-3 为缺失值。

资料来源：《中国高校体育产业创新创业教育现状调查问卷（2022）》。

　　为进一步了解体育产业创新创业课程的资金来源情况，对计划（项目）团队人数与计划（项目）所获高校资助情况进行交互分析发现：计划团队 1~5 人的团队中获得高校资助 3000 元及以下的占比最高（占总数的 39.26%），获得高校资助 50000 元以上的占比最低（占总数的 3.93%）；计划团队 6~10 人的团队中获得高校资助 5001~10000 元的占比最高（占总数的 33.28%），获得高校资助 50000 元以上的占比最低（占总数的 5.85%）；计划团队 11~15 人的团队中获得高校资助 5001~10000 元的占比最高（占总数的41.05%），获得高校资助无投资和3000元及以下的占比最低（均占总数的4.15%）；计划团队16~20人的团队中获得高校资助10001~50000元的占比最高（占总数的40.12%），获得高校资助无投资的占比最低（占总数的1.74%）；计划团队20人以上的团队中获得高校资助50000元以上的占比最高（占总数的28.00%），获得高校资助无投资的占比最低（占总数的5.60%）（见表4）。

表4 计划（项目）团队人数与计划（项目）所获高校资助情况的交叉分析

团队人数	数量及百分比	-3	3000元及以下	3001~5000元	5001~10000元	10001~50000元	50000元以上	无投资	总计
-3	计数（人）	8956	0	0	0	0	0	0	8956
	占计划团队人数(%)	100.00	0.00	0.00	0.00	0.00	0.00	0.00	100.00
A 1~5人	计数（人）	0	190	77	57	33	19	108	484
	占计划团队人数(%)	0.00	39.26	15.90	11.80	6.80	3.93	22.30	100.00
B 6~10人	计数（人）	0	66	162	199	84	35	52	598
	占计划团队人数(%)	0.00	11.00	27.10	33.28	14.00	5.85	8.70	100.00
C 11~15人	计数（人）	0	19	69	188	133	30	19	458
	占计划团队人数(%)	0.00	4.15	15.10	41.05	29.00	6.60	4.15	100.00
D 16~20人	计数（人）	0	5	18	58	69	19	3	172
	占计划团队人数(%)	0.00	2.90	10.50	33.70	40.12	11.00	1.74	100.00
E 20人以上	计数（人）	0	12	15	24	32	35	7	125
	占计划团队人数(%)	0.00	9.60	12.00	19.20	25.60	28.00	5.60	100.00
总计	计数（人）	8956	292	341	526	351	138	189	10793
	占计划团队人数(%)	83.00	2.70	3.20	4.90	3.30	1.30	1.80	100.00

资料来源：《中国高校体育产业创新创业教育调查问卷（2022）》。

研究结果表明，计划（项目）团队人数与所获高校资助情况成正相关趋势，项目团队人数越多，所获得的高校资金支持就越多。团队人数较少的项目一般情况下项目规模不大，所需资金支持不需太多；而团队人数较多的项目通常是具有一定规模的体育产业创新创业项目，能受到高校重视，获得较多资金支持确保项目实施发展；但仍有项目团队无任何投资，导致项目只建立于理论层面，难以落地于实践层面。因此，我国高校应在一定程度上对体育产业创新创业项目全方位提供资助，更好地获取体育产业创新创业项目的资助资金，促进高校体育产业健康有序发展。

（四）我国高校体育产业创新创业工作的课程构建

专业知识对提升专业能力起着至关重要的作用，学生只有经过专门的体育产业创新创业课程内容的培训与指导，才会对体育产业创新创业项目做到融会贯通。研究结果表明（见表5），我国高校体育产业创新创业课程内容开设情况以创新创业概论为主（占所开设内容的66.20%），而体育产业创新创业概论最少仅为开设内容总数的31.10%，创新类课程、创业类课程与经营管理类课程的开设总量也均不足半数（分别为49.10%，47.90%与44.20%）。由此可见，现阶段我国高校开设的体育产业创新创业类课程，重点仍围绕创新创业概论，对于体育产业创新创业概论的讲授并不普及，这就可能会导致学生只对创新创业概况加以了解，难以延伸到体育产业创新创业领域，对所出现问题难以应对。

表5 学生年级与体育产业创新创业课程内容情况的交叉分析

单位：%

年级	创新创业概论	创新类课程	创业类课程	经营管理类课程	体育产业创新创业概论	其他	总计
A 大一	18.60	12.80	11.40	9.60	9.00	4.30	25.50
B 大二	19.70	14.80	14.40	13.40	8.20	2.80	29.70
C 大三	14.30	11.20	12.00	11.40	6.60	1.50	23.30
D 大四	6.70	5.40	5.20	5.00	3.40	0.60	10.70
E 大五	0.10	0.10	0.10	0.10	0.00	0.00	0.20
F 研一	2.50	1.70	1.50	1.50	1.30	0.40	3.60
G 研二	1.90	1.40	1.70	1.40	1.10	0.30	3.20
H 研三	0.60	0.50	0.50	0.50	0.40	0.00	1.00
I 其他	1.80	1.20	1.10	1.30	1.10	0.40	2.80
总计	66.20	49.10	47.90	44.20	31.10	10.20	100.00

资料来源：《中国高校体育产业创新创业教育调查问卷（2022）》。

研究结果表明，我国高校体育产业创新创业课程内容的开设虽种类较多，但仍存在内部课程占比分配不均的问题，高校应根据学生特点，结合自身发展优势，依托专业教师与社会实习基地，响应国家创新发展战略，对体育产业创新创业课程体系进行合理配置，建立高校体育产业创新创业课程体系，以课程体系作为衡量高校体育产业创新创业工作的一个重要硬性指标，推动我国高校体育产业创新创业指数评价体系的建立与完善。

四　我国高校体育产业创新创业指数构建路径

我国高校体育产业创新创业指数体系运用数字化的方式构建出我国高校体育产业创新创业指数工作评价指标体系，而且可以更好地对我国高校创新创业工作进行优化和完善。高校体育产业创新创业指数体系在我国创新创业体系中处于核心地位，对体育产业创新创业指数评价体系的实践落地起推动性作用，也是我国提升现代化体育治理水平与能力的重要体现。

（一）我国高校体育产业创新创业评价范围

我国高校体育产业创新创业指标体系的构建运用政策理论依据与具体实践指标相结合的方式建立。基于上述体系构建参照法规，参照国务院颁布的《关于推动创新创业高质量发展打造"双创"升级版的意见》（国发〔2018〕32号），强化大学生创新创业教育培训，把创新创业教育和实践课程纳入高校必修课体系。我国高校创新创业教育是一个系统化的教育工程，教育过程的起点是学校实施创新创业教育，终点是培养提高大学生的整体素质和创业能力。在这一教育实践过程中既离不开教育主体与客体——创新创业教育工作者与学生，也离不开组织实施教育的组织机构和保障条件。因此，本文将构成我国高校体育产业创新创业指数的影响因素分为六个方面：法规制度、社会氛围、课程体系、师资力量、平台服务、资源保障，如图5所示。

1. 法规制度

"我国经济发展要突破瓶颈、解决深层次矛盾和问题，根本出路在于创新。"[①]

[①] 教育部：《扎根中国　争创世界一流——重温党的十八大以来习近平总书记考察高校的讲话》，http://www.moe.gov.cn，最后检索时间：2022年7月31日。

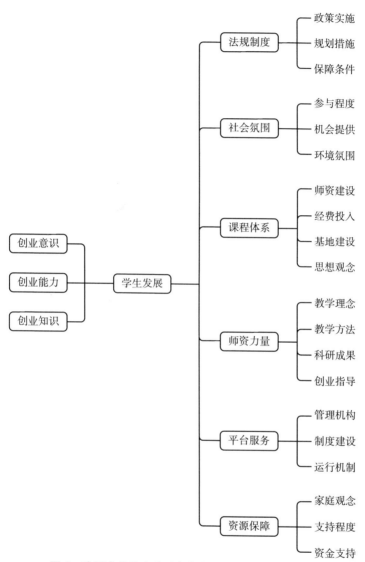

图5 我国高校体育产业创新创业指数评价指标结构

作为创新发展理念的倡导者和创新发展战略的组织者，政府应从观念革新、职能转变、政策供给、机制建设等方面着力，不断推动创新发展。高校体育产业创新创业作为创新发展中的新兴领域，对推动我国整体创新发展具有重要意义。观念革新是保证政府前进性的重要一环，与过去的体育传统理论相比较而言，创新发展理念注重创新驱动，尤其是科技创新的牵引功能，重视人力资源的开发利用，强调人与自然和谐共生。

政府法律法规的制定对于我国高校体育产业创新创业发展具有一定的政策导向作用，2015 年 5 月国家发布《关于深化高等学校创新创业教育改革的实施意见》，正式吹响我国创新创业教育改革号角。"十四五"伊始，国务院办公厅发布《关于进一步支持大学生创新创业的指导意见》（国办发〔2021〕35 号），明确提出"将创新创业教育贯穿人才培养全过程"。《中共中央关于制定国民经济和社会发展第十四个五年规划和二〇三五年远景目标的建议》明确提出"人才强国""教育强国""建设高质量教育体系"等任务要求。创新创业教育是提高学生创新能力与素质的重要举措。制度建设是政府推动创新发展的根本保障。实施创新驱动发展战略最紧迫的任务是建立适应创新发展要求的发展体制和发展机制。政府用政策引领高校体育产业创新创业发展，为高校体育产业发展指明了方向，奠定了政策保障基础。

2. 社会氛围

新冠肺炎疫情对我国经济环境与社会环境带来了极为严重的影响与挑战。在疫情防控常态化背景下，保证国民经济健康发展、稳步保持提升社会经济发展水平、稳定民生，是促进社会经济高质量平衡发展的根本保证。实现疫后重振和高质量发展，需从社会层面对创新创业工作进行多方面、全方位的支持，采取差异化策略推进社会各方面健康稳步发展，提高创新创业领域对社会的稳步支持，优化产业结构。制定高层次人才吸纳计划，增强高质量人才发展，鼓励社会组织对体育产业创新创业领域的积极参与，解决体育产业创新创业领域面临的现实困难。使我国在疫情影响下的利益损失最小化，推动新兴领域发展，以创业带动就业，发挥政府在资源配置中的基础性作用，发挥其公共服务职能，保证社会供给、稳定民心。积极搭建各类创新、就业平台，满足人民群众的交流空间需求。给予一些优惠创业政策，积极宣传，提升社会力量创新信心，使其更好融入后疫情时代的社会发展。

3. 课程体系

学校作为学生参与创新创业活动的主要载体，为创新创业教育基础奠定良好的保障条件、创造浓郁的创新创业氛围，才可能有效地实施创新创业教育工作，获得丰硕的创新创业教育成效。学校应积极主动发挥其自身的能动作用，着力提高学校创新创业师资队伍建设，不断完善自身课程体系建设，培养创新创业导师，为学生所参与的创新创业项目提供科学高效的指导经验，带动高校创新创业能力水平提升。树立创新创业教育的思想观念，转变教育观念，确立以人为本、面向社会、终身教育和培养创业型人才为核心的教育理念并将创新创业教育纳入工作议程，把培养学生创新创业素质放在学校工作的中心位置，将创新创业教育纳入学生培养的全过程体系。加强学校对创新创业项目的经费投入，加强创新创业项目的落地能力，使学生进行从理论到实践的过程转变，对优秀项目予以经费支持，提高项目的可行性。努力建设校内外创新创业教育实验室、创新创业园、创业孵化基地和产学研合作基地，为培养学生创新创业能力素质提供直接、宽容的教育环境，为高校学生创新创业发展提供孵化基地，促进项目成型，建设具有我国高校自身特色的课程体系。

4. 师资力量

教师是实现创新创业教育的根本保障，也是学生参加创新创业项目中的直接指导者，其行为活动对创新创业教育成效产生着极为关键的影响。众所周知，创新创业教育并非短期内就能实现的目标，因此要注重更深层次的发展，打造良好的发展模式，注重对高校教师自身能力的提高，在教师教学过程中倡导创新教育理念，让全体师生参与进来。教师应具有超前的教育观念，自觉积极地开展创新创业教育活动，提高对创新创业领域知识的普及；能够运用合理的教学方法创造健康有序、宽松和谐、开放高效、激励上进的创新创业教育课堂氛围。同时注重专业教学渗透创新创业教育使教学活动具有专业知识掌握和创业能力素质培养的双重功效；以团队或个人形式取得科技创新成果、科研成果及获奖为推动学校创新创业教育工作起到积极的促进作用，以自身科研经验鼓励学生积极参与创新创业活动，丰富学生的学习经历。

5. 平台服务

平台服务管理模式是否健全、管理是否到位是我国高校体育产业创新创业教育工作的重要体现也是关键的影响因素。学校应建立高校创新创业教育领导小组，设置独立或挂靠相关部门的创新创业教育管理机构，形成一个组织结构相对完善的管理组织结构网络。同时设立专、兼职管理人员负责组织全方位的体育产业创新创业教育工作开展。学校应根据国家发展战略制定符合学校自身实际情况的体育产业创新创业教育管理制度，并不断完善高校管理组织运行机制，保证高校创新创业组织机构的良好运行。建立高校体育产业服务平台，提高高校体育产业创新创业发展能力，及时解决高校体育产业创新创业发展工作中遇到的工作困难，为建设我国高校体育产业创新创业评价体系提供高效的服务管理机制。

6. 资源保障

大学生是国内创新创业活动参与的主要力量，其创业意愿却往往受到很多因素的影响，提供良好的资源保障可以提高学生参与体育产业创新创业工作的兴趣。整理国内现有研究资料可以发现学生创新创业家庭方面的影响因素主要分为以下几个方面：父母的受教育水平、父母的职业、父母的创业经历、家庭经济水平。家庭是学生除了学校以外的主要活动场所，父母是学生的直接监护人，对有关子女成长的信息一般会给予较多关注。家庭也是学生在工作与生活中最主要的资源后盾，当前形势下，创新创业观念深入人心，冬奥会的成功举办使体育强国的观念深入人心，体育产业创新创业作为热门领域，进入家长的视野范围，家庭对子女的支持程度，在一定程度上起到关键作用，父母是子女最好的老师，父母以自身的观念影响子女，对带动子女积极响应创新创业活动、参与体育产业创新创业工作会起到事半功倍的效果。资源保障模式的建立为高校体育产业创新创业发展奠定了稳固的物质基础和资金支持，因此提高社会各界对高校体育产业创新创业工作的关注度、支持度，对实现我国体育强国目标具有积极作用。

7. 学生发展

学校创新创业教育工作水平最终反映在学生的能力素质和各类竞赛获奖等方面，这是创新创业教育活动的最终结果也是衡量创新创业教育绩效的重要一环。[①] 高校学生作为参与学校体育产业创新创业活动的主要力量，其自身的创业水平、创业能力、创业意识影响体育产业创新创业工作的开展。学生应树立创业意识，培养良好的创业心理，掌握创业知识，提高创业能力及学科素养，建立研究兴趣并积极参加创新创业活动，为体育产业创新创业教育打下良好的基础。

（二）我国高校体育产业创新创业发展指数构建模型

根据对影响我国高校体育产业创新创业指数的因素分析遵循评价体系的建立原则设计了三级评价指标体系。本文尝试确定出一级指标 7 项，二级指标 23 项，三级指标为评价观测点共 72 项作为参照（见表 6）。

表 6　我国高校体育产业创新创业指数评价指标体系

一级指标	权重	二级指标	权重	三级指标（评价观测点）	评测等级 A、B、C、D
1. 法规制度	0.12	1.1 政策实施	0.43	1.1.1 政策实施的进展程度	X
				1.1.2 政策实施中的阻碍条件	X
				1.1.3 政策对高校的支持方向	X
		1.2 规划措施	0.22	1.2.1 规划制定符合创新创业发展情况	X
				1.2.2 具体的规划措施与实施计划情况	X
				1.2.3 规划措施的受用范围	X
		1.3 保障条件	0.35	1.3.1 保障创新创业实施的组织机构	X
				1.3.2 保障手段与保障政策	X
				1.3.3 保障体系的组织工作计划	X

---

① 曹胜利：《大学生创业》，万卷出版社，2006，第 12 页。

一级指标	权重	二级指标	权重	三级指标（评价观测点）	评测等级 A、B、C、D
2. 社会氛围	0.06	2.1 参与程度	0.17	2.1.1 社会力量参与创新创业活动	X
				2.1.2 社会力量进校园工作计划	X
				2.1.3 社会人才指导项目情况	X
		2.2 机会提供	0.23	2.2.1 体育产业企业实习机会提供	X
				2.2.2 体育创新创业项目扶持计划	X
				2.2.3 优秀人才推荐与引进计划	X
		2.3 环境氛围	0.46	2.3.1 引导体育创新创业社会活动氛围	X
				2.3.2 形成社会管理关系网	X
				2.3.3 建立社会创新创业组织机构	X
3. 课程体系	0.09	3.1 师资建设	0.34	3.1.1 体育产业创新创业教师引进情况	X
				3.1.2 体育产业创新创业课程体系建立	X
				3.1.3 专任教师体育产业创新创业能力培养	X
		3.2 经费投入	0.36	3.2.1 实习基地建设情况	X
				3.2.2 孵化基地建设情况	X
				3.2.3 体育产业创新创业教育经费投入情况	X
				3.2.4 学生创业基金投入情况	X
		3.3 基地建设	0.12	3.3.1 校内创新创业基地建设情况	X
				3.3.2 校外创新创业基地建设情况	X
				3.3.3 体育产业创新创业项目基地建设情况	X
		3.4 思想观念	0.29	3.4.1 体育产业创新创业工作纳入学校整体工作计划	X
				3.4.2 体育产业创新创业教育目标-计划确立	X
				3.4.3 引导学校形成鼓励创业的学业气氛	X
4. 师资力量	0.18	4.1 教学理念	0.38	4.1.1 自觉提升体育产业创新创业理论知识	X
				4.1.2 将体育产业创新创业理论融入课程体系	X
				4.1.3 树立创新创业意识	X
		4.2 教学方法	0.16	4.2.1 理论基础与模拟课堂相结合	X
				4.2.2 专业教学渗透日常教学模式	X
				4.2.3 灵活多样地开展体育创新创业项目培训	X
				4.2.4 项目团队建设的集体创业模式	X

续表

一级指标	权重	二级指标	权重	三级指标（评价观测点）	评测等级 A、B、C、D
4. 师资力量	0.18	4.3 科研成果	0.37	4.3.1 创新创业获奖成果	X
				4.3.2 体育产业创新创业方向课题研究	X
				4.3.3 培养学生创新创业素质的科学研究课题情况	X
		4.4 创业指导	0.23	4.4.1 学生创新创业项目获奖情况	X
				4.4.2 担任创新创业导师情况	X
				4.4.3 指导体育产业创新创业项目数量	X
5. 平台服务	0.17	5.1 管理机构	0.28	5.1.1 体育产业创新创业教育的专门组织机构情况	X
				5.1.2 体育产业创新创业教育管理人员配置情况	X
				5.1.3 体育产业创新创业教育管理工作运行状态	X
		5.2 制度建设	0.23	5.2.1 制定体育产业创新创业教育管理制度情况	X
				5.2.2 制定体育产业创新创业教育教学制度情况	X
				5.2.3 制定体育产业创新创业教育工作考核制度情况	X
		5.3 运行机制	0.42	5.3.1 体育产业创新创业管理机构的运行情况	X
				5.3.2 组织内部协调的管理模式	X
				5.3.3 组织外部沟通的方法渠道	X
6. 资源保障	0.16	6.1 家庭观念	0.19	6.1.1 父母对于体育产业创新创业的了解程度	X
				6.1.2 父母对于新兴领域的接受能力	X
				6.1.3 家庭整体对子女参与创新创业活动的态度	X
		6.2 支持程度	0.43	6.2.1 对子女进行额外的创新创业课程培训	X
				6.2.2 对子女参与的项目予以物质支持	X
				6.2.3 对子女进行一对一的经验指导	X
		6.3 资金支持	0.21	6.3.1 社会各界对创新创业给予资金支持	X
				6.3.2 对参与的项目给予经济补助	X
				6.3.3 对参与项目进行奖励机制	X

续表

一级指标	权重	二级指标	权重	三级指标（评价观测点）	评测等级 A、B、C、D
7. 学生发展	0.21	7.1 创业意识	0.28	7.1.1 具有强烈的自主创业动机和欲望	X
				7.1.2 具有不断探索、知难而进、顽强拼搏的创业精神	X
				7.1.3 具有较强的创业危机感和风险意识	X
		7.2 创业能力	0.34	7.2.1 具有较强的专业领域的创新能力	X
				7.2.2 具有较强的分析判断能力、决策能力	X
				7.2.3 具有较强的承受风险与再次创业心理承受能力	X
				7.2.4 具有较强的组织协调与团队领导能力	X
		7.3 创业知识	0.32	7.3.1 具有扎实的体育产业创新创业知识和实践动手技能	X
				7.3.2 具有一定的企业管理知识与法律相关知识	X
				7.3.3 具有一定的风险投资和融资知识	X

（三）我国高校体育产业创新创业指数体系的评价方案框架

根据我国高校体育产业创新创业指数工作的基本要求、评价指标和教育工作中一些评价方法，可以制定出适合我国高校体育产业创新创业指数评价方案，以满足高校自评、监督以及日常工作的评价。评价方案一般包含有评价的指导思想、评价指标体系、评价等级的设置以及评价的组织过程。其中评价方法可以采取以下操作方法：表6中评价等级 A、B、C、D 分别对应优、良、中、差，由评价组专家判断评定。在此基础上用评价方程 M = Aa+Bb+Cc+Dd 进行评价（a、b、c、d 分别为各评价等级所得到的次数，评价等级 A、B、C、D 量化为分数），由评价方程可以计算出总得分，用总得分对应相应的等级，得出最终结论。另外还应注意的是，对我国高校体育产业创新创业工作的整体评价不能机械地根据量化总得分做出结论，而应当根据实际情况进行全方位的综合评价。[①]

参考文献

刘伟、邓志超：《我国大学创新创业教育的现状调查与政策建议——基于 8 所大学的抽样分析》，《教育科学》2014 年第 6 期。

刘振忠、周媛、张功：《高等体育院校创新创业教育行为评价体系的研究》，《南京体育学院学报》（社会科学版）2009 年第 2 期。

马永斌、柏喆：《大学创新创业教育的实践模式研究与探索》，《清华大学教育研究》2015 年第 6 期。

吴岩：《建设中国"金课"》，《中国大学教学》2018 年第 12 期。

吴玉剑：《高校创新创业教育改革的困境与路径选择》，《教育探索》2015 年第 11 期。

王焰新：《高校创新创业教育的反思与模式构建》，《中国大学教学》2015 年第 4 期。

王占仁：《高校创新创业教育观念变革的整体构想》，《中国高教研究》2015 年第 7 期。

谢和平：《以创新创业教育为引导全面深化教育教学改革》，《中国高教研究》2017 年第 3 期。

肖林鹏：《对应用型本科院校社会体育专业创新创业教育的若干思考》，《大庆师范学院学报》2015 年第 3 期。

于奎龙：《地方高校体育教育专业构建"专业教育+行业教育+创新创业教育"模式的探索与实践》，《体育科技文献通报》2019 年第 7 期。

姚婷婷、陈娟、孙健：《新时代党建创新指数体系的生成逻辑和构建探索》，《产业与科技论坛》2021 年第 20 期。

张宝君：《"精准供给"视域下高校创新创业教育的现实反思与应对策略》，《高校教育管理》2017 年第 1 期。

周静、刘振忠、姜凤艳：《基于创新创业教育的体育专业实践教学模式改革与创新研究》，《河北体育学院学报》2014 年第 3 期。

[①] 刘振忠、周媛、张功：《高等体育院校创新创业教育行为评价体系的研究》，《南京体育学院学报》（社会科学版）2009 年第 2 期，第 99~103 页。

中国高校大创参赛学生体育产业创新创业参与状况研究

彭显明*

摘　要： 赛事是高校体育产业创新创业教育的重要平台。研究发现，本科阶段的大二、大三年级是高校体育产业创新创业开展的黄金阶段，综合性大学的体育学院、系、部学生是高校体育产业创新创业赛事参与的主力军，高校体育产业创新创业赛事参与的体育学相关专业学生主要来自体育教育、社会体育指导与管理、运动训练等专业。参赛学生参加体育产业创新创业意愿十分强烈。个人理想是参赛学生参与体育产业创新创业的主要内驱动力，参赛学生体育产业创新创业三大内部问题是资金、知识技能与方法和经验，三大外部问题是缺少指导、缺少政策、缺少氛围。体育产业创新创业教育的五大建议：完善顶层设计，加快标准化建设；多方协力，构建双创友好型社会；加强产学研，构建信息服务平台；强化实践，提供实训实践课程培训；加强师资，创建创新创业评价体系。

关键词： 国家级创新创业赛事　高校参赛学生　体育产业创新创业

　　高校体育产业创新创业教育是指通过在高校开设体育产业创新创业课程教学、实习实训，举办培训、比赛、交流等方式，实现体育产业创新创业人

---

　*　彭显明，北京体育大学 2022 级博士研究生，主要研究方向为体育战略管理。

才培养的过程。党和国家一直以来都高度重视大学生的创新创业，2021 年 9 月 22 日，《国务院办公厅关于进一步支持大学生创新创业的指导意见》（国办发〔2021〕35 号）出台，明确指出"纵深推进大众创业万众创新是深入实施创新驱动发展战略的重要支撑，大学生是大众创业万众创新的生力军，支持大学生创新创业具有重要意义"。

2019 年以来，体育产业创新创业在国家级大学生创新创业赛事中成绩斐然：2019 年 10 月，上海体育学院"红色筑梦三项赛"项目在第五届中国"互联网+"大学生创新创业大赛（以下简称"互联网+"大赛）青年红色筑梦之旅赛道夺得全国金奖，这是上海在红旅赛道的全国首金，同时也实现了体育院校在全国总决赛零金奖的突破。2020 年 12 月，上海体育学院《"星希望"自闭症儿童舞蹈治疗公益项目》和《雪动西北——中国首个冰雪扶贫公益组织》两项作品荣获第十二届"挑战杯"大学生创业计划竞赛（以下简称"挑战杯"大赛）全国铜奖。2021 年 7 月，沈阳体育学院"岚辉体育——全英文沉浸式武术教学"项目获得第十一届全国大学生电子商务"创新、创意及创业"挑战赛（以下简称"三创赛"大赛）总决赛一等奖的优异成绩，该成绩的取得实现了沈阳体育学院参加"三创赛"以来第一次冲入国赛决赛和首个一等奖的突破。体育产业创新创业屡获佳绩，可见这 3 个国家级大学生创新创业赛事已是中国高校体育产业创新创业的重要展示平台。

有不同国家级体育产业创新创业大赛（以下简称"大创"）参赛经历的学生在体育产业创新创业参与上是否会存在明显差异？为了研究这一问题，本文基于中国高校体育产业创新创业教育现状调查问卷（学生问卷）数据，从大创参赛学生体育产业创新创业参与的意愿、目的、时机、行为现状出发，梳理中国高校大创参赛学生体育产业创新创业赛事面临的内部问题和外部问题，总结中国高校大创参赛学生对体育产业创新创业教育的建议，为加快我国高校体育产业创新创业教育发展提供参考。

一 样本来源、人群属性与网络关注

"互联网+"大赛、"挑战杯"大赛、"三创赛"大赛等全国性创新创业大赛是大学生开展体育产业创新创业实践锻炼的优质平台，本部分先通过问卷调查的方法，精选出国家级大赛中计划（项目）内容直接为体育产业创新创业项目的样本，再分析描绘出中国高校大创参赛学生体育产业创新创业的人群属性，最后通过百度指数大数据研究3项大赛的网络关注，从大数据视角进一步分析关注人群的年龄和性别特征。

（一）样本来源

依据《中国高校体育产业创新创业教育现状调查问卷（学生问卷）》回收的10793份有效样本，剔除未填写"参加过下列哪些创新创业大赛"题目的样本后，共有10743位大学生接受了调查。其中，有4541位学生未参加过创新创业赛事，有6202位参加过创新创业赛事。在有参赛经历的学生中，2947位学生单独参加过"互联网+"大赛，1323位学生单独参加过"挑战杯"大赛，595位学生单独参加过"三创赛"大赛，有1337位学生参加过其他赛事。基于单选和多选结果的对比可以发现，多个创新创业国家级赛事都参加是学生参赛的常态，"互联网+"大赛参与率最高，单独参与"三创赛"大赛的比例不高（见表1）。

表1 参加过创新创业大赛的情况

单位：人，%

参加过下列哪项创新创业大赛？	单选		多选	
	频率	百分比	频率	百分比
"互联网+"大赛	2947	27.43	2947	27.43
"挑战杯"大赛	1323	12.31	2612	24.31
"三创赛"大赛	595	5.54	2340	21.78
其他赛事	1337	12.45	3346	31.14
未参加过创新创业赛事	4541	42.27	4541	42.26
总计	10743	100.00	15786	146.92

为进一步精确研究中国高校大创参赛学生体育产业创新创业参与情况，对参加"互联网+"大赛、"挑战杯"大赛、"三创赛"大赛的学生计划（项目）内容为体育产业创新创业的样本进行遴选，有859位学生参加"互联网+"大赛计划（项目）内容为体育产业创新创业，有513位学生参加"挑战杯"大赛计划（项目）内容为体育产业创新创业，有215位学生参加"三创赛"大赛计划（项目）内容为体育产业创新创业（见表2）。因此，若无特别说明，下文中皆采用遴选出的样本开展研究。

表2　国家级大赛中计划（项目）直接为体育产业创新创业的情况

单位：人，%

国家级大赛中计划(项目)内容为体育产业创新创业	"互联网+"大赛		"挑战杯"大赛		"三创赛"大赛	
	频率	百分比	频率	百分比	频率	百分比
A 是	859	29.1	513	38.8	215	36.1
B 否	2088	70.9	810	61.2	380	63.9

（二）人群属性

从网络关注回归到问卷调查，调查结果显示，国家级大赛中体育产业创新创业参赛学生在基础信息上呈现出一些相似的特征：一是性别中男性的比例均高于女性，二是年龄集中在20~21岁和22~23岁，三是身份以在校本科生为主，四是年级集中在大二和大三阶段（见表3）。可见，本科阶段的大二、大三年级是高校体育产业创新创业开展的黄金阶段，高校应在这一宝贵时间内，为学生参与体育产业创新创业提供更多的引导和教育。

表3　参加过体育产业创新创业国家级赛事的学生基础信息

单位：人，%

类别	选项	"互联网+"大赛		"挑战杯"大赛		"三创赛"大赛	
		频率	有效百分比	频率	有效百分比	频率	有效百分比
性别	A　男	566	65.9	364	71.0	148	68.8
	B　女	293	34.1	149	29.0	67	31.2
	合计	859	100.0	513	100.0	215	100.0

单位：人，%　　**续表**

类别	选项	"互联网+"大赛		"挑战杯"大赛		"三创赛"大赛	
		频率	有效百分比	频率	有效百分比	频率	有效百分比
年龄	A　19岁及以下	70	8.1	26	5.1	22	10.2
	B　20~21岁	381	44.4	221	43.1	95	44.2
	C　22~23岁	283	32.9	186	36.3	72	33.5
	D　24~25岁	93	10.8	64	12.5	17	7.9
	E　26岁及以上	32	3.7	16	3.1	9	4.2
	合计	859	100.0	513	100.0	215	100.0
身份	A　在校专科生	102	11.9	69	13.5	25	11.6
	B　在校本科生	642	74.7	392	76.4	166	77.2
	C　在校研究生	97	11.3	39	7.6	24	11.2
	D　其他	18	2.1	13	2.5	0	0.0
	合计	859	100.0	513	100.0	215	100.0
年级	A　大一	114	13.3	44	8.6	30	14.0
	B　大二	254	29.6	182	35.5	64	29.8
	C　大三	256	29.8	164	32.0	73	34.0
	D　大四	120	14.0	69	13.5	23	10.7
	E　大五	2	0.2	3	0.6	1	0.5
	F　研一	33	3.8	15	2.9	11	5.1
	G　研二	48	5.6	14	2.7	9	4.2
	H　研三	13	1.5	10	1.9	4	1.9
	I　其他	19	2.2	12	2.3	0	0.0
	合计	859	100.0	513	100.0	215	100.0

从参赛学生所在高校来看，学校类型中以公办本科高校学生为主，学校属性中地方省属高校相对较多。从是否属于体育院校来看，半数以上的参赛学生来自综合性大学的体育学院、系、部，1/5以上的参赛学生来自独立建制的体育院校（见表4）。可见，综合性大学的体育学院、系、部学生是高校体育产业创新创业赛事参与的主力军，独立建制的体育院校学生也在其中发挥着独特的作用，体育高职高专的学生参与度相对比较低。

表4 参加过体育产业创新创业国家级赛事的学生所在高校信息

单位：人，%

类别	选项	"互联网+"大赛		"挑战杯"大赛		"三创赛"大赛	
		频率	有效百分比	频率	有效百分比	频率	有效百分比
学校类型	A 公办本科	771	89.8	449	87.5	192	89.3
	B 公办专科	51	5.9	41	8.0	16	7.4
	C 民办本科	31	3.6	19	3.7	6	2.8
	D 民办专科	6	0.7	4	0.8	1	0.5
	合计	859	100.0	513	100.0	215	100.0
学校属性	A 中央部属	169	19.7	103	20.1	44	20.5
	B 地方省属	323	37.6	181	35.3	79	36.7
	C 省部共建	221	25.7	144	28.1	60	27.9
	D 市属	114	13.3	75	14.6	25	11.6
	E 其他	32	3.7	10	1.9	7	3.3
	合计	859	100.0	513	100.0	215	100.0
是否属于体育院校	A 是（独立建制的体育院校）	231	26.9	118	23.0	47	21.9
	B 是（综合性大学的体育学院、系、部）	484	56.3	304	59.3	120	55.8
	C 是（体育高职高专）	15	1.7	17	3.3	5	2.3
	D 是（其他）	33	3.8	21	4.1	8	3.7
	E 否	96	11.2	53	10.3	35	16.3
	合计	859	100.0	513	100.0	215	100.0

　　从参赛学生所在学科专业来看，体育学相关专业的比例均略高于非体育学（学科门类）。从体育学相关专业来看，高校体育产业创新创业赛事参与的体育学相关专业学生主要来自体育教育、社会体育指导与管理、运动训练等专业，社会体育指导与管理专业学生偏好参加"挑战杯"大赛，体育经济与管理专业学生偏好参加"三创赛"大赛。从非体育学（学科门类）具体来看，非体育学（学科门类）学生参与在3个赛事中的优势学科门类有所不同，但也主要集中在管理学、经济学、理学和工学这些门类中（见表5）。

表5 参加过体育产业创新创业国家级赛事的学生所在学科专业信息

单位：人，%

类别	选项	"互联网+"大赛		"挑战杯"大赛		"三创赛"大赛	
		频率	有效百分比	频率	有效百分比	频率	有效百分比
学科专业	A 体育学相关专业	618	71.90	340	66.30	146	67.90
	B 非体育学（学科门类）	241	28.10	173	33.70	69	32.10
	合计	859	100.00	513	100.00	215	100.00
体育学相关专业	A 体育教育	288	46.60	110	32.40	57	39.00
	B 运动训练	58	9.40	41	12.10	16	11.00
	C 社会体育指导与管理	113	18.30	80	23.50	28	19.20
	D 武术与民族传统体育	26	4.20	18	5.30	11	7.50
	E 运动人体科学	23	3.70	26	7.60	11	7.50
	F 体育经济与管理	51	8.30	24	7.10	15	10.30
	G 体育人文社会学(研究生层次)	8	1.30	11	3.20	2	1.40
	H 体育学相关自设专业（如体育管理学，研究生层次）	12	1.90	14	4.10	1	0.70
	I 其他	39	6.30	16	4.70	5	3.40
	合计	618	100.00	340	100.00	146	100.00
非体育学（学科门类）	A 经济学	38	15.80	27	15.60	14	20.30
	B 管理学	52	21.60	28	16.20	9	13.00
	C 教育学	24	10.00	17	9.80	7	10.10
	D 理学	37	15.40	33	19.10	6	8.70
	E 文学	11	4.60	14	8.10	6	8.70
	F 农学	13	5.40	5	2.90	2	2.90
	G 艺术学	17	7.10	12	6.90	4	5.80
	H 法学	14	5.80	6	3.50	1	1.40
	I 医学	10	4.10	9	5.20	5	7.20
	J 历史学	2	0.80	2	1.20	1	1.40
	K 哲学	0	0.00	1	0.60	0	0.00
	L 工学	20	8.30	18	10.40	10	14.50
	M 军事学	0	0.00	0	0.00	0	0.00
	N 交叉学科	3	1.20	1	0.60	4	5.80
	合计	241	100.00	173	100.00	69	100.00

（三）网络关注

在高速发展的信息时代，信息量多而零碎，学会从海量的信息中获取需要的内容，是当代大学生应具备的能力，快速高效地获取信息可以使学生在激烈的竞争中处于有利地位。调查结果显示，参加"互联网+"大赛、"挑战杯"大赛、"三创赛"大赛的学生获取体育产业创新创业信息所用搜索引擎排在前两位的都是百度和搜狗，其中，参加"互联网+"大赛的学生使用百度获取体育产业创新创业信息比例最高，多选占比达 86.30%（见表 6）。可见，百度是参赛学生获取体育产业创新创业信息最常用的搜索引擎，这一调查结果也与我国搜索引擎市场占有的实际情况相符。网络关注度是分析公众舆论的一个相对便捷的方法，目前，使用百度指数研究网民参与在学界已经相对成熟，基于此，本文根据百度指数关键词选取规则，结合研究实际，分析比较相关词百度指数需求图谱，最终以"互联网+大赛""挑战杯+挑战杯创业大赛+挑战杯大学生创业大赛""三创+三创赛+三创赛官网"为检索关键词，结合 TGI 指数（Target Group Index），分析不同年龄、性别人群在大数据下的关注差异。TGI 指数可反映目标群体在特定研究范围内的强势或弱势情况。计算公式为 TGI 指数=（目标群体中具有某一特征的群体所占比例/总体中具有相同特征的群体所占比例）×标准数 100。其中，TGI 指数等于 100 表示达到平均水平，高于 100，代表该类特征群体对某类问题的关注程度高于整体水平。

表 6　参赛学生获取体育产业创新创业信息的常用搜索引擎（多选）

单位：%

"互联网+"大赛		"挑战杯"大赛		"三创赛"大赛	
A 百度	86.30	A 百度	60.40	A 百度	55.90
B 搜狗	51.40	B 搜狗	54.10	B 搜狗	51.30
C 360 搜索	41.70	C 360 搜索	46.90	C 360 搜索	37.40
D 微信搜一搜	33.40	D 微信搜一搜	29.70	D 微信搜一搜	32.30
E 其他	7.40	E 其他	4.00	E 其他	5.10

从大学生创新创业国家级赛事网络关注度人群年龄来看，关注"互联网+"大赛人群中，年龄≤19岁的占比为17.88%，年龄在20~29岁的占比为35.40%。关注"挑战杯"大赛人群中，年龄≤19岁的占比为40.49%，年龄在20~29岁的占比为46.69%。关注"三创赛"大赛人群中，年龄≤19岁的占比为40.13%，年龄在20~29岁的占比为51.05%。从TGI指数来看，关注大学生创新创业国家级赛事TGI指数大于100的年龄都集中在≤19岁和20~29岁，代表这两个年龄段特征群体对大学生创新创业国家级赛事的关注程度高于整体水平，其中：关注"互联网+"大赛人群中，年龄≤19岁人群TGI=185.52，年龄在20~29岁人群TGI=124.93；关注"挑战杯"大赛人群中，年龄≤19岁人群TGI=420.81，年龄在20~29岁人群TGI=165.09；关注"三创赛"大赛人群中，年龄≤19岁人群TGI=417.16，年龄在20~29岁人群TGI=180.55（见图1）。从麦可思研究对百余所高校公布的2021年新生大数据二次统计发现①，2021年入学的新生大多出生于2003

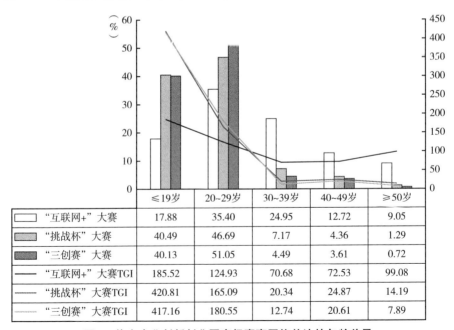

	≤19岁	20~29岁	30~39岁	40~49岁	≥50岁
"互联网+"大赛	17.88	35.40	24.95	12.72	9.05
"挑战杯"大赛	40.49	46.69	7.17	4.36	1.29
"三创赛"大赛	40.13	51.05	4.49	3.61	0.72
"互联网+"大赛TGI	185.52	124.93	70.68	72.53	99.08
"挑战杯"大赛TGI	420.81	165.09	20.34	24.87	14.19
"三创赛"大赛TGI	417.16	180.55	12.74	20.61	7.89

图1　体育产业创新创业国家级赛事网络关注的年龄差异

---

① 麦可思研究院：《2021年中国本科/高职生就业报告》，社会科学文献出版社，2021。

年和 2002 年，对应年龄为 18 岁和 19 岁，即新入学高校新生大多年龄≤19 岁，结合"互联网+"大赛赛事方案允许毕业 5 年内的全日制本专科学生、全日制研究生学历学生，可以对应参加本科生组、研究生组的初创组、成长组的比赛来看，大学生创新创业赛事网络关注的年龄差异符合现实情况。可见，年龄≤19 岁的高校新生，年龄 20~29 岁的在校本科生、在校研究生，年龄 20~29 岁的参赛当年为毕业 5 年内的全日制本专科学生、全日制研究生学历学生，是网络关注大学生创新创业国家级赛事的主要人群。

从大学生创新创业国家级赛事网络关注度人群性别来看，关注"互联网+"大赛人群中，性别为男性的占比为 51.86%，性别为女性的占比为 48.14%。关注"挑战杯"大赛人群中，性别为男性的占比为 46.78%，性别为女性的占比为 53.22%。关注"三创赛"大赛人群中，性别为男性的占比为 42.36%，性别为女性的占比为 57.64%。从 TGI 指数来看，关注"互联网+"大赛男性 TGI=104.42，TGI 指数大于 100，代表男性对"互联网+"大赛的关注程度高于整体水平。关注"挑战杯"大赛女性 TGI=105.73，关注"三创赛"大赛女性 TGI=114.50，TGI 指数大于 100，代表女性对"挑战杯"大赛、"三创赛"大赛的关注程度高于整体水平（见图 2）。从这一大数据结果来看，女大学生对创新创业活动也充满了兴趣，社会、学校、家长要关注到这一实际需求，发挥"她力量"，引导、鼓励、支持女大学生开展创新创业。

二 中国高校大创参赛学生体育产业创新创业参与现状

计划（项目）内容为体育产业创新创业的中国高校大创参赛学生，在体育产业创新创业中扮演着重要角色。本文研究有过"互联网+"大赛、"挑战杯"大赛、"三创赛"大赛这些国家级创新创业赛事参赛经历的学生，他们对体育产业创新创业参与的意愿、目的、时机和行为，为体育产业创新创业教育制度建设等方面提供现实依据。

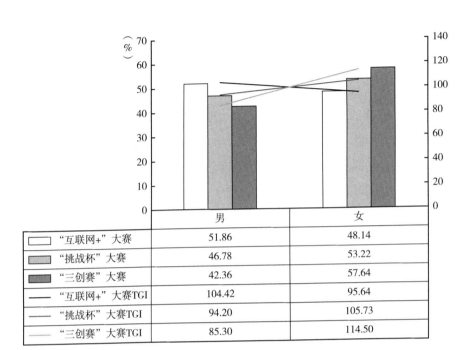

	男	女
"互联网+"大赛	51.86	48.14
"挑战杯"大赛	46.78	53.22
"三创赛"大赛	42.36	57.64
"互联网+"大赛TGI	104.42	95.64
"挑战杯"大赛TGI	94.20	105.73
"三创赛"大赛TGI	85.30	114.50

图2 体育产业创新创业国家级赛事网络关注的性别差异

（一）参赛学生体育产业创新创业参与意愿

《国务院办公厅关于进一步支持大学生创新创业的指导意见》中指出要"增强大学生的创新精神、创业意识和创新创业能力"，创业意愿是创业成功的先决条件之一。调查结果显示，大创参赛学生参与体育产业创新创业的意愿都很强烈，意愿为非常强烈、比较强烈合计占比均在80%以上（见表7）。可见，中国高校学生，特别是有过国家级创新创业大赛参赛经历的学生，对参与体育产业创新创业的意愿非常强烈，需求侧十分旺盛，在体育强国、健康中国建设的背景下，教育引导好有大创参赛经历的学生，供需两端发力，释放青年才俊力量，能够更好地推进我国体育产业高质量发展。

表7 参赛学生对参与体育产业创新创业的意愿

单位：人，%

选项		"互联网+"大赛		"挑战杯"大赛		"三创赛"大赛	
		频率	有效百分比	频率	有效百分比	频率	有效百分比
A	非常强烈	569	66.20	312	60.80	122	56.70
B	比较强烈	202	23.50	148	28.80	55	25.60
C	一般	78	9.10	46	9.00	32	14.90
D	不太强烈	8	0.90	6	1.20	5	2.30
E	根本不强烈	2	0.20	1	0.20	1	0.50
总计		859	100.00	513	100.00	215	100.00

（二）参赛学生体育产业创新创业参与目的

体育产业创新创业活动需要激发个体参与的原动力，需要参赛学生将体育产业创新创业作为个人兴趣，以兴趣为导向，激发克服困难和迎接挑战的信心和热情。调查结果显示，"互联网+"大赛参赛学生个人兴趣（64.10%）的参与目的最为强烈，兴趣的牵引效果十分明显。积累经验方便就业是"挑战杯"大赛、"三创赛"大赛参赛学生最主要的目的（见表8）。可见，不同参赛群体学生体育产业创新创业的目的各有不同，高校对学生开展体育产业创新创业教育的时候，需要区分"兴趣型"和"就业型"，因材施教。

表8 参赛学生参与体育产业创新创业的目的（多选）

单位：%

"互联网+"大赛		"挑战杯"大赛		"三创赛"大赛	
A 个人兴趣	64.1	C 积累经验方便就业	53.2	C 积累经验方便就业	49.3
D 开创自己的事业	55.4	B 赚取学费生活费	49.8	B 赚取学费生活费	39.7
C 积累经验方便就业	55.2	D 开创自己的事业	47.6	D 开创自己的事业	39.2
B 赚取学费生活费	47.0	F 积累经验提升自己的能力和素质	38.1	A 个人兴趣	34.9

续表

"互联网+"大赛		"挑战杯"大赛		"三创赛"大赛	
G 成长与成才的一种方式,实现个人理想和自我价值	39.6	A 个人兴趣	37.7	F 积累经验提升自己的能力和素质	24.9
F 积累经验提升自己的能力和素质	39.5	G 成长与成才的一种方式,实现个人理想和自我价值	31.6	E 获取财富	24.4
E 获取财富	37.0	E 获取财富	29.8	G 成长与成才的一种方式,实现个人理想和自我价值	22.5
H 就业艰难,解决就业	14.7	H 就业艰难,解决就业	14.2	H 就业艰难,解决就业	12.4
J 挑战自我,寻求刺激	11.8	I 当老板	7.5	I 当老板	6.7
I 当老板	11.7	J 挑战自我,寻求刺激	6.9	J 挑战自我,寻求刺激	4.8
K 其他	1.9	K 其他	1.0	K 其他	0.5

（三）参赛学生体育产业创新创业参与时机

随着创新型国家建设战略的全面落实,大学生创新创业的时机和条件日趋成熟。调查结果显示,参赛学生普遍首选的体育产业创新创业的时机为大学毕业后,在次选的体育产业创新创业的时机上,"互联网+"大赛参赛学生选择在大学期间,"挑战杯"大赛、"三创赛"大赛参赛学生选择在毕业工作一段时间后再创业（见表9）。冯晓霞一项个案研究发现[①],大学毕业后创业选择的影响因素主要有五个:成就动机、一定的经济基础、可持续的盈利模式、社会关系资源储备、创业团队。参赛学生通过赛事活动对体育产业创新创业进行了模拟和实训,对将来自己开展体育产业创新创业实战有了更清晰的认知,将根据对自己参赛期间获取的创业资源和个人能力进行评估,在大学毕业后,或者毕业工作一段时间后再进行体育产业创新创业。

---

① 冯晓霞:《在校创业经历会促进毕业大学生创业吗?——基于创业经历的个案分析》,《高校探索》2021年第4期,第118-124页。

表9 参赛学生选择体育产业创新创业的时机（多选）

单位：%

"互联网+"大赛		"挑战杯"大赛		"三创赛"大赛	
B　大学毕业后	59.10	B　大学毕业后	60.10	B　大学毕业后	53.60
A　大学期间	58.30	C　毕业工作一段时间后再创业	52.40	C　毕业工作一段时间后再创业	42.10
C　毕业工作一段时间后再创业	46.80	A　大学期间	42.90	A　大学期间	40.70
D　视情况而定	24.40	D　视情况而定	22.50	D　视情况而定	20.60
E　其他	2.40	E　其他	1.80	E　其他	1.00

（四）参赛学生体育产业创新创业参与行为

2019年3月13日，国家统计局第4次常务会议通过《体育产业统计分类（2019）》，明确体育产业是指为社会提供各种体育产品（货物和服务）和体育相关产品的生产活动的集合，将体育产业分为11大类37中类71小类。[1] 2021年12月30日，国家统计局、国家体育总局发布《2020年全国体育产业总规模与增加值数据公告》，公告显示，以非接触性聚集性、管理活动为主的体育服务业增加值保持增长，其中，增速最高的是体育传媒与信息服务，增长18.9%，其次是体育教育与培训，增长5.7%。[2] 依照《体育产业统计分类（2019）》，对参赛学生体育产业创新创业计划（项目）所属行业进行调查，调查结果显示，"互联网+"大赛参赛学生体育产业创新创业计划（项目）所属行业较多为体育管理活动（54.60%），体育健身休闲活动是"挑战杯"大赛、"三创赛"大赛参赛学生体育产业创新创业计划（项目）所属较多的行业，体育旅游领域比例相对较低（见表10）。整体来看，体育健身休闲活动和体育竞赛表演活动是参赛学生体育产业创新创业计

---

[1]　国家统计局：《体育产业统计分类（2019）》，http：//www.gov.cn，最后检索日期：2022年7月31日。

[2]　国家统计局、国家体育总局：《2020年全国体育产业总规模与增加值数据公告》，最后检索日期：2022年7月31日。

划（项目）最喜欢的领域，体育旅游赛道足够长、竞争相对小，是后疫情时期大学生体育产业创新创业计划（项目）的机会行业。

表10 参赛学生体育产业创新创业计划（项目）所属行业（多选）

单位：%

"互联网+"大赛		"挑战杯"大赛		"三创赛"大赛	
A 体育管理活动	54.60	C 体育健身休闲活动	48.90	C 体育健身休闲活动	41.40
C 体育健身休闲活动	48.50	B 体育竞赛表演活动	42.90	B 体育竞赛表演活动	35.30
B 体育竞赛表演活动	42.70	D 体育场地和设施管理	40.50	D 体育场地和设施管理	31.20
D 体育场地和设施管理	33.90	E 体育经纪与代理、广告与会展、表演与设计服务	39.40	E 体育经纪与代理、广告与会展、表演与设计服务	27.40
E 体育经纪与代理、广告与会展、表演与设计服务	30.70	F 体育教育与培训	24.60	F 体育教育与培训	18.10
F 体育教育与培训	25.40	G 体育传媒与信息服务	21.60	G 体育传媒与信息服务	15.30
G 体育传媒与信息服务	19.90	A 体育管理活动	19.90	A 体育管理活动	14.90
H 其他体育服务	15.00	H 其他体育服务	16.20	J 体育用品及相关产品销售、出租与贸易代理	12.60
I 体育用品及相关产品制造	13.40	J 体育用品及相关产品制造	13.50	I 体育用品及相关产品制造	12.10
J 体育用品及相关产品销售、出租与贸易代理	11.60	J 体育用品及相关产品销售、出租与贸易代理	11.50	H 其他体育服务	10.70
K 体育场地设施建设	6.40	K 体育场地设施建设	4.90	K 体育场地设施建设	3.70
L 体育旅游	4.90	L 体育旅游	1.60	L 体育旅游	2.80

结合企业生命周期理论的仿生进化论，可以将大学生体育产业创新创业划分为研究分析阶段（种子期）、筹备阶段（苗圃期）、开始投入运营（初创期）和获得校外投资（成长期）。调查结果显示，"互联网+"大赛参赛学生体育产业创新创业计划（项目）多处于研究分析阶段（种子期），"挑战杯"大赛、"三创赛"大赛参赛学生体育产业创新创业计划（项目）多处于筹备阶段（苗圃期）（见表11）。整体来看，参赛学生体育产业创新创业计划（项目）获得校外投资、步入成长期的相对较少。

表 11　参赛学生体育产业创新创业计划（项目）所处阶段

单位：人，%

选项		"互联网+"大赛		"挑战杯"大赛		"三创赛"大赛	
		频率	有效百分比	频率	有效百分比	频率	有效百分比
A	研究分析阶段	381	44.4	146	28.5	56	26.0
B	筹备阶段	285	33.2	215	41.9	82	38.1
C	开始投入运营	155	18.0	132	25.7	63	29.3
D	获得校外投资	38	4.4	20	3.9	14	6.5
总计		859	100.0	513	100.0	215	100.0

体育产业创新创业计划（项目）中，团队十分重要，一个好的团队发挥组员各自的价值，为实现共同目标而努力。调查结果显示，"互联网+"大赛参赛学生体育产业创新创业计划（项目）团队常见人数为1~5人和6~10人，"挑战杯"大赛、"三创赛"大赛参赛学生体育产业创新创业计划（项目）常见人数为6~10人和11~15人，20人以上大团队比较少见（见表12）。从5~15人的管理幅度相对比较理想来看，体育产业创新创业计划（项目）团队人数控制得不错。

表 12　参赛学生体育产业创新创业计划（项目）团队人数

单位：人，%

选项		"互联网+"大赛		"挑战杯"大赛		"三创赛"大赛	
		频率	有效百分比	频率	有效百分比	频率	有效百分比
A	1~5人	283	32.90	66	12.90	37	17.20
B	6~10人	263	30.60	183	35.70	72	33.50
C	11~15人	173	20.10	169	32.90	72	33.50
D	16~20人	75	8.70	57	11.10	28	13.00
E	20人以上	65	7.60	38	7.40	6	2.80
总计		859	100.00	513	100.00	215	100.00

高校资助是学生开展创新创业活动的重要资金来源。调查结果显示，参赛学生体育产业创新创业计划（项目）获高校资助较多的落在5001~10000

元（见表13）。大量查阅各个高校《大学生创新创业训练计划项目立项申报工作的通知》，可以发现这个区间也主要是各个高校对创新创业计划（项目）资助的金额范围。整体来看，除少部分没有获得高校资助外，大部分体育产业创新创业计划（项目）都获得了不同金额的高校资助。

表 13　参赛学生体育产业创新创业计划（项目）获高校资助情况

单位：人，%

选项		"互联网+"大赛		"挑战杯"大赛		"三创赛"大赛	
		频率	有效百分比	频率	有效百分比	频率	有效百分比
A	3000 元及以下	183	21.30	43	8.40	19	8.80
B	3001～5000 元	163	19.00	99	19.30	45	20.90
C	5001～10000 元	208	24.20	188	36.60	89	41.40
D	10001～50000 元	149	17.30	128	25.00	45	20.90
E	50000 元以上	72	8.40	30	5.80	10	4.70
F	无投资	84	9.80	25	4.90	7	3.30
总计		859	100.00	513	100.00	215	100.00

从国外经验来看，在创新创业项目初建到产业化的整个过程，项目的创建者、学校、校外投资方都要全程参与和支持。调查结果显示，"互联网+"大赛参赛学生体育产业创新创业计划（项目）获校外投资金额在 5000 元及以下的比例明显高于其他两项大赛的参赛学生，总体来看参赛学生体育产业创新创业计划（项目）获校外投资金额主要集中在 10001～50000 元（见表14）。100000 元以上的校外投资对项目的前景和预期盈利能力要求较高，参赛学生体育产业创新创业计划（项目）中仅有少部分能够获得这个区间的校外投资。

表 14　参赛学生体育产业创新创业计划（项目）获校外投资情况

单位：人，%

选项		"互联网+"大赛		"挑战杯"大赛		"三创赛"大赛	
		频率	有效百分比	频率	有效百分比	频率	有效百分比
A	5000 元及以下	215	25.00	54	10.50	19	8.80
B	5001～10000 元	184	21.40	110	21.40	61	28.40

单位：人，% **续表**

选项		"互联网+"大赛		"挑战杯"大赛		"三创赛"大赛	
		频率	有效百分比	频率	有效百分比	频率	有效百分比
C	10001~50000 元	176	20.50	187	36.50	75	34.90
D	50001~100000 元	107	12.50	110	21.40	38	17.70
E	100000 元以上	62	7.20	26	5.10	12	5.60
F	无投资	115	13.40	26	5.10	10	4.70
总计		859	100.00	349	100.00	215	100.00

体育产业创新创业计划（项目）预期运营年利润率，是参赛学生对未来信心和期待的体现。调查结果显示，"互联网+"大赛参赛学生体育产业创新创业计划（项目）预期运营年利润率1%~5%的比例明显高于其他两项大赛的参赛学生，参赛学生整体对体育产业创新创业计划（项目）预期运营年利润率在20%以内比较常见，预期运营年利润率相对集中于11%~15%（见表15）。总体来看，参赛学生对体育产业创新创业计划（项目）运营预期比较乐观。

表15　参赛学生体育产业创新创业计划（项目）预期运营年利润率

单位：人，%

选项		"互联网+"大赛		"挑战杯"大赛		"三创赛"大赛	
		频率	有效百分比	频率	有效百分比	频率	有效百分比
A	预期 1%~5%	196	22.80	37	7.20	24	11.20
B	预期 6%~10%	225	26.20	128	25.00	59	27.40
C	预期 11%~15%	220	25.60	192	37.40	66	30.70
D	预期 16%~20%	131	15.30	106	20.70	46	21.40
E	预期 21%~25%	39	4.50	27	5.30	13	6.00
F	预期 25%以上	39	4.50	20	3.90	4	1.90
G	其他	9	1.00	3	0.60	3	1.40
总计		859	100.00	513	100.00	215	100.00

三 中国高校大创参赛学生体育产业创新创业面临的问题

中国高校大创参赛学生体育产业创新创业会面临着诸多问题，这些问题有的属于自身存在的内部问题，有的属于环境带来的外部问题，通过对这些实践者面临问题的系统梳理，为政策制定、学校教育、大学生投身体育产业创新创业提供现实参考。

（一）参赛学生体育产业创新创业面临的内部问题

"互联网+"大赛、"挑战杯"大赛、"三创赛"大赛等全国性创新创业大赛是大学生开展创新创业实践锻炼的优质平台，能够多个维度锻炼大学生创新创业能力，参赛学生对体育产业创新创业有着极大兴趣，个人理想是参赛学生参与体育产业创新创业的主要内驱动力（见表16），普遍认为学校创新创业教育中学生能力及创业意愿不足（见表17），已有研究也表明大学生创新创业面临着资金、经验、技能等内在挑战①。

表16 参赛学生创新创业的想法影响来源（多选）

单位：%

"互联网+"大赛		"挑战杯"大赛		"三创赛"大赛	
A 个人理想	81.50	A 个人理想	64.60	A 个人理想	61.70

表17 参赛学生认知中学校开展创新创业教育面临的问题（多选）

单位：%

"互联网+"大赛		"挑战杯"大赛		"三创赛"大赛	
C 学生能力及创业意愿不足	46.70	C 学生能力及创业意愿不足	40.20	C 学生能力及创业意愿不足	41.90

---

① 王伟忠：《大学生创业指导服务的三维联动与要素协同》，《教育发展研究》2015年第23期，第60~66页。

调查结果显示，"互联网+"大赛参赛学生体育产业创新创业面临的三大内部问题是缺少资金、缺少知识技能与方法、缺少经验，"挑战杯"大赛、"三创赛"大赛参赛学生体育产业创新创业面临的三大内部问题一致，都是缺少知识技能与方法、缺少经验、缺少资金（见表18）。可见，资金、知识技能与方法、经验是以参赛学生为代表的大学生体育产业创新创业普遍面临的内在问题。

表18　参赛学生体育产业创新创业面临的内在问题（多选）

单位：%

"互联网+"大赛		"挑战杯"大赛		"三创赛"大赛	
A　缺少资金	64.10	B　缺少知识技能与方法	49.70	B　缺少知识技能与方法	42.80
B　缺少知识技能与方法	54.20	C　缺少经验	42.30	C　缺少经验	35.80
C　缺少经验	50.50	A　缺少资金	34.50	A　缺少资金	24.20
E　缺少时间	32.00	E　缺少时间	27.30	E　缺少时间	24.20
I　认知不足	20.80	H　缺少理解	15.40	H　缺少理解	15.80
H　缺少理解	19.80	I　认知不足	11.70	I　认知不足	11.20
J　准备不足	16.40	J　准备不足	10.90	K　与人沟通协作不足	8.40
K　与人沟通协作不足	12.50	K　与人沟通协作不足	8.60	J　准备不足	6.00
L　项目定位不准	12.10	L　项目定位不准	3.10	L　项目定位不准	2.80
M　其他	3.40	M　其他	1.40	M　其他	0.50

（二）参赛学生体育产业创新创业面临的外部问题

大学生创新创业不仅需要强大的自身驱动力，克服各种内部问题，也需要良好的外部环境。调查结果显示，社会影响、家庭影响、亲朋影响、学校氛围影响是参赛学生参与体育产业创新创业的四大影响来源（见表19）。可见，营造体育产业创新创业友好型社会十分必要。

表 19　参赛学生参与体育产业创新创业的影响来源（多选）

单位：%

"互联网+"大赛		"挑战杯"大赛		"三创赛"大赛	
D　社会影响	52.80	D　社会影响	45.50	D　社会影响	38.80
B　家庭影响	46.30	B　家庭影响	43.30	B　家庭影响	35.40
C　亲朋影响	39.70	C　亲朋影响	38.10	C　亲朋影响	31.10
F　学校氛围影响	35.90	F　学校氛围影响	34.60	F　学校氛围影响	25.40
H　择业因素影响	31.60	E　报刊、电视、网络等宣传影响	27.70	E　报刊、电视、网络等宣传影响	21.10
E　报刊、电视、网络等宣传影响	30.60	H　择业因素影响	26.70	H　择业因素影响	16.70
G　同学影响	24.00	G　同学影响	21.50	G　同学影响	13.40
J　授课教师影响	18.10	I　成功偶像影响	12.50	I　成功偶像影响	11.50
I　成功偶像影响	14.00	J　授课教师影响	8.30	J　授课教师影响	7.70
K　其他	4.80	K　其他	2.60	K　其他	2.40

参赛学生体育产业创新创业容易受到社会、家人、亲朋、学校的影响。调查结果显示，缺少指导、缺少政策、缺少氛围是参赛学生参与体育产业创新创业面临的三大外部问题（见表20）。其中，缺少指导的外部问题最为明显，高校作为指导和培养学生的重要主体，开展体育产业创新创业教育十分必要，在国办发〔2021〕35 号、财教〔2022〕113 号等利好文件的指引下，抓好高校主阵地，以体育产业创新创业教育为亮点，出台体育产业创新创业配套政策，营造体育产业创新创业氛围，提供体育产业创新创业指导，是体育强国和体育产业作为支柱产业时代背景下，对高校人才培养和建设发展的要求。

表 20　参赛学生参与体育产业创新创业面临的外部问题（多选）

单位：%

"互联网+"大赛		"挑战杯"大赛		"三创赛"大赛	
D　缺少指导	44.00	D　缺少指导	40.00	D　缺少指导	30.70
F　缺少政策	27.90	F　缺少政策	27.70	F　缺少政策	17.20
G　缺少氛围	24.80	G　缺少氛围	22.20	G　缺少氛围	13.50
M　其他	3.40	M　其他	1.40	M　其他	0.50

　　参赛学生作为体育产业创新创业的实践者，他们对学校开展创新创业教育面临问题的认知相对比较准确和敏锐。调查结果显示，不同参赛群体学生对学校开展创新创业教育面临的问题认知明显不同，"互联网+"大赛参赛学生表示学校重视支持力度不够，参加"挑战杯"大赛学生表示师资力量匮乏，参加"三创赛"大赛学生表示创业教育硬件设施无法满足教学需求（见表21）。这一结果体现了不同赛事参赛学生学校开展创新创业教育需求的明显不同，高校在开展创新创业教育时，除了加强师资力量、优化众创空间运行，更要注重不同群体学生之间需求的不同，提供差异化支持和教育。

表21　参赛学生认知中学校开展创新创业教育面临的问题（多选）

单位：%

"互联网+"大赛		"挑战杯"大赛		"三创赛"大赛	
A　学校重视支持力度不够	58.20	B　师资力量匮乏	40.70	E　创业教育硬件设施无法满足教学需求	29.80
B　师资力量匮乏	44.70	D　众创空间运行不畅	40.40	B　师资力量匮乏	29.30
D　众创空间运行不畅	36.40	E　创业教育硬件设施无法满足教学需求	36.60	D　众创空间运行不畅	29.30
E　创业教育硬件设施无法满足教学需求	31.70	F　管理制度建设滞后	25.30	A　学校重视支持力度不够	20.00
F　管理制度建设滞后	22.60	A　学校重视支持力度不够	23.20	F　管理制度建设滞后	18.10
G　目标定位不清晰	21.30	G　目标定位不清晰	18.50	G　目标定位不清晰	17.70
S　其他	3.80	S　其他	1.00	S　其他	0.50

四　中国高校大创参赛学生体育产业创新创业教育建议

　　计划（项目）内容为体育产业创新创业的中国高校大创参赛学生，是体育产业创新创业的实践者，从自身经历出发，他们对体育产业创新创业教育的建议相对精准和具有价值。通过对数据的整理分析，本部分总结出中国高校大创参赛学生对体育产业创新创业教育的五大建议，为我国体育产业创新创业发展提供现实参考。

（一）完善顶层设计，加快标准化建设

2021 年 9 月 22 日，《国务院办公厅关于进一步支持大学生创新创业的指导意见》（国办发〔2021〕35 号）的出台，标志着大学生创新创业顶层设计进入新的阶段。当前，学校如何配套出台相关的管理制度是体育产业创新创业教育的重要议题。调查结果显示，参赛学生主要建议完善学校创新创业教育管理制度，推动体育产业创新创业教育标准化建设（见表 22），也进一步表明了参赛学生对学校创新创业教育管理配套制度的渴望、对体育产业领域创新创业教育标准化的呼唤。

表 22　参赛学生对体育产业创新创业教育的建议一（多选）

单位：%

"互联网+"大赛		"挑战杯"大赛		"三创赛"大赛	
A　加强创新创业教育顶层设计与规划	61.80	B　完善学校创新创业教育管理制度	40.20	B　完善学校创新创业教育管理制度	26.00
B　完善学校创新创业教育管理制度	52.30	G　推动体育产业创新创业教育标准化建设	29.40	G　推动体育产业创新创业教育标准化建设	19.50
G　推动体育产业创新创业教育标准化建设	27.00	A　加强创新创业教育顶层设计与规划	21.80	A　加强创新创业教育顶层设计与规划	16.70
K　加强国家创新创业教育制度落实	18.00	K　加强国家创新创业教育制度落实	12.50	K　加强国家创新创业教育制度落实	12.60

（二）多方协力，构建"双创"友好型社会

创新创业教育成果能否孵化，受到多方力量的影响，需要政府、社会、学校、家庭的多方协力合作，共同支撑学生开展体育产业创新创业活动。调

查结果显示，"互联网+"大赛、"挑战杯"大赛参赛学生主要建议加强创新创业孵化工作，"三创赛"大赛参赛学生主要建议加强政府部门服务意识（见表23）。虽然不同参赛群体学生的建议存在一些差异，但总体是希望政府发挥牵引作用、做好服务，发挥学校的主观能动性，积极引入企业的资源支撑，推进体育产业创新创业成果孵化，构建体育产业创新创业友好型社会。

表 23　参赛学生对体育产业创新创业教育的建议二（多选）

单位：%

"互联网+"大赛		"挑战杯"大赛		"三创赛"大赛	
I　加强创新创业孵化工作	19.80	I　加强创新创业孵化工作	15.00	M　加强政府部门服务意识	13.00
M　加强政府部门服务意识	14.70	M　加强政府部门服务意识	13.30	I　加强创新创业孵化工作	12.10
N　加强创新创业社会生态环境建设	12.80	N　加强创新创业社会生态环境建设	10.70	N　加强创新创业社会生态环境建设	7.90

（三）加强政、产、学、研合作，构建信息服务平台

政、产、学、研多方合作，搭建体育产业创新创业信息服务平台，是加强体育产业创新创业教育活动成果转化的重要路径。调查结果显示，参赛学生普遍建议加强创新创业教育活动成果转化（见表24）。这说明参赛学生整体希望体育产业创新创业能得到落地转化，在信息化时代，搭建一个体育产业创新创业信息服务平台，能有效降低学生信息获取难度，提升学生体育产业创新创业成果转化率。

表 24　参赛学生对体育产业创新创业教育的建议三（多选）

单位：%

"互联网+"大赛		"挑战杯"大赛		"三创赛"大赛	
F　加强创新创业教育活动成果转化	31.80	F　加强创新创业教育活动成果转化	34.90	F　加强创新创业教育活动成果转化	23.70

单位：%   续表

"互联网+"大赛		"挑战杯"大赛		"三创赛"大赛	
L 加强政、产、学、研多方合作机制	17.10	L 加强政、产、学、研多方合作机制	12.90	L 加强政、产、学、研多方合作机制	11.20
J 加强体育产业创新创业信息服务平台建设	17.00	J 加强体育产业创新创业信息服务平台建设	12.30	J 加强体育产业创新创业信息服务平台建设	9.80

（四）强化实践，提供实训实践课程培训

体育产业创新创业教育具有理论和实践相结合的突出特点，学生更多身处校园以内，更需要作为体育产业创新创业教育主体的高校提供相关支持。调查结果显示，参赛学生普遍建议建立两大体系：创新创业教育课程与培训体系、创新创业教育实习实训体系（见表25）。这说明对于深入参与体育产业创新创业活动的参赛学生，敏锐地捕捉到了这两大体系对于学生的重要性，希望学校能够给体育产业创新创业提供更多的实训实践课程培训平台和活动。从参赛学生对开展专门的体育产业创新创业大赛建议比例较低来看，参赛学生对专门的体育产业创新创业大赛的级别和认可度存在顾虑，可见搭建政府、社会、高校、学生普遍认可的国家级专门的体育产业创新创业大赛十分必要。

表25 参赛学生对体育产业创新创业教育的建议四（多选）

单位：%

"互联网+"大赛		"挑战杯"大赛		"三创赛"大赛	
C 建立创新创业教育课程与培训体系	49.90	C 建立创新创业教育课程与培训体系	45.40	C 建立创新创业教育课程与培训体系	34.90
D 建立创新创业教育实习实训体系	43.30	D 建立创新创业教育实习实训体系	45.00	D 建立创新创业教育实习实训体系	30.20
O 开展专门的体育产业创新创业大赛	10.20	O 开展专门的体育产业创新创业大赛	4.30	O 开展专门的体育产业创新创业大赛	5.60

（五）加强师资队伍建设，创建创新创业评价体系

师资队伍是体育产业创新创业教育的灵魂，高校加强体育产业创新创业专兼职教师队伍建设，提升教师的理论水平和实践能力十分必要。调查结果显示，参赛学生普遍建议加强创新创业教育师资队伍建设（见表26）。创新创业教育评价体系是高校开展体育产业创新创业教育的指挥棒，它影响着师资评估、学生评价、用人单位选人用人，创建科学、有效的体育产业创新创业评价体系，有利于激发师资热情、学生兴趣，共同推进我国体育产业高质量发展。

表 26　参赛学生对体育产业创新创业教育的建议五（多选）

单位：%

"互联网+"大赛		"挑战杯"大赛		"三创赛"大赛	
E　加强创新创业教育师资队伍建设	36.00	E　加强创新创业教育师资队伍建设	39.00	E　加强创新创业教育师资队伍建设	24.70
H　建立创新创业教育评价体系	21.00	H　建立创新创业教育评价体系	17.90	H　建立创新创业教育评价体系	15.80

结束语

总体来看，有过"互联网+"大赛、"挑战杯"大赛、"三创赛"大赛这些国家级创新创业赛事参赛经历的学生，对参与体育产业创新创业的意愿非常强烈，综合性大学的体育学院、系、部学生是高校体育产业创新创业赛事参与的主力军，独立建制的体育院校学生也在其中发挥着独特的作用，比较遗憾的是体育高职高专学生的力量发挥不充分。体育产业在国民经济中的地位和作用显著提升，国家体育总局《"十四五"体育发展规划》提出"支持高等院校、知名企业等发挥主体作用，建设 10 所集产、学、研、转、创、用于一体的高水平体育产业学院"，国务院办公厅《体育强国建设纲要》提

出"到 2035 年体育产业更大、更活、更优，成为国民经济支柱性产业"，这些都利好体育产业创新创业教育开展，"互联网+"大赛、"挑战杯"大赛、"三创赛"大赛等全国性创新创业大赛是大学生开展体育产业创新创业实践锻炼的优质平台，在"十四五"和更长时期，除了争创专门的国家级体育产业创新创业大赛以外，依托现有的创新创业国家级大赛，培养体育产业创新创业人才方面依然十分有效和必要。

参考文献

冯晓霞：《在校创业经历会促进毕业大学生创业吗？——基于创业经历的个案分析》，《高教探索》2021 年第 4 期。

《国务院办公厅关于进一步支持大学生创新创业的指导意见》，中国政府网，2021 年 10 月 12 日，http：//www.gov.cn/zhengce/zhengceku/2021-10/12/content_5642037.htm。

《体育产业统计分类（2019）》（国家统计局令第 26 号），国家统计局网站，2019 年 4 月 9 日，http：//www.stats.gov.cn/tjgz/tzgb/201904/t20190409_1658556.html。

《2020 年全国体育产业总规模与增加值数据公告》，国家统计局网站，2021 年 12 月 30 日，http：//www.stats.gov.cn/xxgk/sjfb/zxfb2020/202112/t20211230_1825764.html。

胡金焱：《创新创业教育：理念、制度与平台》，《中国高教研究》2018 年第 7 期。

霍明奎、查姣姣、竺佳琪：《基于扎根理论的大学生创新创业团队信息获取行为影响因素研究》，《现代情报》2019 年第 3 期。

Hasan S.M.，Khan E.A.，et al.，"Entrepreneurial education at university level and entrepreneurship development，"*Education+Training* 2017.

马永霞、窦亚飞：《以能力培养为导向的高校创业教育生态系统的关键要素与构建策略——基于 DEMATEL-ISM 方法的实证分析》，《教育发展研究》2022 年第 1 期。

《上体学子在第五届中国"互联网+"大学生创新创业大赛全国总决赛中荣获金奖！》，上海体育学院网站，2019 年 10 月 18 日，http：//www.sus.edu.cn/info/1007/18928.htm。

《我校在第十二届"挑战杯"大学生创业计划竞赛中再获佳绩》，上海体育学院网站，2020 年 12 月 30 日，http：//www.sus.edu.cn/info/1007/22414.htm。

《第十一届全国大学生电子商务"创新、创意及创业"挑战赛全国总决赛我校获佳绩》，沈阳体育学院网站，2021 年 7 月 25 日，http：//www.syty.edu.cn/info/1068/6870.htm。

王伟忠：《大学生创业指导服务的三维联动与要素协同》，《教育发展研究》2015 年第 23 期。

肖林鹏、靳厚忠主编《中国高校体育产业创新创业报告（2020~2021）》，社会科学文献出版社，2021。

徐蓉：《大学生创新创业该具备何种"软实力"》，《人民论坛》2018 年第 31 期。

周倩、胡志霞、石耀月：《三螺旋理论视角下高校创新创业教育政策的演进与反思》，《郑州大学学报》（哲学社会科学版）2019 年第 6 期。

张卫国、宣星宇：《基于社会交换理论的高校创业教育与众创空间联动发展》，《中国高教研究》2016 年第 10 期。

高校学生体育产业创新创业参与
行为影响因素研究

阎隽豪　汪梓晨　黄　敏　李佳臻*

摘　要： 通过对高校体育产业创新创业教育学生态度与行为进行分析，确定了高校体育产业创新创业教育学生参与行为的影响因素。研究发现：政策了解程度、参与意愿是学生体育产业创新创业行为个体层面的主要影响因素；师资因素、报刊/电视/网络等宣传因素、资金因素、政策因素是体育产业创新创业学生参与行为环境层面的主要正向影响因素，家庭与亲朋因素是主要制约因素；体育类院校或体育专业的学生比非体育类院校或非体育专业的学生有更多参与体育产业创新创业的机会；区域环境是影响学生高校体育产业创新创业行力的重要因素。

关键词： 高校学生　体育产业　创新创业

一　问题的提出

近年来，我国高校体育产业创新创业快速发展，2018～2021年，教育部先后印发《教育部关于加快建设高水平本科教育全面提高人才培养能力的

＊ 阎隽豪，天津体育学院社会体育与健康科学学院2018级硕士研究生，主要研究方向为体育公共政策、创新创业教育；汪梓晨，中央财经大学体育经济与管理学院2022级硕士研究生，主要研究方向为体育产业政策；黄敏，中央财经大学体育经济与管理学院2022级硕士研究生，主要研究方向为体育产业经济；李佳臻，中央财经大学体育经济与管理学院2021级硕士研究生，主要研究方向为体育产业经济。

意见》《教育部办公厅关于实施一流本科专业建设"双万计划"的通知》《教育部关于深化本科教育教学改革全面提高人才培养质量的意见》等多项政策，文件中均提出高校教育要以人为本、立德为先，要高质量创新创业教育发展，培养高质量创新创业人才。

高校学生对体育产业创新创业制度、师资、课程、环境、平台孵化等因素的需求在迅速增加，如何利用有限的教育资源、产业资源满足更多高校学生需求，让更多的高校学生参与到体育产业创新创业中来，成为高校体育产业创新创业教育的一项重要课题。

然而遗憾的是，目前学界对高校学生体育产业创新创业影响因子及激励机制的研究鲜见，仅有少量高校创新创业研究为本文提供参考。[1] 岳昌群等、杜星宇等对高校创新创业影响因素进行探索，并据此从理论知识、实践能力、创新思维、创业能动性四方面提出了高校创新创业人才评价的主要标准[2][3]；胡玲等、贺嘉贝、孙珊对大学生创新精神的影响因素进行了探究[4][5][6]；李旭辉等、呼艳芳、殷君对高校创新创业教育绩效影响因素进行了探究[7][8][9]；王

① 徐辉：《高校创新创业人才培养的评价标准》，《江苏高教》2009 年第 6 期，第 107～108 页。
② 岳昌君、吕媛：《硕士研究生创新精神特征及影响因素分析》，《复旦教育论坛》2015 年第 6 期，第 20～25 页。
③ 杜星宇、时佳雪、孙宁馨：《大众创业万众创新背景下大学生创业意识及影响因素研究——以江苏省部分高校为例》，《中国商论》2017 年第 12 期，第 185～186 页。
④ 胡玲、杨博：《高校创新创业教育效果的影响因素研究——基于 2016～2018 年我国 150 所创新创业典型经验高校的数据》，《华东师范大学学报》（教育科学版）2020 年第 12 期，第 64～75 页。
⑤ 贺嘉贝：《高校创新创业教育的绩效影响因素分析》，《当代经济》2015 年第 10 期，第 100～101 页。
⑥ 孙珊：《众创时代高校创新创业教育实效性影响因素及提升路径》，《教育与职业》2018 年第 11 期，第 63～66 页。
⑦ 李旭辉、孙燕：《高校大学生创新创业能力关键影响因素识别及提升策略研究》，《教育发展研究》2019 年第 1 期，第 109～117 页。
⑧ 呼艳芳：《影响民办高校大学生创新创业能力水平的因素》，《山东省农业管理干部学院学报》2011 年第 1 期，第 186～187 页。
⑨ 殷君：《财经类高校大学生创新创业能力培养模式探析》，《金融理论与教学》2020 年第 6 期，第 107～110 页。

迷迷等、越顿等对高校学生创新创业能力的影响因素进行了探究①②；赖美詹，董弯对高校学生创新创业教育环境影响因素进行了探究；对学生的创新创业意愿行为进行了研究。③④ 本文将对高校学生体育产业创新创业参与行为影响因素进行梳理，并为高校体育产业创新创业制度与标准建设提供理论与数据支撑。

二 研究的理论基础及假设

（一）研究的理论基础

1. 社会认知理论

1986 年班杜拉（A. Bandura）通过美国教育研究提出了社会认知理论（Social Cognitive Theory），其是社会心理学理论与认知心理学理论结合的学习理论。社会心理学对社会认知的解释为个体感知和判断自己或他人的心理状态和行为动机的过程。班杜拉指出社会认知理论主旨是个人行为并不仅仅是环境的产物，还会被认知因素所影响，个人认知作为刺激和反应的中介器，决定了人对环境的刺激表现的行为，该理论由观察学习理论、自我效能理论和三元交互理论组成。

观察学习理论是指人因为对外界环境的事物感兴趣，将获取到的信息转化为可理解的符号，并将这种被翻译的信息存储在记忆里，再将记忆选择性地转化和表现为具体的操作和行为。个人可通过记忆来表征某种行为发生的

---

① 王迷迷、郝立、姜昌金：《众创空间发展对高校创新创业生态的影响探讨》，《信息技术与信息化》2016 年第 4 期，第 125~127 页。

② 赵顿、陈璐：《关于构建高校创新创业人才教育生态系统的探讨》，《中国大学生就业》（理论版）2015 年第 10 期，第 48~54 页。

③ 赖美詹：《高校创新创业教育对大学生创新创业素质及行为的影响研究》，北京邮电大学博士学位论文，2019，第 111 页。

④ 董弯：《山西高校创新创业教育对大学生创业意向影响研究》，山西财经大学博士学位论文，2018，第 84 页。

愿望。班杜拉将自我效能定义为个体在面对特定情境下，对自己是否有能力将活动开展达到预期效果的自我判断。自我效能感不是技能本身，而是对自身能否完成某些行为或达到某种水平的能力评估，反映了个体的自信程度。自我效能感的来源有成败经验、替代学习、语言劝导、情绪和生理状态四个方面。三元交互理论是社会认知理论的核心内容，班杜拉指出在与环境的交流中，人不仅仅是外部刺激的反应者，大多数外部影响通过中介认知过程影响行为。

三元交互理论指的是个体因素、外部环境因素和个体行为三个因素之间具有相互依存、相互促进的两两作用关系。个体因素包括认知、能力、意向、情感、个体判断及特征等；环境因素是指可以影响感知和行为的外部环境。环境因素、个体因素与个体行为间相互影响、相互决定、相互发展（见图1）。

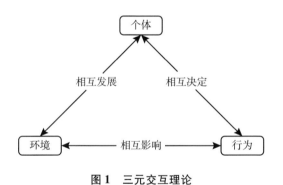

图1　三元交互理论

2.计划行为理论

Fishbein 和 Ajzen 构建的理性行为模型认为个体行为都能由个人的意志控制和决定，但实际中个体对于行为的意志控制会受很多方面的因素限制，而降低了理性行为理论对个体行为的解释力（见图2）。Ajzen 在此基础上构建了计划行为理论，计划行为理论指出个体产生行为是基于三种信念：行为信念、规范信念和控制信念，行为信念能对个体行为是否要发生产生有利或不利的态度，规范信念产生个体感知的社会压力或主观规范，控制信念产生感知的行为控制，行为态度、主观规范和感知行为控制越强，实施行为的意愿也就越强；最后，在对行为有足够的实际控制情况下，期望人们在机会出现时实现他们的意图，因此，意图被认为是行为的直接前提（见图3）。

图2 理性行为理论模型

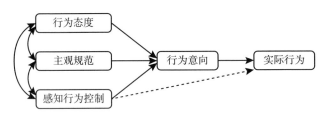

图3 计划行为理论模型

（二）研究假设

按照社会认知理论与计划行为理论内容，个体和环境因素会直接影响高校学生参与体育产业创新创业教育的行为，其中个体的行为态度、主观规范以及感知行为控制会影响学生的行为意向，从而直接影响实际行为。此外，学生行为的个体影响因素包括个体智力、自我评价、对环境的判断力、个体特征、知识、思维、预期、认知、能力、意向和情感、个体生理特征等方面；学生行为的环境影响因素包括高校层次、高校所在区域环境、资源（师资、资金、场地设施、信息）、平台等。另外，一些影响因素并不能直接影响学生参与高校体育产业创新创业的行为，或某些影响因素不能确定是否影响高校体育产业创新创业行为，但影响着模型的总体结果，这些因素将作为控制变量出现在模型中。

统计分析发现，有多种因素可能会影响高校学生高校体育产业创新创业的参与行为，而且学生在不同情况下的体育产业创新创业态度、行为意向以及实际行为会因个人或学生群体特征以及环境因素的不同而表现出不同的差异。因此，为了厘清各种因素的影响效应，还需要通过回归分析来判断这些影响因素的作用机制，以便得到更加清晰的政策建议。考虑到本文调研的学生行为的被解释变量（因变量）过多，本文将选取学生参与率较多、创新创业政策支持较多的"体育产业创新创业比赛""体育产业创新创业培训""体育产业创新创业论坛、交流、研讨""体育产业创业项目运营"四种参与行为作为因变量采用二元 logistic 进行解释，并依据三元交互理论以及本文研究目标，模型的解释变量主要包括个体及群体特征变量、环境变量以及控制变量。待估模型为：

$$P(y = i \mid \cdot) = G(\beta_0 + \beta_1 I + \beta_2 H + \delta X) \ , i = 1, 2, 3, 4 \tag{1}$$

其中，模型解释变量（自变量）中 I 为个体特性或由个体组成的群体特征层面的变量，H 为环境因素变量，X 为控制变量。个体特征变量包括学生性别、年龄、学生对政策的了解程度及对体育产业创新创业的认知、态度、参与意愿；环境变量包括资金影响，政策影响，家庭影响，亲朋影响，社会影响，报刊、电视、网络等宣传影响，学校氛围影响，同学影响，择业影响，成功偶像影响，授课教师影响；控制变量为学校类型、专业类型以及学校所在区域。

基于此，本文做出如下研究假设。

H1：高校学生体育产业创新创业教育行为的影响因素分析可以分为"个体因素"及"环境因素"两类，并纳入控制变量。

H2：高校学生行为在个体间有差异，高校学生的认知程度、态度、参与意愿等个体影响因素对高校体育产业创新创业学生参与行为有显著影响；资金、政策、家庭、亲朋、社会、报刊/电视/网络等宣传、学校氛围、同学、择业、成功偶像、授课教师等环境因素对学生参与行为有显著影响；学生的所在院校、所学专业以及学校所在区域可影响学生行为，但具体影响路径尚有待商榷。

H3：个体的行为态度、主观规范及感知行为控制是影响高校学生行为意向以及实际行为的最直接影响因素。

三　研究结果

（一）学生参与态度和参与意愿受多重因素影响

本文数据来自国家社会科学基金项目"新时代我国高校体育产业创新创业教育体系研究"的调研数据，课题组于 2022 年 1~4 月，发动全国体育院校、体育职业技术学院以及其他高校教师、管理者，组织高校学生参与体育产业创新创业教育调研工作。调研的主要目的是探究新时代背景下我国高校体育产业创新创业教育现状，并厘清各教育主体、教育要素的现状、关系及发展路径，为后续政策研究、标准制定等工作提供研究基础。本文经过分析研判制定调研计划，通过分层抽样和简单随机抽样结合的方式抽取 6416 个样本，最终回收有效问卷 10793 份。通过简单的描述性统计分析，本文可以得到样本以下特征。

1. 区域分布影响因素

在 Ajzen 提出的计划行为理论中，参与态度决定参与意愿进而影响参与行为。本文考察的问题是"你对高校大学生体育产业创新创业的态度"（5→1 对应非常支持→非常不支持）及"你对参与体育产业创新创业的意愿"（5→1 对应非常强烈→根本不强烈）。不同地区学生在高校体育产业创新创业参与态度及意愿上的差异见表 1。其中高校学生参与态度的地区间平均评分为 4.25 分，明显高于高校学生总体参与意愿评分。在参与态度方面，华东、东北、华中三个地区参与意愿较好对应的评分分别为 4.33、4.30、4.30，华北、西南地区参与意愿评分相对较低，分别为 4.18、4.17。高校学生的体育产业创新创业参与意愿在地区间差异更大，东北、华东、华中地区参与意愿较高，分别为 4.01、3.99、3.89，华北地区参与意愿最低，为 3.52。

表1　高校体育产业创新创业学生参与态度和参与意愿的地区间差异

地区	参与态度			参与意愿		
	平均值	频次（人）	标准差	平均值	频次（人）	标准差
华北地区	4.18	4243	0.81	3.52	4243	1.10
华东地区	4.33	2904	0.79	3.99	2904	0.99
华南地区	4.27	546	0.81	3.81	546	1.10
东北地区	4.30	966	0.83	4.01	966	1.02
西南地区	4.17	590	0.81	3.73	590	0.98
西北地区	4.20	336	0.75	3.71	336	1.04
华中地区	4.30	1208	0.78	3.89	1208	1.00
总计	4.25	10793	0.80	3.76	10793	1.07
F	11.615	72.498				
P	0.00**	0.00**				

注：** $P < 0.01$。

2. 高校类型影响因素

调查数据显示，不同类型高校学生体育产业创新创业参与态度和参与意愿存在差异，这在一定程度上会影响高校学生体育产业创新创业的参与行为。高校体育产业创新创业参与态度和参与意愿在双一流高校与非双一流高校间、985高校与非985高校间、211高校与非211高校间、体育院校与非体育院校间差异明显（见表2）。其中体育院校与非体育院校间的高校学生体育产业创新创业参与意愿差距最大，其平均值分别为4.01、3.32，非体育院校学生参与体育产业创新创业的意愿明显较低。双一流高校学生比非双一流高校学生的体育产业创新创业参与意愿得分高，其平均值分别为3.90、3.74，这一现象在985高校和非985高校间更为明显，其平均值分别为4.00、3.75。从表2可以间接推断出，掌握更多教育资源的高校学生参与体育产业创新创业的态度和参与意愿也会更高，并可以做出教育资源是影响高校学生参与体育产业创新创业行为的重要影响因素之一的假设。

表2 不同类型高校学生体育产业创新创业参与态度和参与意愿差异分析

选项		参与态度			参与意愿		
		平均值	频次（人）	标准差	平均值	频次（人）	标准差
是否为双一流高校	是	4.36	1800	0.78	3.90	1800	1.12
	否	4.23	8993	0.80	3.74	8993	1.05
	F	37.959			34.247		
	P	0.00**			0.00**		
是否为985高校	是	4.41	524	0.77	4.00	524	1.14
	否	4.24	10269	0.80	3.75	10269	1.06
	F	21.844			26.402		
	P	0.00**			0.00**		
是否为211高校	是	4.34	1214	0.79	3.83	1214	1.16
	否	4.24	9579	0.80	3.76	9579	1.05
	F	16.499			5.836		
	P	0.00**			0.16*		
是否为体育院校	是	4.29	7056	0.80	4.01	7056	0.98
	否	4.04	3737	0.83	3.32	3737	1.09
	F	103.399			274.571		
	P	0.00**			0.00**		

注：* $P<0.05$，** $P<0.01$。

3. 学生层次影响因素

调研结果显示，不同性别、年龄及年级的高校学生对高校体育产业创新创业参与态度和参与意愿也具有明显差异（见表3）。男生与女生在参与态度方面虽有一定差异，但差异不大，平均得分分别为4.28、4.22，但男生与女生在参与意愿方面差异明显，平均得分分别为3.98、3.52，男生参与体育产业创新创业的态度和意愿普遍较高。在年龄层次方面，19岁及以下的体育产业创新创业参与态度与参与意愿最低，分别为4.18、3.52。22~23岁的学生参与体育产业创新创业的意愿相对较高，得分为 3.93；其次为 26 岁及以上与 20~21 岁的学生，得分分别为 3.81、3.80。26 岁及以上学生对于体育产业创新创业的态度相对支持，得分为 4.35；其次为 22~23 岁、24~25 岁，得分分别为 4.31、4.29。不同年级层次的学生方面，研二与大三、大四的"准应届生"与"应届生"对于体育产业创新创业的态度相对支持，得分分别为 4.32、4.30、4.30；大三、大四与研二的"准应届生"与"应届生"体育产业创新创业的参与意愿较高，得分分别为 3.94、3.83、3.75。另外，大二学生对于体育产业创新创业支持度最低，得分为 4.20，研三学生的体育产业创新创业参与意愿的支持度最低，得分为 3.55。从表 3 可以推断出，高年级本科生的"行为意向"最高，而硕士"应届生"虽然在思想层面对体育产业创新创业持相对支持态度，但由于个人、环境及潜在因素影响，硕士应届生参与意愿显著降低，其更愿意选择其他就业渠道。

表 3　不同学生层次与群体间参与体育产业创新创业态度及意愿差异分析

选项		参与态度			参与意愿		
		平均值	频次（人）	标准差	平均值	频次（人）	标准差
性别	男	4.28	5740	0.82	3.98	5740	1.02
	女	4.22	5053	0.77	3.52	5053	1.06
	F	15.987			503.608		
	P	0.00**			0.00**		
年龄层次	19 岁及以下	4.18	2362	0.81	3.52	2362	1.09
	20~21 岁	4.24	4940	0.81	3.80	4940	1.06
	22~23 岁	4.31	2272	0.78	3.93	2272	1.01
	24~25 岁	4.29	842	0.79	3.77	842	1.10
	26 岁及以上	4.35	377	0.80	3.81	377	1.03
	F	10.224			47.559		
	P	0.00**			0.00**		

选项		参与态度			参与意愿		
		平均值	频次（人）	标准差	平均值	频次（人）	标准差
年级层次	大一	4.24	3078	0.80	3.69	3078	1.07
	大二	4.20	3257	0.82	3.74	3257	1.08
	大三	4.30	2031	0.80	3.94	2031	1.02
	大四	4.30	977	0.74	3.83	977	1.02
	研一	4.24	559	0.78	3.62	559	1.08
	研二	4.32	383	0.80	3.75	383	1.10
	研三	4.24	153	0.87	3.55	153	1.14
F		12.315			3.418		
P		0.00**			0.00**		

注：** $P<0.01$。

4. 学生意愿影响因素

调研数据显示，我国高校学生的体育产业创新创业参与态度、行为意向与参与行为基本符合 Ajzen 提出的计划行为模型。一方面，随着高校学生对体育产业创新创业的支持程度下降，高校学生的各类体育产业创新创业活动参与率也呈现出下降态势；另一方面，随着高校学生体育产业创新创业参与意愿程度的降低，高校学生的各类体育产业创新创业活动参与率也呈现下降态势。即高校学生的体育产业创新创业较高支持度的参与态度和较高的参与意愿对参与行为有明显正向影响，反之亦然。另外，高校学生的体育产业创新创业参与率较高的活动分别为体育产业创新创业比赛，体育产业创新创业论坛、交流、研讨以及体育产业创业项目运营；而创新创业训练计划（项目）、体育企业创新创业工作兼职活动参与率较低（见表4）。下文将对高校学生的体育产业创新创业教育参与行为进行整合，选取主要参与行为作为因变量，选取个体特征变量、环境变量与控制变量作为解释变量，对各主要参与行为的影响因素进行分析。

表4　高校学生体育产业创新创业参与态度、参与意愿与参与行为的交叉分析

单位：%

类别	高校学生体育产业创新创业的参与意愿					高校学生对体育产业创新创业的态度				
	非常强烈	比较强烈	一般	不太强烈	根本不强烈	非常支持	比较支持	一般	不太支持	完全不支持
A	59.2	56.2	49.0	44.4	42.6	60.6	52.7	42.6	44.0	11.1
B	55.8	54.0	44.4	48.1	46.3	55.4	51.5	44.8	36.0	55.6
C	44.9	40.8	37.1	36.6	27.8	42.8	41.0	38.7	28.0	27.8
D	34.7	28.3	29.7	29.2	25.9	31.0	30.8	34.3	34.0	22.2
E	28.5	20.8	19.8	21.8	22.2	25.0	22.5	24.3	24.0	11.1
F	27.5	22.8	19.6	19.8	24.1	25.5	22.3	23.3	20.0	27.8
G	23.4	22.5	20.4	28.8	16.7	23.8	22.5	19.0	16.0	27.8
H	55.8	34.6	17.1	8.7	4.4	44.6	26.4	18.0	19.8	10.0
	$F = 230.939$　　$P = 0.00^{**}$					$F = 169.266$　　$P = 0.00^{**}$				

注：** P<0.01。A 参与体育产业创新创业比赛；B 参与体育产业创新创业论坛、交流、研讨；C 参与体育产业创业项目运营；D 参与知识产权申报；E 参与成果转化申报；F 参与体育企业创新创业工作兼职；G 参与创新创业训练计划（项目）；H 参与体育产业创新创业培训。

（二）高校学生体育产业创新创业主要参与行为分析

1.体育产业创新创业培训行为分析

高校体育产业创新创业培训学生参与的行为模型如表5所示，模型 Hosmer Lemeshow 检验值为 0.685 大于 0.05 通过模型拟合程度检验。表5显示，本模型预测准确率为 78.5%，模型拟合程度较好。

从回归结果来看，个体特征变量当中，与女生相比，男生参与高校体育产业创新创业培训的概率较高，而且其在 1% 显著性水平上通过了显著性检验。与 26 岁及以上的学生相比，19 岁及以下以及 20~21 岁的学生参与体育产业创新创业培训的概率更低，即预测参与行为更少其在 1% 显著性水平上。在学生身份方面，在校专科生参与高校体育产业创新创业培训的概率更高，性别、年龄和学生身份都是学生参与高校体育产业创新创业的重要

表5　高校体育产业创新创业培训学生参与行为二元 logistic 回归分析

解释变量		高校体育产业创新创业培训学生参与行为模型				
		B	标准误	EXP（B）	EXP（B）的95%置信区间	
					下限	上限
个体特征变量	性别（女=0，男=1）	0.138**	0.054	1.148**	1.033	1.276
	年龄（26岁及以上=0）19岁及以下	−1.152**	0.18	0.316**	0.222	0.450
	20~21岁	−0.529**	0.171	0.589**	0.421	0.824
	22~23岁	0.017	0.165	1.017	0.736	1.405
	24~25岁	0.176	0.161	1.193	0.871	1.634
	身份（其他=0）在校专科生	0.408*	0.193	1.504*	1.030	2.196
	在校本科生	−0.036	0.169	0.965	0.693	1.343
	在校研究生	−0.667	0.162	0.513	0.374	0.705
	对体育产业创新创业政策的了解程度（根本不了解=0）非常了解	3.184**	0.209	24.137**	16.039	36.325
	比较了解	2.006**	0.202	7.434**	5.008	11.035
	一般	1.046**	0.202	2.847**	1.918	4.226
	不太了解	0.360	0.207	1.434	0.956	2.151
	学生对学校开展体育产业创新创业教育的认识（根本不必要=0）非常必要	−0.320	0.480	0.726	0.283	1.860
	比较必要	−0.277	0.480	0.758	0.296	1.942
	一般	−0.289	0.481	0.749	0.292	1.923
	不太必要	0.389	0.512	1.475	0.541	4.021
	高校学生体育产业创新创业的态度（完全不支持=0）非常支持	−0.538	0.68	0.584	0.154	2.212
	比较支持	−0.507	0.679	0.602	0.159	2.280
	一般	−0.387	0.681	0.679	0.179	2.577
	不太支持	0.027	0.726	1.027	0.248	4.260
	高校学生参与体育产业创新创业的意愿（根本不强烈=0）非常强烈	1.873**	0.344	6.507**	3.319	12.757
	比较强烈	1.615**	0.341	5.030**	2.576	9.821
	一般	1.266**	0.342	3.545**	1.814	6.927
	不太强烈	0.630	0.357	1.877	0.932	3.781
环境变量	资金影响（无=0，有=1）	0.148**	0.045	1.159**	1.061	1.267
	政策影响（无=0，有=1）	0.312**	0.049	1.367**	1.240	1.506
	家庭影响（无=0，有=1）	−0.460**	0.049	0.631**	0.573	0.696
	亲朋影响（无=0，有=1）	−0.569**	0.054	0.566**	0.509	0.629
	社会影响（无=0，有=1）	0.207**	0.047	1.230**	1.122	1.349
	报刊/电视/网络等宣传影响（无=0，有=1）	0.184**	0.051	1.202**	1.086	1.329

续表

解释变量		高校体育产业创新创业培训学生参与行为模型				
		B	标准误	EXP(B)	EXP(B)的95%置信区间	
					下限	上限
环境变量	学校氛围影响(无=0,有=1)	−0.022	0.052	0.978	0.883	1.082
	同学影响(无=0,有=1)	0.157**	0.059	1.170**	1.042	1.314
	择业影响(无=0,有=1)	0.112*	0.051	1.118*	1.012	1.236
	成功偶像影响(无=0,有=1)	−0.067	0.073	0.935	0.811	1.079
	授课教师影响(无=0,有=1)	0.152*	0.064	1.164*	1.027	1.320
控制变量	是否属于体育院校(否=0) 独立建制的体育院校	0.997**	0.093	2.709**	2.260	3.249
	综合性大学的体育院、系、部	0.747**	0.077	2.111**	1.816	2.452
	体育高职高专	0.976**	0.217	2.653**	1.735	4.057
	其他体育院校	0.647**	0.145	1.910**	1.437	2.538
	是否为体育学专业(否=0,是=1)	0.145*	0.067	1.156*	1.013	1.318
	学校所在区域(华中地区=0) 华北地区	−0.371**	0.086	0.690**	0.583	0.816
	华东地区	−0.022	0.083	0.978	0.832	1.150
	华南地区	0.258	0.134	1.295	0.996	1.683
	东北地区	−0.197	0.107	0.821	0.666	1.012
	西北地区	−0.066	0.122	0.936	0.737	1.190
	西南地区	−0.180	0.165	0.836	0.605	1.154
NUM = 10793						
Hosmer Lemeshow Test(P = 0.685)						
Classification Table(Fitting degree = 78.5%)						
* $P<0.05$ ** $P<0.01$						

个人影响因素。"体育产业创新创业政策的了解程度""学生对学校开展体育产业创新创业教育的认识程度""高校学生对体育产业创新创业的态度""高校学生参与体育产业创新创业的意愿"方面：对体育产业创新创业政策的了解程度越高，参与高校体育产业创新创业培训的概率就越大；高校学生参与体育产业创新创业的强参与意愿将对学生参与高校体育产业创新创业培训行为产生强正向影响，选择"非常强烈"参与意愿的学生比选择"根本

不强烈"参与意愿的学生参与高校体育产业创新创业培训的概率高 6.507
倍。学生对学校开展体育产业创新创业教育的认识程度及高校学生体育产业
创新创业的态度对学生参与体育产业创新创业培训的影响较弱。

在环境变量当中，资金、政策、家庭、亲朋、社会、报刊/电视/网络等
宣传、同学、择业因素以及授课教师都是学生参与高校体育产业创新创业培
训的影响因素。其中资金影响、政策影响、社会影响、报刊/电视/网络等宣
传影响、同学影响、择业因素影响以及授课教师影响将提高学生参与高校体
育产业创新创业培训的概率，而家庭及亲朋影响将降低学生参与高校体育产
业创新创业培训的概率。即资金、政策、社会、报刊/电视/网络等宣传、同
学、择业因素以及授课教师的影响促进了高校学生参与体育产业创新创业培
训，而家庭及亲朋的影响一定程度上抑制了高校体育产业创新创业培训的学
生参与行为。另外，学校氛围影响、成功偶像影响在高校体育产业创新创业
培训学生参与行为模型中表达不明显。

在控制变量的回归分析中，以非体育类院校为参照，独立建制的体育院
校学生参与高校体育产业创新创业培训的概率预测值最高，其次为体育高职
高专与综合性大学的体育院、系、部，非体育类院校参与体育产业创新创业
培训的概率很低，学生参与行为"出圈效应"较低。与非体育学专业相比，
体育学专业学生参与高校体育产业创新创业培训的概率较高，并在 5% 显著
性水平上通过了显著性检验。学校所在区域对于高校体育产业创新创业培训
的学生参与行为也有显著影响，以华中地区为参照，华北地区学生参与高校
体育产业创新创业培训的概率较低，高校体育产业创新创业培训的开展情况
在地区间有差异。

2. 体育产业创新创业训练（项目）参与行为分析

高校体育产业创新创业训练（项目）学生参与的行为模型如表 6 所示，
模型 Hosmer Lemeshow 检验值为 0.450 大于 0.05 通过模型拟合程度检验。
表 6 显示，本模型预测准确率为 85.8%，模型拟合程度较好。

从回归结果来看，个体特征变量当中，呈现与高校体育产业创新创业培
训学生参与行为模型相似的结果，即男生参与过高校体育产业创新创业训练

表 6 高校体育产业创新创业训练（项目）学生参与行为二元 logistic 回归分析

解释变量		高校体育产业创新创业训练（项目）学生参与行为模型				
		B	标准误	EXP（B）	EXP（B）的 95% 置信区间	
					下限	上限
个体特征变量	性别（女＝0，男＝1）	0.152*	0.066	1.165*	1.023	1.326
	年龄（26 岁及以上＝0）19 岁及以下	−1.745**	0.22	0.175**	0.113	0.269
	20~21 岁	−1.023**	0.205	0.359**	0.241	0.537
	22~23 岁	−0.428*	0.200	0.652*	0.441	0.964
	24~25 岁	0.067	0.193	1.070	0.732	1.562
	身份（其他＝0）在校专科生	0.951**	0.24	2.588**	1.616	4.145
	在校本科生	0.583**	0.219	1.791**	1.166	2.751
	在校研究生	−0.075	0.212	0.927	0.612	1.404
	体育产业创新创业政策的了解程度（根本不了解＝0）非常了解	3.254**	0.328	25.905**	13.615	49.291
	比较了解	2.083**	0.326	8.026**	4.237	15.203
	一般	1.105**	0.328	3.018**	1.588	5.735
	不太了解	0.185	0.341	1.203	0.616	2.350
	学生对学校开展体育产业创新创业教育的认识（根本不必要＝0）非常必要	−1.882**	0.481	0.152**	0.059	0.391
	比较必要	−1.937**	0.481	0.144**	0.056	0.370
	一般	−1.961**	0.484	0.141**	0.054	0.363
	不太必要	−1.757**	0.566	0.172**	0.057	0.523
	高校学生体育产业创新创业的态度（完全不支持＝0）非常支持	0.415	0.772	1.515	0.333	6.879
	比较支持	0.544	0.773	1.722	0.379	7.836
	一般	0.856	0.775	2.355	0.515	10.759
	不太支持	1.288	0.859	3.625	0.673	19.517
	高校学生参与体育产业创新创业的意愿（根本不强烈＝0）非常强烈	1.882**	0.504	6.568**	2.446	17.636
	比较强烈	1.516**	0.503	4.552**	1.699	12.193
	一般	1.176*	0.504	3.241*	1.208	8.695
	不太强烈	0.284	0.537	1.328	0.463	3.807

续表

解释变量		高校体育产业创新创业训练(项目)学生参与行为模型				
		B	标准误	EXP(B)	EXP(B)的95%置信区间	
					下限	上限
环境变量	资金影响(无=0,有=1)	0.403**	0.055	1.496**	1.343	1.665
	政策影响(无=0,有=1)	0.255**	0.062	1.291**	1.143	1.457
	家庭影响(无=0,有=1)	−0.400**	0.059	0.670**	0.597	0.753
	亲朋影响(无=0,有=1)	−0.550**	0.063	0.577**	0.509	0.653
	社会影响(无=0,有=1)	0.297**	0.058	1.346**	1.202	1.506
	报刊/电视/网络等宣传影响(无=0,有=1)	0.225**	0.064	1.252**	1.104	1.420
	学校氛围影响(无=0,有=1)	−0.044	0.064	0.957	0.845	1.084
	同学影响(无=0,有=1)	0.189*	0.074	1.208*	1.045	1.396
	择业影响(无=0,有=1)	0.093	0.064	1.097	0.969	1.243
	成功偶像影响(无=0,有=1)	−0.271**	0.087	0.763**	0.643	0.905
	授课教师影响(无=0,有=1)	0.275**	0.083	1.317**	1.119	1.549
控制变量	是否属于体育院校(否=0) 独立建制的体育院校	1.054**	0.115	2.869**	2.290	3.596
	综合性大学的体育院、系、部	0.814**	0.101	2.258**	1.851	2.754
	体育高职高专	1.000**	0.239	2.717**	1.702	4.338
	其他体育院校	1.025**	0.172	2.788**	1.992	3.902
	是否为体育学专业(否=0,是=1)	−0.189*	0.079	0.828*	0.709	0.967
	学校所在大区(华中地区=0) 华北地区	−0.321**	0.105	0.725**	0.591	0.891
	华东地区	−0.040	0.099	0.961	0.791	1.167
	华南地区	0.450**	0.150	1.569**	1.170	2.104
	东北地区	−0.199	0.125	0.819	0.641	1.047
	西北地区	−0.155	0.155	0.857	0.633	1.160
	西南地区	0.226	0.189	1.254	0.865	1.817
NUM=10793						
Hosmer Lemeshow Test(P=0.450)						
Classification Table(Fitting degree=85.8%)						
*P<0.05 **P<0.01						

（项目）的预测平均概率是女生的1.165倍。以26岁及以上的高校学生为参照，19岁及以下、20~21岁、22~23岁的学生参与过高校体育产业创新创业训练（项目）的概率明显较低，高校体育产业创新创业训练（项目）本科学生参与推动效应明显。身份方面，在校本科生与在校专科生参与高校体育产业创新创业训练（项目）的概率更高。在学生政策认知、高校认知、态度及

行为意愿方面，学生对体育产业创新创业政策的了解程度、高校学生参与体育产业创新创业的意愿对高校学生的体育产业创新创业训练（项目）的学生参与行为有强正向影响，对体育产业创新创业政策"非常了解"的学生的参与预测平均概率是"根本不了解"的25.905倍，对高校体育产业创新创业活动有"非常强烈"参与意愿学生的参与预测平均概率是"根本不强烈"的6.568倍，其均在1%显著性水平上通过显著性检验，影响非常显著。

在环境变量的回归分析中，与高校体育产业创新创业培训学生参与行为的环境变量相似，资金、政策、社会、报刊/电视/网络等宣传、同学、授课教师因素会对高校体育产业创新创业训练（项目）的学生参与行为产生正向影响，家庭与亲朋因素多对高校体育产业创新创业训练（项目）的学生参与行为产生负向影响。与高校体育产业创新创业培训学生参与行为不同的是，择业因素对高校体育产业创新创业训练（项目）学生参与行为的影响并不明显，成功偶像因素在1%的显著性水平上通过显著性检验，并对高校体育产业创新创业训练（项目）学生参与行为产生强负向影响。学校氛围对高校体育产业创新创业培训与训练（项目）学生参与行为影响不明显。

在控制变量的回归分析中，以非体育类院校为参照，独立建制的体育院校的学生参与体育产业创新创业训练（项目）的预测概率最高，其次为体育高职高专，综合性大学的体育院、系、部学生参与行为预测概率与独立建制的体育院校和体育高职高专相比较低。与高校体育产业创新创业培训学生参与行为不同，体育学专业与非体育学专业相比高校体育产业创新创业训练（项目）学生参与预测概率较低，即体育学专业与高校体育产业创新创业训练（项目）学生参与呈负相关。区域差异方面，以华中地区为参照，华北地区学生参与高校体育产业创新创业训练（项目）的概率较低，华南地区参与高校体育产业创新创业训练（项目）的概率较高，地区差异对高校体育产业创新创业训练（项目）的学生参与行为影响明显。

3.体育产业创新创业赛事参与行为分析

高校体育产业创新创业赛事学生参与的行为模型如表7所示，模型

Hosmer Lemeshow 检验值为 0.429 大于 0.05 通过模型拟合程度检验。表7显示，本模型预测准确率为72.1%，模型拟合程度较好。

表7　高校体育产业创新创业赛事学生参与行为二元 logistic 回归分析

解释变量		高校体育产业创新创业赛事学生参与行为模型				
		B	标准误	EXP(B)	EXP(B)的95%置信区间	
					下限	上限
个人特征变量	性别(女=0,男=1)	0.238 **	0.049	1.269 **	1.152	1.398
	年龄(26岁及以上=0) 19岁及以下	-0.077	0.163	0.926	0.674	1.274
	20~21岁	0.026	0.156	1.026	0.757	1.393
	22~23岁	0.105	0.150	1.110	0.827	1.491
	24~25岁	0.170	0.147	1.186	0.889	1.581
	身份(其他=0) 在校专科生	-0.436	0.174	0.647	0.460	0.910
	在校本科生	-0.642	0.154	0.526	0.389	0.711
	在校研究生	-0.585	0.148	0.557	0.417	0.745
	体育产业创新创业政策的了解程度(根本不了解=0) 非常了解	1.253 **	0.162	3.500 **	2.547	4.808
	比较了解	1.253 **	0.156	3.502 **	2.579	4.757
	一般	0.659 **	0.155	1.933 **	1.426	2.619
	不太了解	0.140	0.159	1.150	0.841	1.571
	学生对学校开展体育产业创新创业教育的认识(根本不必要=0) 非常必要	1.234 *	0.640	3.434 *	0.980	12.029
	比较必要	1.237 *	0.640	3.446 *	0.983	12.076
	一般	1.286 *	0.640	3.619 *	1.031	12.699
	不太必要	1.076	0.668	2.933	0.792	10.863
	高校学生体育产业创新创业的态度(完全不支持=0) 非常支持	0.857	0.805	2.357	0.486	11.427
	比较支持	0.704	0.806	2.021	0.417	9.804
	一般	0.556	0.807	1.744	0.359	8.482
	不太支持	1.295	0.842	3.653	0.701	19.033
	高校学生参与体育产业创新创业的意愿(根本不强烈=0) 非常强烈	0.876 **	0.241	2.402 **	1.498	3.854
	比较强烈	0.702 **	0.238	2.017 **	1.265	3.217
	一般	0.404	0.238	1.498	0.940	2.387
	不太强烈	-0.068	0.254	0.934	0.568	1.537

续表

解释变量		高校体育产业创新创业赛事学生参与行为模型				
		B	标准误	EXP(B)	EXP(B)的95%置信区间	
					下限	上限
环境变量	资金影响(无=0,有=1)	-0.628	0.049	0.534	0.485	0.587
	政策影响(无=0,有=1)	0.197**	0.050	1.218**	1.103	1.344
	家庭影响(无=0,有=1)	-0.418**	0.051	0.658**	0.595	0.727
	亲朋影响(无=0,有=1)	-0.402**	0.056	0.669**	0.600	0.747
	社会影响(无=0,有=1)	0.074	0.049	1.077	0.978	1.185
	报刊/电视/网络等宣传影响(无=0,有=1)	0.286**	0.054	1.331**	1.198	1.479
	学校氛围影响(无=0,有=1)	-0.211	0.053	0.809	0.729	0.899
	同学影响(无=0,有=1)	0.090	0.061	1.095	0.972	1.233
	择业影响(无=0,有=1)	0.008	0.052	1.008	0.910	1.117
	成功偶像影响(无=0,有=1)	-0.030	0.074	0.971	0.839	1.123
	授课教师影响(无=0,有=1)	-0.152	0.064	0.859	0.758	0.973
控制变量	是否属于体育院校(否=0) 独立建制的体育院校	0.613**	0.083	1.847**	1.569	2.174
	综合性大学的体育院、系、部	0.341**	0.069	1.407**	1.229	1.611
	体育高职高专	-0.037**	0.206	0.964	0.644	1.442
	其他体育院校	0.382**	0.135	1.465**	1.126	1.908
	是否为体育学专业(否=0,是=1)	0.153	0.062	1.165	1.033	1.315
	学校所在大区(华中地区=0) 华北地区	-0.134	0.079	0.875	0.749	1.022
	华东地区	0.075	0.077	1.077	0.926	1.253
	华南地区	-0.330**	0.126	0.719**	0.562	0.921
	东北地区	0.101	0.098	1.106	0.913	1.341
	西北地区	-0.017	0.116	0.983	0.783	1.235
	西南地区	-0.347*	0.156	0.707*	0.520	0.960

NUM = 10793

Hosmer Lemeshow Test(P = 0.429)

Classification Table(Fitting degree = 72.1%)

* $P<0.05$ ** $P<0.01$

在个体特征变量的回归分析中，男性学生参与高校体育产业创新创业赛事的概率相对较高，在年龄和身份方面高校体育产业创新创业赛事学生参与概率未有明显差异。在学生政策认知、高校认知、态度及行为意愿方面，学生对体育产业创新创业政策的了解程度以及高校学生参与体育产业创新创业的意愿依旧是高校学生参与体育产业创新创业赛事活动的主要影响因素，学生对学校开展体育产业创新创业教育的认识程度在 5% 的显著性水平上有显著性差异，认为学校开展体育产业创新创业教育"非常必要"学生的赛事参与概率是认为"根本不必要"学生的 3.434 倍。高校学生体育产业创新创业的态度对学生参与行为的影响依旧不明显。

在环境变量的回归分析中，家庭因素、亲朋因素对高校体育产业创新创业赛事学生参与行为产生了负向影响，并在 1% 的显著性水平上表现显著，家庭因素及亲朋因素在学生培训参与行为、学生训练（项目）参与行为以及赛事学生参与行为模型中均产生负向。政策以及报刊/电视/网络等宣传对高校体育产业创新创业赛事学生参与行为产生了正向影响，并在 1% 的显著性水平上表现显著，即政策以及报刊/电视/网络等宣传是推动学生参与高校体育产业创新创业赛事乃至高校体育产业创新创业活动的重要影响因素。

在控制变量的回归分析中，以非体育院校为参照，独立建制的体育院校，综合性大学的体育院、系、部以及其他类型的体育院校的学生参与高校体育产业创新创业赛事的概率相对较高，体育高职高专的高校体育产业创新创业赛事学生参与引导工作开展并不理想。体育学专业的学生比非体育学专业的学生参与高校体育产业创新创业赛事的平均概率要高 16.5 个百分点。地区差异方面，以华中区域为参照，华南地区与西南地区的高校体育产业创新创业赛事学生参与引导工作不理想，高校体育产业创新创业赛事学生参与概率较低，华中地区高校体育产业创新创业赛事工作开展较好，学生参与行为比华南地区、西南地区相对积极。

4. 体育产业创新创业学术交流参与行为分析

高校体育产业创新创业学术交流学生参与的行为模型如表8所示，模型Hosmer Lemeshow 检验值为 0.645 大于 0.05 通过模型拟合程度检验。表8显示，本模型预测准确率为 74.2%，模型拟合程度较好。

表8 高校体育产业创新创业论坛、交流、研讨学生参与行为二元 logistic 回归分析

解释变量		高校体育产业创新创业论坛、交流、研讨学生参与行为模型				
		B	标准误	EXP(B)	EXP(B)的95%置信区间	
					下限	上限
个体特征变量	性别(女=0,男=1)	0.125 *	0.051	1.133 *	1.026	1.252
	年龄(26岁及以上=0) 19岁及以下	−1.039 **	0.167	0.354 **	0.255	0.491
	20~21岁	−0.701 **	0.159	0.496 **	0.363	0.678
	22~23岁	−0.237	0.154	0.789	0.583	1.067
	24~25岁	−0.091	0.150	0.913	0.680	1.226
	身份(其他=0) 在校专科生	0.463 *	0.183	1.589 *	1.110	2.276
	在校本科生	0.160	0.163	1.173	0.852	1.615
	在校研究生	−0.003	0.157	0.997	0.733	1.355
	体育产业创新创业政策的了解程度(根本不了解=0) 非常了解	2.143 **	0.187	8.527 **	5.905	12.313
	比较了解	1.835 **	0.182	6.265 **	4.386	8.948
	一般	1.041 **	0.181	2.832 **	1.987	4.037
	不太了解	0.376 *	0.185	1.457 *	1.013	2.095
	学生对学校开展体育产业创新创业教育的认识(根本不必要=0) 非常必要	−0.366	0.426	0.694	0.301	1.598
	比较必要	−0.356	0.425	0.701	0.304	1.612
	一般	−0.249	0.426	0.779	0.338	1.795
	不太必要	−0.003	0.458	0.997	0.406	2.445
	高校学生体育产业创新创业的态度(完全不支持=0) 非常支持	−0.789	0.509	0.454	0.168	1.232
	比较支持	−0.738	0.508	0.478	0.176	1.294
	一般	−0.702	0.509	0.496	0.183	1.346
	不太支持	−0.594	0.570	0.552	0.181	1.687
	高校学生参与体育产业创新创业的意愿(根本不强烈=0) 非常强烈	1.029 **	0.254	2.799 **	1.702	4.604
	比较强烈	0.904 **	0.250	2.470 **	1.512	4.036
	一般	0.476	0.250	1.610	0.986	2.627
	不太强烈	0.266	0.264	1.305	0.778	2.190

续表

解释变量		高校体育产业创新创业论坛、交流、研讨学生参与行为模型				
		B	标准误	EXP（B）	EXP（B）的95%置信区间	
					下限	上限
环境变量	资金影响（无＝0,有＝1）	0.109*	0.048	1.115*	1.015	1.225
	政策影响（无＝0,有＝1）	−0.015	0.051	0.986	0.892	1.089
	家庭影响（无＝0,有＝1）	−0.477**	0.051	0.621**	0.562	0.686
	亲朋影响（无＝0,有＝1）	−0.527**	0.055	0.590**	0.530	0.658
	社会影响（无＝0,有＝1）	−0.109*	0.050	0.897*	0.814	0.989
	报刊/电视/网络等宣传影响（无＝0,有＝1）	0.002	0.053	1.002	0.902	1.112
	学校氛围影响（无＝0,有＝1）	−0.200	0.054	0.819	0.737	0.910
	同学影响（无＝0,有＝1）	0.105	0.061	1.110	0.984	1.252
	择业影响（无＝0,有＝1）	0.088	0.053	1.092	0.983	1.212
	成功偶像影响（无＝0,有＝1）	−0.169	0.074	0.845	0.730	0.977
	授课教师影响（无＝0,有＝1）	0.226**	0.067	1.254**	1.099	1.431
控制变量	独立建制的体育院校	0.256**	0.086	1.291**	1.091	1.529
	综合性大学的体育院、系、部	0.276**	0.070	1.318**	1.148	1.513
	体育高职高专	−0.010	0.207	0.990	0.660	1.487
	其他体育院校	0.207	0.139	1.230	0.937	1.614
	是否为体育学专业（否＝0,是＝1）	−0.100	0.063	0.904	0.799	1.024
	华北地区	−0.170*	0.082	0.844*	0.718	0.991
	华东地区	0.107	0.080	1.113	0.952	1.301
	华南地区	0.157	0.124	1.170	0.919	1.491
	东北地区	−0.178	0.103	0.837	0.684	1.024
	西北地区	0.381**	0.116	1.463**	1.165	1.838
	西南地区	−0.023	0.152	0.977	0.725	1.317
NUM＝10793						
Hosmer Lemeshow Test（P＝0.645）						
Classification Table（Fitting degree＝74.2%）						
* P<0.05 ** P<0.01						

注：控制变量中"是否属于体育院校（否＝0）"、"学校所在大区（华中地区＝0）"为分组变量。

在个体特征变量回归分析中，男学生比女学生参与高校体育产业创新创业论坛、交流、研讨的概率更高。以 26 岁及以上年龄学生为参考，19 岁及以下以及 20~21 岁参与论坛、交流、研讨的概率较低，22~23 岁与 24~25 岁无明显差异，据此可以推测大三、大四、研一期间的学生参与高校体育产业创新创业论坛、交流、研讨的概率较大、机会较多，在校专科生在 5% 显著性水平上通过了显著性检验，参与高校体育产业创新创业论坛、交流、研讨的概率更高。在学生政策认知、高校认知、态度及行为意愿方面，较深的体育产业创新创业政策了解程度以及较高的学生参与体育产业创新创业意愿对高校体育产业创新创业论坛、交流、研讨学生参与行为有显著正向影响。学生对学校开展体育产业创新创业教育的认识以及高校学生体育产业创新创业的态度对其行为的影响不显著。

在环境变量回归分析中，资金因素与授课教师因素会对高校体育产业创新创业论坛、交流、研讨学生的参与行为造成显著正向影响，而家庭因素、亲朋因素以及社会因素将会对学生的参与行为造成负面影响。其中，家庭因素、亲朋因素在分析的四个被解释变量中均对学生参与行为产生负面影响。授课教师因素、报刊/电视/网络等宣传因素、资金因素在 3 个被解释变量中对学生的参与行为造成正向影响。

在控制变量的回归分析中，以非体育院校为参照，独立建制的体育院校与综合性大学的体育院、系、部学生参与高校体育产业创新创业论坛、交流、研讨的概率更高，独立建制的体育院校比非体育院校学生参与概率高 29.1 个百分点，综合性大学的体育院、系、部比非体育院校学生参与概率高 31.8 个百分点，体育高职高专和其他体育院校与非体育院校的学生行为没有显著性差异。另外，体育专业与非体育专业在高校体育产业创新创业论坛、交流、研讨学生参与行为没有显著性差异。区域差异方面，以华中地区为参照，华北地区学生参与高校体育产业创新创业论坛、交流、研讨概率较低，西北地区学生参与高校体育产业创新创业论坛、交流、研讨概率较高，可以推测西北地区高校组织开展的体育产业创新创业论坛、交流、研讨工作成效较好。另外，其他地区在华中地区的参照体系下无明显差异。

从上述分析结果来看，在个体特征变量层面，高校体育产业创新创业的政策了解程度和高校学生参与体育产业创新创业的意愿可以显著影响学生参与体育产业创新创业的行为，这种影响是相互的，即政策了解程度和参与意愿的提升推动学生参与体育产业创新创业活动，而在学生参与过程中又促进对政策的了解和参与意愿的提升。男生参与体育产业创新创业的概率要显著高于女生，高年级参与体育产业创新创业活动的概率更高。在环境变量层面，授课教师、家庭、亲朋、报刊/电视/网络等宣传、资金、政策、社会、学校氛围、择业与成功偶像因素均可影响学生参与体育产业创新创业活动。其中，授课教师因素、报刊/电视/网络等宣传因素、资金因素、政策因素对于学生的创新创业行为多呈现显著正向影响，而家庭因素和亲朋因素对于学生的创新创业行为多呈现显著负面影响，即家庭与亲朋对于学生参与体育产业创新创业行为并不支持，会阻碍学生此行为的形成。在控制变量层面，学生的各类创新创业行为在区域间均存在差异，各地区间学生参与体育产业创新创业的行为也不尽相同。另外，高校体育产业创新创业的"出圈"效应并不明显，体育类院校或体育学专业的学生比非体育类院校或非体育学专业的学生有更多参与体育产业创新创业的机会。因此，加强政策宣传、改变家庭观念、加大资金供给力度、增强师资引领作用、充分利用媒体宣传、加强区域/院校联动将为学生参与体育产业创新创业提供更多发展空间。

四　结论与建议

（一）结论

第一，男生体育产业创新创业的参与行为较女生更积极，22 岁及以上年龄的学生体育产业创新创业教育活动参与率更高，在校专科生、本科生及研究生的参与行为差异明显。

第二，政策了解程度、参与意愿是高校学生体育产业创新创业行为的个体层面主要影响因素，学生的体育产业创新创业认知及态度对参与行为影响不明显。

第三，授课教师因素、报刊/电视/网络等宣传因素、资金因素、政策因素是环境层面体育产业创新创业学生参与行为的主要正向影响因素，家庭与亲朋因素是主要制约因素，社会、学校氛围、择业与成功偶像因素在不同的学生行为间呈现的影响效果有差异。

第四，体育类院校或体育学专业的学生比非体育类院校或非体育学专业的学生有更多参与体育产业创新创业的机会，不同区域高校学生的体育产业创新创业参与行为也有较大差异，区域环境是影响高校学生体育产业创新创业行为的重要因素。

（二）建议

第一，营造氛围，设置阶梯目标，分层指导。分层分类教育应该包括普及性教育、深入性激发和实践性支持三个阶梯式目标，使更多学生拥有积极的创新创业学习态度和意愿，促进不同高校学生群体参与意愿向参与行为的转化。

第二，加强政策宣传工作。政府加强体育产业创新创业制度制定和相关政策宣传，加快完善高校体育产业创新创业信息服务平台建设工作，政府、高校、企业各方应拓展宣传方式，提高学生对相关政策及体育产业信息的了解程度，激发学生参与意愿。

第三，加强保障制度建设，优化体育产业创新创业环境。加强高校体育产业创新创业师资、资金、税收等保障制度的建设与落实，继续加强社会对高校创新创业教育的认知及态度，营造良好高校体育产业创新创业教育环境。

第四，建立及完善协同机制，提高资源调配供给水平。加强部门间、区域间、高校间协同发展，充分利用教育资源强优势、补短板，以服务、实践平台等为载体，加强政、产、学、研、用多方协调发展，加快推动体育产业创新创业协同机制建设。

中国高校体育产业创新创业生态系统调查

马枢佳*

摘　要：　"产业生态系统健康"是产业能够实现可持续发展的前提。本文依据中国高校体育产业创新创业生态系统健康评价指标体系，以中国七大地理区域为对象，对中国高校体育产业创新创业生态系统健康状况开展调查研究。研究发现：华东、华北、华中地区高校体育产业创新创业生态系统健康状况总体较好；东北、西南地区对于高校体育产业创新创业发展的资源支持力度较差，不同的是东北地区已经形成了一定的产业发展环境和规模，能够在一定程度上实现高校体育产业创新创业的稳定发展，但西南地区高校体育产业创新创业发展生态系统还未成形，未来发展趋势引人担忧；华南、西北地区的资源支持程度较高，属于未来发展潜力和成长性较好的区域，并且华南地区由于自身较好的经济状况，高校体育产业创新创业发展情况略好于西北地区。

关键词：　产业生态学　体育产业创新创业　生态系统　健康评价

一　中国高校体育产业创新创业发展生态系统健康评价指标体系

　　产业生态学是将自然生态学中生态系统的特征和发展规律应用到产业研

---

　　* 马枢佳，中央财经大学2022级硕士研究生，主要研究方向为体育统计学、体育经济与管理、创新创业教育。

究中的新兴学科，强调产业结构的有机性和持续性。生态系统健康的概念，最早于1985年由拉波特（LFLaparte）提出，此后，美国生态经济学家曾设计出生态系统健康评价指标体系，它被认为是世界范围最为权威的生态系统健康评价指标体系。我国关于产业生态学的研究起步较晚，在2002年，肖风劲和欧阳华参考美国生态经济学家设计的生态系统健康评价指标体系，构建了由产业活力、产业组织结构、产业恢复力三个维度构成的生态系统健康预警评价指标体系，简称VOR模型。[1]

参考VOR模型，结合我国高校体育产业创新创业发展生态系统的特征与结构，笔者构建了我国高校体育产业创新创业发展生态系统健康评价指标体系。该指标体系从产业活力、产业组织结构和产业恢复力三个维度构建一级指标，每个一级指标选择3个二级指标作为评价方向，结合调研难度，又根据二级指标选取3个三级指标作为调研指标，对二级指标进行表征，作为我国高校体育产业创新创业发展生态系统的健康状况评价标准，该指标体系如表1所示。[2]

表1　高校体育产业创新创业发展生态系统健康评价指标体系

一级指标	二级指标	三级指标	计量指标
双创产业活力	产业生产力	产业项目规模	区域体育创新创业项目数量
		产业人数规模	区域参与创新创业工作人数
	生态承载力	经济承载力	区域双创高校投资项目数量
		资源承载力	区域双创高校教育师资状况
	产业成长性	投入增长状况	区域双创培训增长
		产出增长状况	区域双创项目数量增长
双创产业组织结构	种群结构	种群密度	校均体育双创项目数量
		种间关系	校均校外投资额
	资源集中度	高校资源集中度	区域双创项目高校投资HHI值
		校外资源集中度	区域双创项目校外投资HHI值
	生态位指标	生态位宽度	项目盈利方式
		生态位重叠度	项目类型重叠度

---

[1]　陶喜红：《中国传媒产业生态系统健康评价研究》，中国社会科学出版社，2019，第117页。

[2]　肖林鹏、靳厚忠主编《中国高校体育产业创新创业报告（2020~2021）》，社会科学文献出版社，2021，第56~76页。

一级指标	二级指标	三级指标	计量指标
双创产业恢复力	对外依存度	资本对外依存度	双创资本对高校依存度
		产品对外依存度	双创项目对高校依存度
	发展潜力	研发投入	区域双创培训投入
		获取资源能力	参与创新创业人数比例
	抵御环境变化能力	产业规模	区域双创项目规模
		环境依赖度	高校支持态度

二 中国高校体育产业创新创业发展生态系统健康调研

根据我国高校体育产业创新创业发展生态系统健康评价指标体系，在本次高校体育产业创新创业调研中增加生态系统健康调研部分，根据我国七大区域调研反馈结果进行分区域高校体育产业创新创业发展生态系统健康评价。

（一）产业活力评价指标

1. 产业生产力

产业生产力指标是产业自身生产能力的体现，与产业生态系统规模正相关，产业生态系统规模越大，生产能力越强。

从双创项目产出规模来看，七大地区的项目数量差距较大，总体上呈现东强西弱的态势，与我国区域经济发展状况高度相似，以长三角和京津冀为核心的华东、华北地区规模最大，其中华东地区以637个项目数量排名第一，其次是华北地区。西北、西南地区则排名最末，项目数量不足100个（见图1）。

双创参与人数规模一方面与区域项目数量有关，另一方面也与项目团队规模有关。从项目团队规模和项目数量情况（见图2）来看，双创项目团队规模多数都在15人及以下，其中东北地区的双创项目小规模团队占

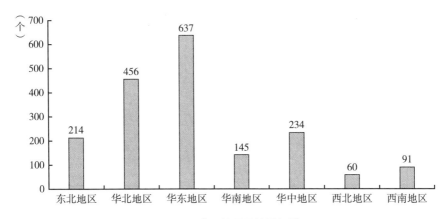

图 1　区域双创项目数量规模

比更高，华东地区 20 人以上大规模团队相比其他地区占比更高。以团队
规模分档的最小规模为准对各区域双创项目团队总人数进行估算可以得出
如图 3 所示情况，从图 3 中可以看出总人数规模与项目数量规模所呈现的
区域特征相同。

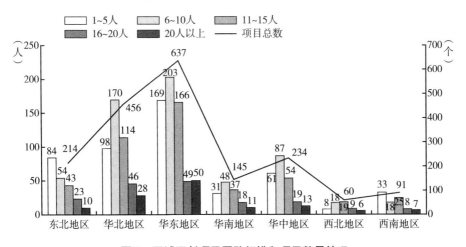

图 2　区域双创项目团队规模和项目数量情况

　　在产业生产力指标方面，从区域双创产出项目数量规模和项目团队人数
规模两个实际指标来看，华东地区的双创产业生产力最强，其次是华北地

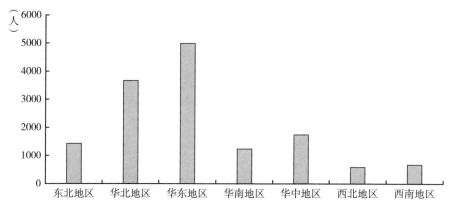

图3　区域双创项目总人数规模（估算）

区，东北地区、华中地区和华南地区处于中游，西部的西北地区和西南地区产业生产力相对较弱。其呈现出东强西弱的特征，与我国区域经济发展状况基本相同。

2. 生态承载力

生态承载力也是产业生态系统健康评价的重要指标之一，如果生态承载力低，即使产业生产力高也无法在生态环境中得到很好的资源支持，无法健康地发展，而生态环境承载力高的产业生态系统有机会获得更多的资源支持，能够帮助产业生态系统更健康地发展。

首先，从经济角度来看，选取高校能够资助的双创项目占比作为评价指标，如图4所示，高校资助项目占比均在85%以上，可见所有区域在当前阶段的经济生态承载力都比较充足，足以支持高校双创项目的发展。其中占比最高的是西北地区，一方面说明西北地区尽管目前产业生产力不足，但承载力充足，在充分引导和发展下，有希望在未来获得更好的发展，另一方面，考虑到西北地区本身项目数量较少，其百分比数据的代表性较差，不足以说明西北地区生态承载力强于其他地区。除西北地区以外，华北、华东、华南以及西南地区高校资助百分比都在90%左右，生态承载力稍强于东北地区和华中地区（见图4）。

其次，从资源角度来看，将高校提供的师资情况作为评判的主要依据，

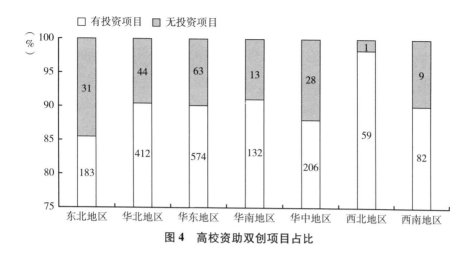

图 4　高校资助双创项目占比

受访者在高校体育产业创新创业工作中的主要职责不同,有承担教职者,也有的作为管理者参与体育产业创新创业工作。各区域不同身份的教师数量如图 5 所示。无论是教师职位还是管理者职位,人数与总受访人员数量的占比情况基本一致,华东地区教师参与体育产业创新创业的占比最高,华北、华南、华中地区处于第二梯队,西北、西南和东北地区占比最少。另外,对不同地区的教师人群职称情况和管理者职级情况进行调研,分别如图 6 和图 7所示。在教师工作人群当中,总体来看职称为副教授和讲师的人数居多,教授职称和助教人数占比较少,但其中西北地区较为特殊,教授职称占比远超过其他区域,在副教授职称占比上,华北地区和华南地区占比略低于其他区域,在教授和副教授总占比上,西北地区一马当先,超过 60%,除此之外,华东、华中和西南地区占比较高,均超过 30%,东北、华北和华南地区占比较低,尤其是华南地区,占比低于 20%。在管理者工作人群中,总体来看中级职级人员占大多数,初级次之,高级和副高级职级人数占比极少,总占比除西北地区外均低于 20%,华中地区尤甚,低于 10%。

最后,从受访教师和管理者人数来看,华东地区最多,西北、东北和西南地区最少,而从职称和职级比例来看,西北地区高级别的教师和管理者占比更高,华南地区占比较低,华中和西南地区在教师团体中高级别人数占比

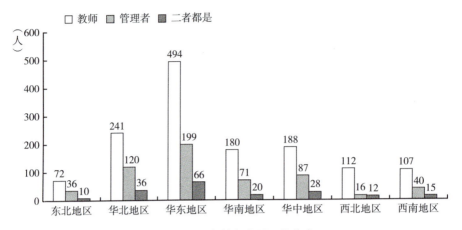

图 5　区域双创教师主要工作分布

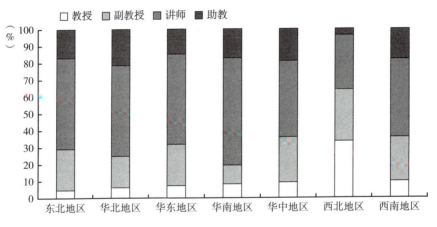

图 6　教师职称情况

更高但高级别管理者人数较少。

3. 产业成长性

产业成长性是关于产业生态系统未来发展趋势的指标，产业生态系统健康的一个重要标志就是能够健康可持续地发展，这就要求产业生态系统具备较高的成长性，若是产业成长性过差，则无法保证产业生态系统能够持续稳定地健康发展。

能够反映高校体育产业创新创业发展生态系统成长性的一项指标就是该区

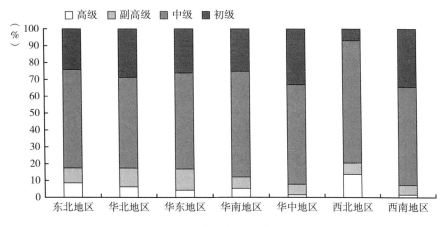

图 7　管理者职级情况

域对于双创培训课程的开设状况，问卷调查了各高校关于双创培训课程的开设状况，将新开设课程占已开设课程的增长比例作为投入成长性的指标。从图 8 中可以看出，七大区域双创课程增长率均在 25% 以上，总体水平较高，特别是其中华北地区、华南地区、西北地区和西南地区增长率超过了 30%。

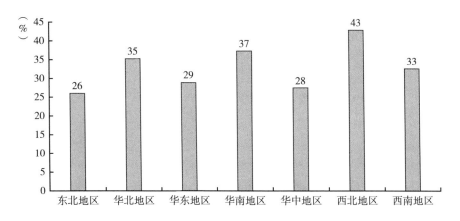

图 8　区域双创培训课程增长率

在考虑投入增长的同时，产出增长情况也能够有效地评价产业成长性，从新增的项目情况看，我国高校体育产业创新创业项目中在 2020 年以后立项的项目占项目总数超过80%，与2020年之前相比，项目增长状况很好，特别是西南地区，2020年以后立项的项目占比达到90%以上（见图9）。从产出的角度看，各大区域的高校体育产业创新创业发展生态系统成长性都很好。

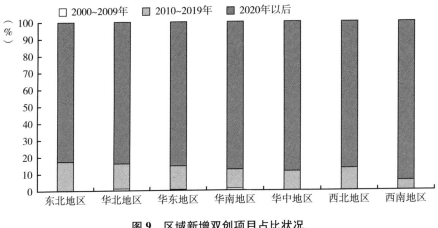

图9　区域新增双创项目占比状况

综合投入成长性和产出成长性两方面因素来看，我国高校体育产业创新创业发展生态系统的投入与产出增长规模较大，各区域的高校双创项目的培育和孵化工作都见到了成效，在产业成长性方面各区域都表现较好，其中突出的是华南地区、西南地区和西北地区。

（二）产业组织结构评价指标

1.种群结构

以各大区域的院校数量和校平均体育双创项目数量作为种群结构的主要评价指标，来评价区域种群结构的健康程度，种群结构主要是种群密度和种间关系两大方面，合理健康的种群密度和良好的种间关系有助于生态系统的稳定和健康，各区域的校均校外投资额和校均项目数量情况如图10所示。

在种群密度指标方面，选取各区域校均体育双创项目作为调研指标，来反映项目的密度情况，从这一指标来看，则是东北地区一马当先，超过了3项，华北、华东地区校均项目数也都在2项以上，而华南、华中、西北和西

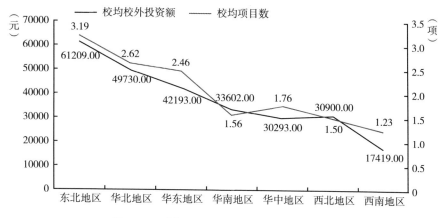

图 10　区域校均双创项目数量及校外投资额

南地区校均项目数均低于 2 项，从这一指标来看，各大区域的种群密度指标均偏低，高校的创新创业项目产出数量较低。

种间关系这一指标，需要反映生态系统中个体之间的合作或竞争关系，也即包括高校、体育双创项目和投资机构等各主体之间的相互关联，在高校和项目之间，其关联的紧密度是不言而喻的，而高校体育双创项目和投资方之间大多通过高校作为中介，实现相互的沟通和资源流动。因此，高校和投资方之间的关联就成为高校体育产业创新创业发展生态系统中种间关系的重要因素，以投资额的形式量化，因此，采用校均校外投资额作为调研指标，从图 10 中可以看出，七大区域校均校外投资额情况与校均双创项目数情况基本类似，东北、华北、华东等地区种间关系密切，而华中、西北、西南等地区较差。

2. 资源集中度

资源集中度反映了产业组织中资源和市场份额的集中程度，是产业组织结构中的重要因素，资源集中度高的产业生态系统，存在寡头组织，资源相对集中，不利于生态系统中种群之间的完全竞争，特别是如果生态系统中的寡头组织出现生存危机，就会对生态系统的健康发展造成巨大的不利影响。资源集中度低，则生态系统中资源分布较平均，不会因为某个组织的存亡与否而对整个生态系统造成过大的影响。

对于资源集中度的调研，采用了赫芬达尔-赫希曼指数（HHI），用于反映产业生态系统的集中程度，HHI 数值越小，说明集中度越低，HHI 数值越接近 1，说明集中度越高。

对于双创项目的投资资源，将其分为高校投资和校外投资两部分，分别计算高校投资和校外投资的 HHI，通过计算结果发现，七大区域的双创项目的投资资源 HHI 数值均低于 0.05，可见投资资源分布较为均衡（见图 11）。并且校内外资源集中度趋势高度相似，这也说明了高校与市场对待体育产业创新创业训练项目的投资意向一致。但是，投资资源分布均匀，从另一个方面来说，也意味着在体育产业创新创业项目中，没有能够在资本市场获得青睐的极为突出的项目，从而获得相较于其他项目更多的资本投入。

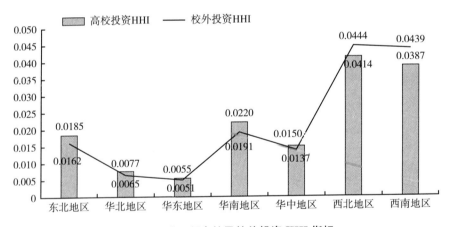

图 11 区域双创高校及校外投资 HHI 指标

3. 生态位指标

生态位指标包含生态位宽度和生态位重叠度两个方面的内容，主要反映产业生态系统中种群与生态环境的互动关系，是体现产业生态系统健康程度的重要指标之一。

生态位宽度反映种群从生态环境中获取资源的方式的多样化，在我国高校体育产业创新创业发展生态系统的健康评价中，生态位宽度就反映出双创项目盈利渠道的多样化，特别是高校双创系统，是否能够充分开拓校园以外的市场，因此，在调研中选择项目主要目标市场作为调研内容，并将这一比例结果作为区域高校体育产业创新创业发展生态系统的生态位宽度评价指标。

如图12所示，各大区域的体育产业创新创业项目中，主要面向校内市场和校外市场的项目占比基本相同，差异不大，各区域的高校体育产业创新创业生态系统都能够表现出较好的生态位宽度，充分地拓展校外市场，通过经营校外市场进行发展。

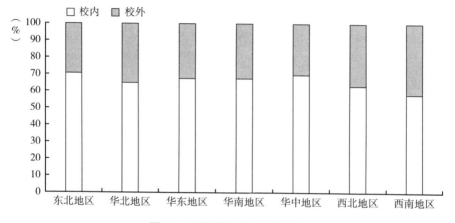

图12　双创项目目标市场占比

生态位重叠度指标与产业结构概念类似，主要要求产业生态系统中产业主体类型的多样性。产业主体类型越多样，产业主体之间可能形成的合作关系就越紧密，竞争关系就越少，更加有利于产业生态系统等协同发展。

参考我国体育产业的统计分类，从服务业和制造业两大产业来看，服务业中分为体育管理活动、体育竞赛表演活动、体育健身休闲活动等九大类行业，制造业分为体育用品及相关产品制造，体育用品及相关产品销售、出租与贸易代理，体育场地设施建设三类行业。

在服务业分布情况中，各区域在体育旅游行业的项目数量都极少，在其他行业中，不同区域呈现出不同的倾向性，东北地区和华南地区在体育管理活动和体育健身休闲活动方面项目更多，华北地区更多项目属于体育传媒与信息服务行业，华中地区在体育经纪与代理、广告与会展、表演与设计服务和体育健身休闲活动行业中的项目更多，西北地区对体育经纪与代理、广告与会展、表演与设计服务有更高的倾向，华东地区和西南地区则分布较为均衡，各有涉猎（见图 13）。

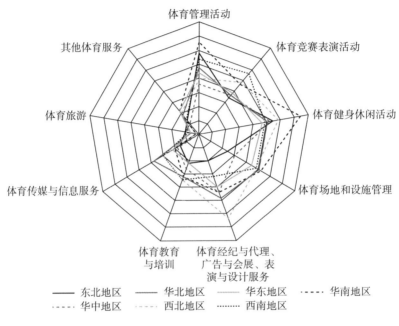

图 13　区域双创项目体育服务业分布情况

　　在制造业分布情况中，体育场地设施建设行业中的项目数量总体较少，华东地区和西北地区在体育用品及相关产品制造行业中项目更多，在体育用品及相关产品销售、出租与贸易代理行业中则是华北地区更为突出，西南地区依然保持了各方面均有涉猎的较均衡状态，而东北地区、华南地区和华中地区则在制造业中既无集中行业，整体规模也稍小于其他地区。综合来看，西南地区在生态位重叠度方面呈现出较为均衡的行业布局，其体育双创项目并不聚焦于某一行业，而是能够充分布局在体育产业的不同细分领域，在一定程度上削弱竞争，加强合作（见图 14）。

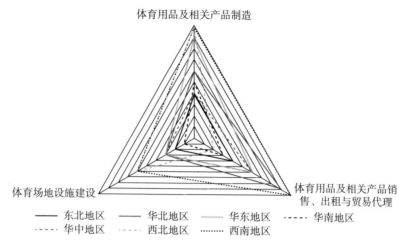

体育用品及相关产品制造

体育场地设施建设

体育用品及相关产品销售、出租与贸易代理

—— 东北地区　　—— 华北地区　　—— 华东地区　　---- 华南地区
---- 华中地区　　---- 西北地区　　—— 西南地区

图14　区域双创项目体育制造业分布情况

（三）产业恢复力评价指标

1. 对外依存度

对外依存度主要反映产业生态系统对于外部生态环境的依赖程度，在我国高校体育产业创新创业发展生态系统中主要表现为孵化于高校的双创项目对于高校这个温室保护环境的依赖程度，也可以理解为项目在走出校园、进入市场环境时的生存能力。

对于双创产业生态系统的对外依存度的评价，依然从资本和产品市场两个方面展开，通过分析双创融资资本在校内校外的占比情况和产品目标市场的占比情况来判断双创项目的生存发展是否完全依赖于校园环境。

在资本方面，获得高校投资与校外投资的项目数量比例十分接近1∶1，七大区域之间没有明显差异，证明在资本方面高校体育产业创新创业发展生态系统的对外依存度较低，能够较好地实现自身的发展而不依赖于生态环境（见图15）。

在市场方面，尽管七大区域间比例也没有明显的差异，几乎相同，但是在校内外市场的对比上，校内市场的项目数量占比明显地上升了（见图

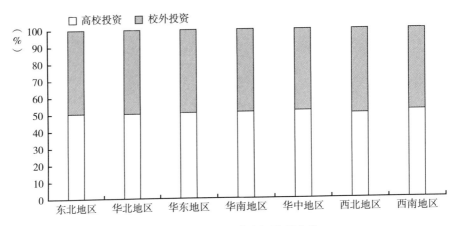

图 15　双创项目融资来源比例占比

16），这证明尽管体育双创项目能够获得校外资本的投资，但是在项目的运营和规划上，还是更加依赖于项目所处的高校环境和学生群体，这也与受访对象是学生有关，更加易于针对身边的事物进行创新发展，但是随着项目负责人毕业离开学校，项目的生存问题就会十分严重。

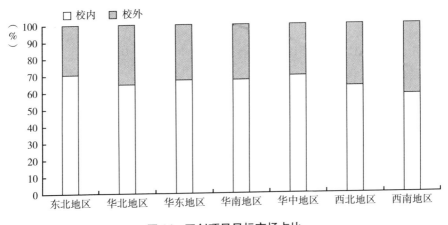

图 16　双创项目目标市场占比

2. 发展潜力

具有更强发展潜力的产业生态系统能够更好地应对冲击，生态系统健康状况更好。能够评价发展潜力的指标，一方面是产业当中的培训研发投入，这部分投入能够催生更具创新效益的发展动力，另一方面是产业获取资源的能力，能够获取到的资源越多，产业生态系统发展的潜力就越好。

在培训研发投入部分，根据中国高校体育产业创新创业教师承担的创新创业教育培训工作进行评判。就承担教学任务的人数来说，华东地区人数最多，华北、华南、华中地区次之，东北、西北和西南地区人数最少（见图17）。

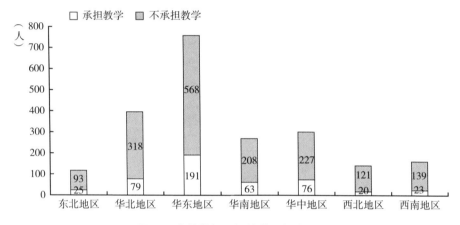

图17　高校教师承担教学任务的人数

从具体承担的教学工作来看，各区域高校在学生个性的开发和引导方面的培训内容均较少，可见这是当前高校创新创业培训的弱势方面。其他各项相对均衡。不同区域也有部分不同的倾向：东北地区在学科领域成果介绍激发学习动力和教学研究结合培养学生创新能力方面比较突出，但是在信息收集、处理方面和专业技能拓展方面较弱势；西南地区更加注重学生学习能力的传授，但在其他方面也没有明显的弱势（见图18）。

在获取资源能力方面，高校体育产业创新创业发展生态系统最重要的资源之一就是创新人才，因此，区域内参与体育双创的人数比例就是该区域获取资源能力的最好表现。

从图19中可以看出，七大区域中，受访学生参与体育双创项目的比例都并不高，其中最高的是华南地区，尽管其双创项目数量规模不大，但是在

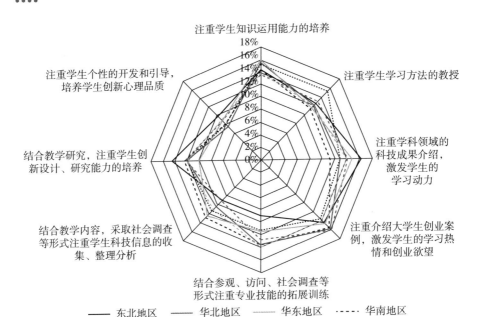

图18 高校教师承担教学任务情况

学生中参与体育双创的比例超过了25%。最低的是华北地区，该地区双创项目数量仅次于华东地区排名第二，但是其资源获取能力却不高，只有10%左右受访学生参与了体育产业双创项目。

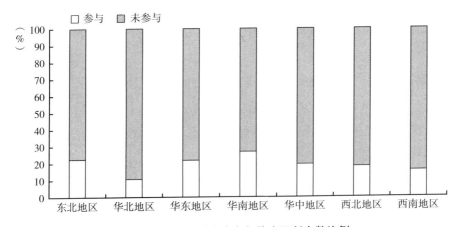

图19 区域收入学生中参与体育双创人数比例

3. 抵御环境变化能力

在产业生态系统中，抵御环境变化的能力是产业生态系统维持健康的必要条件之一，若是抵御环境变化能力过弱，当环境发生较大变动时，产业生态系统就无法保持自身的稳定和均衡，很可能因为环境的改变而受到生存威胁。因此，抵御环境变化的能力是产业生态系统健康的重要反映指标之一。

对于环境变化的抵御能力的反映之一是产业生态系统的规模，七大区域的产业规模状况在产业活力指标中已经进行了展示，但是不同于产业活力的是，在抵御环境变化能力上并不是产业规模越大越好，而是存在最佳规模范围，在低于这一产业规模时，产业规模过小，生存能力太弱，对于环境的抵御能力较差，若是高于这一规模，产业生产能力确实增强了，但是由于产业规模过大，在环境变化时难以及时迅速地针对环境变化做出调整和反应，很可能由于产业规模过大、调整不及时而在环境变化时成为时代的弃子。

对于产业生态环境而言，对于环境变化的抵御能力的另一个方面表现在高校对学生参加"双创"的支持程度上。高校支持程度较高，意味着产业在该区域的发展能够得到更好的支持，这对于产业在面对环境动荡时维持产业生态系统的健康和稳定有较积极的作用。但是，若产业发展完全依靠高校支持保障，对于产业生态系统而言就多了一项来自环境的不确定性，当高校态度发生转变时就会使产业生态系统的稳定受到较大的威胁。在调查中课题组调研了高校对于学生参与体育产业创新创业的支持程度，1~5 表示支持程度由高到低，对高校的支持程度打分求平均值得到结果如图 20，在东北地区，高校的支持度明显低于其他地区，华东地区支持度最高，从这一结果可以看出，以华东地区为主的高校支持度较高的区域体育"双创"的发展能够得到更高的支持，在市场动荡时能够获得更多来自高校的支持保障，但是这对于双创项目来说，若高校态度成为主要的环境变化因素，则项目发展可能受到影响。相反以东北地区为主的高校支持度较低的区域，双创项目的发展依赖于高校的程度更低，发展更加独立，对于高校的态度变化的承受力更高，但是也意味着在市场中项目的发展更加孤立无援。

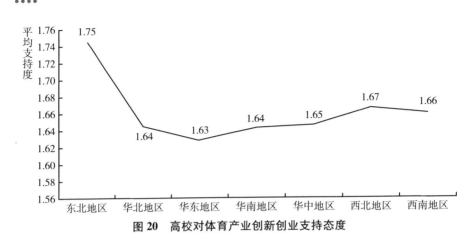

图 20　高校对体育产业创新创业支持态度

三　中国高校体育产业创新创业发展生态系统区域评价

通过上文对 3 个一级指标、9 个二级指标和 18 个三级指标的分析，对调研的我国七大区域高校体育产业创新创业发展生态系统健康状况分别进行评价和分析，将各大区域在不同指标上的表现情况根据指标数据进行排名，汇总如表 2 所示。据此对七大区域高校体育产业创新创业发展生态系统健康水平进行分析，并对未来高校体育产业创新创业工作方向提供建议。

表 2　中国高校体育产业创新创业发展生态系统区域评价排名

一级指标	二级指标	东北地区	华北地区	华东地区	华南地区	华中地区	西北地区	西南地区
产业活力	产业生产力	4	2	1	5	3	7	6
	生态承载力	7	4	3	2	6	1	5
	产业成长性	4	3	5	2	6	1	7
产业组织结构	种群结构	1	2	3	5	4	7	6
	资源集中度	4	2	1	6	3	7	5
	生态位指标	6	4	5	2	7	3	1
产业恢复力	对外依存度	7	3	5	4	6	2	1
	发展潜力	4	5	1	3	2	7	6
	抵御环境变化能力	5	2	1	4	3	7	6

（一）东北地区

东北地区高校体育产业创新创业发展生态系统的健康状况总体而言处于中等水平，在产业活力方面，东北地区产业生产力水平中等，在生态承载力和产业成长性方面表现相较于其他区域也表现平平，产业组织结构方面种群结构排名第1但生态位指标却位列第6。在产业恢复力方面，东北地区表现出较为独特的特点，在对外依存度方面排名各地区最末位，而发展潜力方面，东北地区虽然在培训投入上较差，但是却能实现获取较多的学生资源，高校对于学生参与"双创"的支持度也远高于其他区域，但根据其他指标，这种支持似乎没有得到切实的资源投入。

东北区域高校体育产业创新创业生态的进一步完善，需要该区域针对当前弱势方面进行改进，主要表现在产业的资源投入和成长性上，需要更进一步增加在体育产业创新创业方面的经济投入和师资投入，为产业生态系统的进一步发展提供更加实际的、充足的资源支持。

（二）华北地区

华北地区的产业生态系统健康状况较好，在评价体系中的大多数方面都超出了平均水平。仅有的弱势在发展潜力方面，受访学生中参与双创项目的人数比例处在七大区域中的最末位，因此华北区域还应当在激发学生参与"双创"的兴趣和意愿方面继续加大力度。

（三）华东地区

华东地区是在调研中整体表现最好的区域，无论是产业活力、产业组织结构还是产业恢复力方面表现几乎都是七大区域中的最佳，特别是在产业规模方面远超其他区域。同时有趣的是，该区域的高校对于学生参与"双创"的平均支持度是最低的，可见该区域在大环境的影响下，学生参与创新创业已经形成了一定的环境和习惯，产业生态系统规模已经初步形成。

（四）华南地区

华南地区是表现最为平均的区域，在产业生产力、种群结构、资源集中度方面排名第5，较为靠后，但该区域的体育产业创新创业工作可以说相对均衡、各方都能兼顾。

（五）华中地区

华中地区也是总体表现较为均衡的区域，但是在区域生产承载力、产业成长性、生态位指标、对外依存度方面略差于其他区域，在获取资源方面略好，该区域学生参与体育双创的比例还是比较高的，但是高校对于参与"双创"的学生所能够提供的帮助和支持较差，还需要进一步完善。

（六）西北地区

西北地区从总体经济情况来看就属于国家经济发展相对落后的区域，显然在体育产业创新创业生态系统方面也处于演进较为初期的阶段，从评价体系上来看，西北地区总体表现出投入力度较大，但产出效果较差的情况，无论是项目数量规模、项目团队数量规模还是师资规模方面都表现较差，但是生态系统的经济承载力和培训投入增长方面还是比较好的，该区域的产业生态系统未来发展的空间较大。

对于该区域的高校体育产业创新创业工作来说，需要耐住性子，砥砺前行，当前体育双创生态系统正在形成初期，产出效果较差，但是坚持投入、正确决策，相信未来一定能够创造不错的产出成果。

（七）西南地区

西南区域与西北地区情况相似，从生态系统健康状况来看，产出效果在七大区域中较差，但与西北地区略有不同，西南地区在投入方面也不突出，目前产业生态系统健康状况既不好，未来的成长空间也有限。该区域未来的体育产业创新创业工作需要改进的方面还非常多，在各个方面都需要继续努力。

四 局限与展望

我国高校体育产业创新创业发展起步晚，还处于发展初期，相关研究较少，有关的统计数据不充足，对于我国高校体育产业创新创业发展生态学的研究更是鲜见。本文对产业生态学和高校体育产业创新创业进行了结合研究的尝试，限于笔者水平与现有研究基础的不足，研究尚有不足之处。

（一）研究局限

产业生态学与高校体育产业创新创业的结合研究，在国内较为少见，本文可参考的理论研究基础有限，在构建我国高校体育产业创新创业发展生态系统的健康评价体系过程中也参考了诸多其他领域的前辈研究，目前的健康评价体系或有不足之处，笔者将在未来继续学习，力争不断完善。

在理论研究之外，进行生态系统健康调研过程中，也遇到了重重困难，我国高校体育产业创新创业相关的数据统计十分缺失，以调研手段获取的数据类型也较为有限，数据收集过程中也难免产生一些系统性误差。对于许多指标的调研数据支持，在现有的调研手段下也不尽完善。

（二）未来展望

我国高校体育产业创新创业的发展和研究刚刚起步，本文尝试将产业生态学的相关理论引入高校体育产业创新创业的研究中，经过前本体育产业蓝皮书的探析和研究，有了初步的理论成果，在本文中开始了由理论向实践的探索，将理论指标应用到了实证调研中，经过此次初步的调研尝试，本文对我国高校体育产业创新创业发展生态系统的健康状况，按照我国七大地理区域进行了初步的评价，形成了定性的分析结果。产业生态系统的健康评价指标体系还有待进一步完善，不断优化评价体系，并进行指标量化，细化评价范围，以提升高校体育产业创新创业发展生态系统健康评价的准确度和实用性，并促进我国高校体育产业创新创业相关数据统计的发展。

参考文献

COSTANZA R., NORTON B., HASKELL B., *Ecosystem Health*：*New Goals for Environmental Management*, Washington，D C：Island Press，1992，

陶喜红：《中国传媒产业生态系统健康评价研究》，中国社会科学出版社，2019。

肖林鹏、靳厚忠主编《中国高校体育产业创新创业报告（2020～2021）》，社会科学文献出版社，2021。

解 读 篇

Interpretation Article

《关于进一步支持大学生创新创业的
指导意见》政策解读

王 超　邬凯文　李元晖　潘泓宇　瞿斯逸　胡 庆　丁莉红　郭鸣明*

摘　要： 2021 年 10 月，国务院办公厅印发《关于进一步支持大学生创新创业的指导意见》，再次强调大学生是大众创业、万众创新的生力军，支持大学生创新创业具有重要意义，并提出支持大学生创新创业的"八大任务"。本文分别对"提升大学生创新创业能力""优化大学生创新创业环境""加强大学生创新创业服务平台建设""推动落实大学生创新创业财税扶持政策""加强对大学生创新创业的金融政策支持""促进大学生创新创业成果转

*　王超，上海财经大学 2020 级博士研究生，主要研究方向为产业结构与政策、创新经济学；邬凯文，中央财经大学 2022 级硕士研究生，主要研究方向为高校体育产业创新创业研究；李元晖，中央财经大学体育经济与管理 学院 2021 级硕士研究生，主要研究方向为职业体育制度、创新创业；潘泓宇，北京体育大学 2022 级博士研究生，主要研究方向为体育统计学、体育经济学、创新创业教育；瞿斯逸，中央财经大学管理科学与工程学院 2022 级硕士研究生，主要研究方向为职业体育制度创新创业；胡庆，北京林业大学实验员，主要研究方向为创新创业教育、体育经济与管理；丁莉红，同济大学 2020 级硕士研究生，主要研究方向为组织与人力资源管理、体育经济与管理；郭鸣明，清华大学 2022 级硕士研究生，主要研究方向为职业体育、体育经济与管理。

化""办好中国国际'互联网＋'大学生创新创业大赛""加强
大学生创新创业信息服务"八大任务进行政策解读，试图从制
度层面回答事关高校体育产业创新创业"为什么要做""谁来
做""如何做"等关键性问题。

关键词： 政策解读　大学生创新创业　高校人才培养　制度保障

一　提升大学生创新创业能力内容解读

（一）将创新创业教育贯穿人才培养全过程

大学生的创新创业教育是贯彻我国创新战略的关键举措。[①] 2021 年 10
月，国务院办公厅印发《关于进一步支持大学生创新创业的指导意见》（以
下简称《意见》）《意见》中明确提出要加强我国大学生的创新创业教育，
贯穿创新创业教育到人才培养的全过程。双创教育体现在高等学校工作的诸
多方面，需要多方面支持和配合。企业是技术创新的重要推动主体，对发挥
市场经济活力有着非常重要的意义。大学生作为高素质人才，具有专业的知
识储备和创新敏感性，对新思想、新事物接受速度快，是参与创新创业事业
的主要人员。总结来看，未来需要加强双创教育体系建设、采取协同模式培
养双创人才，提高相关课程设计和讲授质量。

1. 构建创新创业教育的完整体系

打造创新创业教育完整体系的目标在于提高大学生的基本素养。对于双
创工作而言，不仅需要加强学生的知识能力建设，而且要从多方面提升其实
践能力。《意见》指出，要进一步推动高等学校创新创业教育的改革，提高课
堂教学的质量、实现实践活动和课堂的融合，强化大学生创新创业的精神。

---

① 《国务院办公厅关于进一步支持大学生创新创业的指导意见》，《科学中国人》2021 年第 30
期，第 29~31 页。

此外，教育体系的完善关键在于构建集课堂、自习和实践培训于一体的培育模式。具体而言，课堂的教学应当主要传授创新创业的基本流程，以案例分析形式向高校学生教授相关的创新创业知识和技能。同时在课堂结束后，可以为大学生提供双创实践机会。这些实践活动可包括创新创业大赛、企业参观实习等形式。值得注意的是，已有的成功创业案例表明，大学生的创新创业并不必然和其专业背景有直接关系。许多成功企业家的专业背景与最终创业的领域可能天差地别。因此，创新创业教育的首要目标就是要发掘学生的兴趣，让学生找到创新创业的突破点。当前高校的课程设置和培养计划需要进行适当调整。加大学生的专业分流，鼓励学生自主选择修读课程，降低转读门槛。除此之外，应精简高校相关课程，提高创业实践活动的比例。鼓励学生走出去与社会接轨。

从当前高校创新创业教育的实际情况来看，打造双创教育体系也非常有必要。课题组2022年对全国高校大学生开展的一项调查显示，74.96%的受访者认为体育产业创新创业教育具有必要性，81.99%的受访者对体育产业创新创业教育表示支持，60.61%的大学生表现出较为强烈的双创参与意愿。尽管从统计数据上看，高校学生对参与创新创业有较高的积极性。但部分高校学生认为高校双创教育仍然有待改善。例如，近40%的学生认为所在高校开展体育产业双创情况一般或有待加强，49.33%的学生认为创新创业教育体系的构建是非常重要的。

2. 构建人才协同培养模式

大学生创新创业需要多方面能力。除了在高校内参加课堂学习和实践活动外，大学生创新创业教育还需要来自社会各界的支持。构建人才协同培养模式的核心在于发挥各方的积极性，加快高校与企业、高校与其他高校、高校和地方、高校和科研院所的合作。《意见》指出，要将"双创"贯彻到人才培养中去，推动学校和企业、地方以及科研院所的合作。

首先，从校企合作来看，企业是市场经济的重要主体，高校大学生的双创活动需要来自风险资本的支持、企业的创新孵化。因此，深化校企合作对于提高大学生的创新创业能力具有重要意义。具体而言，高校可通过邀请企业人员做专题讲座、参赛辅导和创业孵化开展合作。其次，从校校合作来看，不同高校之间具有不同的专业特色，校校合作有助于激发创新活力，为大学生创新创业积累社会资本。在现实的企业运营中，高管团队往往来自不同高校，而某些高校在专业领域有独特优势，因此发挥校校合作至关重要。再次，从校地合作来看，创新创业活动的开展离不开政策支持以及场地和融资，因此加强与当地政府的合作具有现实意义。同时，从地方发展角度来看，地方也需要大学生为产业升级出主意，吸引相关人才。因此，校地合作具有互惠性。当然，校地合作不应局限于高校所在地区，可跨省跨地区开展合作，充分发挥地方资源禀赋优势。最后，从校所合作来看，科研院所拥有大量的创新资源和专利，但专利转化不高，大学生可以充分挖掘科研院所创新资源，将其进行市场化运作，降低创业初期的技术门槛。从课题组对大学生的调查数据来看，43.72%的学生认为社会力量参与体育产业双创有待进一步改善，41.55%的学生则认为政府应加强对双创教育的支持。另外，有21.91%的学生认为高校应当在创新创业中加强产学研合作机制。

华南农业大学是人才协同培养的典型。作为农林类高校，如何引导大学生热爱农业、投身农业是每一名教育者所面临的问题。特别是存在人才培养过程中，最新的农业技术和实践不能及时更新的问题。华南农大与温氏集团联合推出的温氏班成为破解上述发展难题的关键。学生进入温氏班后除了在校期间接受农业知识培训，还要在温氏集团进行实践，参与专业综合训练，实地感受农业生产和管理。除此之外，温氏班通过鼓励学生创新创业，发表论文和参与竞赛提高学生的动手能力，为农业领域培养了大批人才。在学生培养质量不断提高的同时，企业和学校均从中获益①。

3. 加快创新创业课程建设

尽管大学生创新创业教育工作很早就开始布局，高校也投入了大量资金和人力用于建设创新创业园区、打造双创课堂，但从实际情况来看，绝大多

---

① 房三虎、张永亮、谢青梅、孙宝丽：《构建校企协同创新体系 培养高素质复合应用型人才——以华南农业大学动物科学专业"温氏班"为例》，《高教探索》2016年第6期，第14~18页。

数学生创新创业意愿不高。《意见》指出，要打造一批创新创业教育特色示范课程。目前高校对双创教育的理解仍然停留在参加比赛的层面上，缺乏实质性进展。一方面，当前高校对大学生创新创业教育的定位不明确，许多创新创业指导仍以就业指导、创业大赛为主，并未纳入学校人才培养体系；另一方面近年来开展的双创活动大多以奖项评选、荣誉颁发为主，后续缺乏支持，缺乏长效培养机制。课程建设作为双创工作的重要环节，有待进一步加强和完善。从课题组对大学生的调研数据来看，43.38%的受访者表明所在高校尚未开设相关课程，而已开设相关课程的高校中，27.22%的学生表示年课时不足 10 小时，同时 13.72%的学生反映高校创新创业课程薄弱。事实上，早在 2015 年教育部印发通知明确提出从 2016 年起所有高校都要设置创新创业教育课程，将其设置为必修课和选修课，纳入学分管理。

（二）提升教师创新创业教育教学能力

《意见》指出，要提升教师创新创业教育教学能力。教师是高校双创教育的重要主体。无论是教学活动的开展还是创新创业活动均离不开教师的指导。根据课题组对全国高校大学生的调查，16.42%的大学生认为其创新创业想法来自教师，43.89%的学生表明所在高校并未配备相关师资，仅有 35.27%的学生表明所在高校配备专职教师进行创新创业指导。因此，必须强化教师双创教学能力、完善教师考核激励机制和吸引校外人才参与教学。

1. 强化双创教师教学能力

双创教师的教学能力是指其认知能力、操作能力以及监控能力。教学认知能力是指在了解学生学习需求和教学内容的基础上，采取相关教学措施的能力。教学操作能力是指教师在教学活动中的具体执行能力。教学监控能力是指教师及时收集学生学习信息、监督学生学习的能力。提升教师教学能力的关键在于改变教师对创新创业活动的认知，对其进行专业的培训。《意见》指出，增强对高校"双创"教师的能力培养，实现教学方法改革、课程与学科前沿的融合。

根据调查，37.18%的受访者认为创新创业课程主要教授知识，案例教学的占比仅为 31.20%，专业技能的训练占比仅为 24.44%，对学生创新创业信息的了解不足，仅有 21.10% 的教师注重对学生科技创业信息的收集分析。另外，17.86% 的学生认为高校教师会结合教学研究、注重学生创新设计研究能力的培养。当然，当前高校双创教育中，个性化的培养也至关重要。"00 后"大学生是个性极强的一代人，而创新创业活动的开展首先是要激发学生的热情，发掘其自身兴趣。但从调查来看，15.01% 的学生认为教师注重学生个性的开发和引导培养学生创新心理品质。

2. 完善教师考核激励机制

除了做好教师教育教学能力的建设，激励机制建设也非常有必要。《意见》指出，要完善教师前往企业进行实践锻炼的保障机制。具体而言，教师考核激励体制主要包括课程教学激励机制、创新创业活动开展激励以及相关的经费建设。与一般的课程教学不同，创新创业教育的目的并不是向学生传授知识，而是引导学生参与创新创业活动。由于绝大多数的高校教师以固定工资形式获取报酬，其可能无法发挥主观能动性带动学生。另外，创新创业活动所需的指导活动很多发生在课堂外，无法量化，对于绝大多数教师而言，投入创新创业教育的时间和精力不能完全体现。因此，导致目前高校大学生创新创业教师激励不足。

3. 吸引校外人才参与教学

由于创新创业需要多方面能力，而高校教师大多从事教学科研工作，因此，在创新创业敏感性、企业运作等方面存在不足，需要吸引校外人员进行补充。《意见》指出，要实施高校双创校外导师专项人才计划，探索实施驻校企业家制度，吸引更多各行各业优秀人才担任双创导师。支持建设一批双创导师培训基地，定期开展培训。

从课题组的调查情况来看，仅有 12.14% 的创业教育师资来自政府，11.90% 的师资来自企事业单位，8.16% 的师资来自培训机构。可见，目前高校双创教师仍然以校内为主，校外人员参与较少。具体而言，应落实双创校外导师的计划，吸引不同行业的优秀人才担任校外导师。扬州大学通过开设创新创业论坛，邀请企业家走进校园，发挥企业家和校友企业的带动作用；通过让校外导师参与人才培养方案制定和课程设计，推动创新创业人才与社会的接轨。①

（三）加强大学生创新创业培训

《意见》指出，要加强大学生创新创业培训。高等教育的目的在于为社会培养更多高素质人才。然而，由于诸多因素，当前大学教育仍然停留在书本层面，知识陈旧、与现实需求脱节。许多学生发现，走上毕业岗位后，大学中所学知识并不能够满足工作需求，而企业需要投入大量精力培养新员工的工作能力，二者之间存在明显的就业摩擦。培养大学生的创新创业能力不仅有助于增加学生对课本知识的理解，更能锻炼学生的综合能力，对大学生成长有积极作用。因此，必须要开展高质量的创新创业培训，以双创赛事推动双创教育活动的开展。

1. 开展高质量创新创业培训

除了创新创业教育外，以培训形式提高学生的创新创业实践能力也是非常重要的。《意见》指出，要打造创新创业的品牌活动，开展高质量的培训，组织指导教师开设大讲坛，为学生提供政策解读和经验分享。创新创业培训涵盖以下两个方面：第一是对创业思维的训练，让学生意识到自己的创业者身份，以实际的需求设身处地思考怎么做好创新创业活动；第二是制定创业计划，选择合适的创新创业开展项目，并落实相关计划。根据课题组的调研，仅有33.05%的受访者表示参加过体育产业创新创业培训，12.92%的学生认为当前高校体育产业创新创业培训不足。可见，开展高质量创新创业培训非常必要。

2. 以双创赛事推动双创教育

创新创业大赛也是学生提高能力的重要实践机会。在创新创业大赛中，学生需要分工合作，学习创业计划、财务、商业运营以及宣传展示等

---

① 教育部学生服务与素质发展中心：《全国创新创业50所典型经验高校经验汇编》，https://chesicc.chsi.com.cn/zxgw/cxcydxjy，最后检索时间：2022年7月31日。

多方面知识，以亲身实践深化课程知识。特别是在一些创新创业赛事中，社会资本往往会选取具备孵化潜力的项目给予支持。赛事中的实践、知识和资源对双创教育具有重要意义。《意见》指出，要在创新创业大赛中为学生提供便利。

从课题组的调查来看，受访高校大学生中仅有14.01%表示体育产业创新创业培训为赛事、实践形式，29.07%的学生表示曾经参加过体育产业创新创业大赛，仅有27.30%的学生参加过"互联网+"大学生创新创业大赛，24.20%的学生参加过挑战杯中国大学生创业计划竞赛，45.50%的学生表示从未参加过任何赛事。从统计数据来看，双创赛事的参与率仍然有待提高。南京信息工程大学通过与知名企业合作，联合设立奖学金为创新创业提供支持，支持学生参与相关培训和竞赛活动，切实提高学生能力；通过将竞赛纳入人才培养全过程，有效激发了学生创新创业活力。①

二　优化大学生创新创业环境内容解读

（一）降低创新创业门槛，完善创新创业服务平台

当前阶段，国内宏观经济情况受疫情等因素影响巨大，经济下行压力增加，居民消费与投资意愿相对低迷，市场整体环境不利于初创企业和小微企业发展。基于目前大学生创新创业的经济基础和实践情况，《意见》明确提出相关部门需要通过系统整合社会现有创新创业资源，不断优化改善大学生创新创业外部环境，降低大学生创办企业的门槛，鼓励并帮助大学生通过技术创新、模式创新等方式促进体育产业多元发展。

近年来，随着鼓励创新创业相关政策文件的出台，我国创新创业整体形势稳中向好，国内营商环境、创业平台建设等方面逐渐完善，越来越多的高

---

① 教育部学生服务与素质发展中心：《全国创新创业50所典型经验高校经验汇编》，https：//chesicc. chsi. com. cn/zxgw/cxcydxjy，最后检索时间：2022年7月31日。

校大学生群体涌入创业实践的浪潮中。由于社会资本和创业资源的相对匮乏，且社会经验阅历欠缺，大学生群体在创办和运营小微企业的过程中会面临诸多挑战。一方面，复杂的企业开办流程和登记服务手续会耗费高校创业者宝贵的时间成本，在一定程度上消磨了他们的创新创业积极性；而另一方面，大学生创业团队预算受限、资源匮乏，在选择场地设施等方面可能会面临捉襟见肘的窘境。根据中国高校体育产业创新创业调研（学生问卷）调查情况（见图 1），目前高校大学生普遍认为，孵化器和众创空间的运行不畅是阻碍创新创业的主要问题之一，而创新创业服务平台的缺位也给大学生创新创业带来了一定困难。

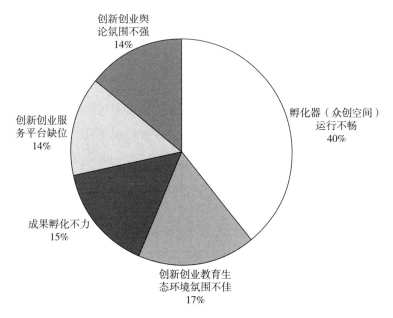

图 1　大学生创新创业面临的困难

资料来源：中国高校体育产业创新创业调研（学生问卷）。

针对创新创业服务平台缺位、企业登记手续繁杂等问题，《意见》专门为优化大学生创业登记流程提出改进意见，提出"为大学生创业提供高效便捷的登记服务"，以此降低大学生创新创业的门槛，提高大学生参与创新创业积极性。此外，《意见》提出不断提升企业开办服务能力，要求各地区持续优化企业开办服务体系，通过线上线下相结合的方式提供高效便捷的登记服务，全方位提升企业开办的便利度，进一步激发大学生主体创新创业活力。政府可以从"申办方式多元化"、"业务申办再提速"和登记事项"全覆盖"等方式入手，努力为大学生群体营造一个更加宽松便捷的市场准入环境和服务体系。

尽管创新创业孵化空间的支持政策较为密集（见表1），但大学生创新创业团队依然会面对孵化空间运行不畅的问题，对此《意见》明确提出了针对推动众创空间、孵化器、加速器、产业园全链条发展的建议——"推动众创空间、孵化器、加速器、产业园全链条发展，鼓励各类孵化器面向大学生创新创业团队开放一定比例的免费孵化空间"，同时也对孵化器的开发提出了明确的要求。为降低大学生创业成本，《意见》鼓励各类孵化器开放一定比例的免费孵化空间给大学生群体的创新创业团队。为保证相关措施的有效落实，《意见》提出在国家级科技企业孵化器考核评价中，引入孵化器的开放情况指标。另外，根据孵化器的投资主体情况不同，孵化器对大学生创业团队的开放程度应有所不同——政府投资开发的孵化器等创业载体应免费提供给高校毕业生30%左右的场地，而有条件的地方也可对高校毕业生到孵化器创业给予租金补贴。

表1　2021年国务院办公厅发布的孵化空间相关政策汇总

序号	时间	政策	主要内容
1	2021年2月24日	《关于加快推进乡村人才振兴的意见》	改善农村创业创新生态,引导金融机构开发农村创新创业金融产品和服务方式,加快建设农村创新创业孵化实训基地,组建农村创新创业导师队伍
2	2021年10月12日	《关于进一步支持大学生创新创业的指导意见》	推动众创空间、孵化器、加速器、产业园全链条发展,鼓励各类孵化器面向大学生创新创业团队开放一定比例的免费孵化空间,并将开放情况纳入国家级科技企业孵化器考核评价,降低大学生创新创业团队入驻条件

序号	时间	政策	主要内容
3	2021 年 10 月 13 日	《关于推动现代职业教育高质量发展的意见》	职业学校要积极与优质企业开展双边多边技术协作,共建技术技能创新平台、专业化技术转移机构和大学科技园、科技企业孵化器、众创空间,服务地方中小微企业技术升级和产品研发

(二)共享创新创业资源,服务创新创业良性发展

大学生在走出象牙塔投身创业的过程中,最棘手的是如何解决场地设施等硬性条件制约的难题。根据中国高校体育产业创新创业调研(学生问卷),缺少经验和缺少知识、技能与方法是当下毕业生创业的最大挑战(见图 2)。创新创业所需要的实验室、科研仪器等科研资源,往往需要投入大量前期成本,这无疑提高了大学生创新创业的难度等级和风险水平。

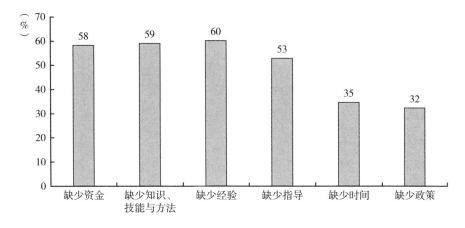

图 2 大学生体育产业创新创业中面临的问题

资料来源:中国高校体育产业创新创业调研(学生问卷)。

因此,《意见》建议各地区、各高校和科研院所充分发挥其科技创新资源的强外部性优势,积极向大学生创业群体共享科研设施和服务平台。一方面,这将大幅度提高科技创新资源的利用效率;另一方面,这可以较大程度

地降低大学生创业的前期投入，激发创业热情。

此外，对于现阶段大学生创新创业方向与实际市场和应用需求不尽匹配的情况，《意见》建议相关行业企业通过向高校大学生发布企业实际需求清单的方式，引导和鼓励大学生针对行业和企业发展过程所遇到的棘手问题进行进一步探索研究，让大学生创新创业的方向和目标更加具体和清晰，使得创新创业的成果更具有现实意义和应用价值。以海南省为例，2022年7月，海南省科技厅向包括高校大学生在内的社会群体公开征集技术攻关类和成果转化类项目需求，研究领域涵盖人口健康、公共安全、社会治理和现代服务业等。对于成功揭榜并立项的技术攻关类项目，政府将给予一定的财政资金补助。这一举措充分调集了海南省内外的科技资源，协同科研院所、高等院校的创新力量，促进制约产业发展核心难题的攻克，帮助科技成果转化，实现创新驱动发展的目标。[①]

（三）完善风险救助机制，消除创新创业后顾之忧

大学毕业生的风险承受能力较低，对创业失败的担忧是阻碍大学生加入创新创业浪潮的重要因素之一。针对这一突出问题，《意见》要求在保障创业者合法权益的同时，加大对创业失败的大学生的扶持力度，建立大学生创业风险救助机制，进一步解除大学生创业的后顾之忧。其中，具体的扶持措施包括按有关规定提供就业服务、就业援助和社会救助。创业风险补贴、商业险保费补助等方式将切实降低大学生创业风险，在一定程度上提高大学生创业的成功率。而对于人们普遍关心的"五险一金"问题，《意见》明确指出毕业后创业的大学生可按规定缴纳"五险一金"，为大学生创业群体保驾护航。这些举措切实体现出国家层面对于高校大学生创新创业后期的支持力度。

《意见》出台后，地方层面积极建立大学生创业风险救助机制。以浙江省为例，2022年2月，浙江省人社厅明确表示，高校毕业生到浙江创业，

---

① 海南省人民政府：《我省征集技术攻关类和成果转化类"揭榜挂帅"项目需求》，http：//www.hainan.gov.cn，最后检索时间：2022年7月31日。

可申请贷款 10 万～50 万元。如果创业失败，贷款 10 万元以下的由政府代偿，贷款 10 万元以上的部分，由政府代偿 80%。[①] 对高校毕业生创业失败后贷款的代偿，将激发大学生创新创业热情，在一定范围内打消因担心创业而产生的焦虑与担忧。

三　加强大学生创新创业服务平台建设内容解读

（一）充分利用创新创业实践平台，多方联动落实大学生创新创业训练计划

《意见》明确提出要推进落实大学生创新创业服务平台建设，通过教育部、科技部、人力资源和社会保障部等部门建强高校创新创业实践平台，为学生创新创业实践提供良好保障。大学生是大众创业、万众创新的生力军，但目前创新创业平台仍未建立完善，远不能满足广大大学生创新创业需求。《意见》提出应发挥大学科技园等校内创新创业实践平台作用，开展专业化孵化服务，从学校角度为在校大学生提供免费支持。《意见》还提出应通过推动相关公共服务机构自身优势，进一步为大学生建设集研发、孵化、投资等于一体的互联网双创平台，解决创新创业平台功能单一的问题，完善创新创业平台功能，为学生创新创业实践提供良好保障。

（二）深化校企联合发展，协力推动大学生创新创业高质量发展

将学校与企业两种不同的教育环境和教育资源整合，能够培养学生多元化的创新创业素养。《意见》从两个方面提出校企联合措施，一是结合学校学科专业特色，联合有关行业企业建设一批校外大学生双创实践教学基地，二是推动企业示范基地和高校示范基地结对共建、建立稳定合作关系，通过校企联合深入实施大学生创新创业训练计划，培养大学生的创新创业意识、市场分析和项目转化能力，帮助学生成为有一定创新精神和创新素养的人才。

---

① 浙江省人民政府：《关于支持大众创业促进就业的意见》，http：//www.gov.cn，最后检索日期：2022 年 7 月 31 日。

（三）对接高校周边产业，打造"城校共生"的创新创业生态

为承接高校创新创业成果，接受高校创新创业人才，《意见》提出应指导高校示范基地所在城市主动规划和布局高校周边产业，建立以创新创业为导向的新型人才培养机制，落实创新创业成果、人才落地问题，打造"城校共生"的创新创业生态。

四 推动落实大学生创新创业财税扶持政策内容解读

（一）持续加大对高校创新创业教育资金支持力度，以实际情况划定资金分配标准，助力大学生创新创业

高校大学生创新创业教育是大学生创新创业的基础和引领，是实现大众创业、万众创新的关键环节。高校创新创业教育的开展需要大量资金支持，有别于传统理论课教学形式，创新创业教育是一项实践性极强的系统工程，多元丰富的教学模式、教学场景、教学设备等都有赖于相关教育经费的投入。《意见》全面贯彻党的教育方针，继续加大对高校创新创业教育的支持力度，进一步专注于提高我国高校创新创业教育的质量，也体现出国家层面对于高校创新创业教育的重视程度。《意见》要求在原有基础上，从两个渠道为高校创新创业教育注入资金支持，持续发力以求更高质量的高校创新创业教育，一是加大教育部中央彩票公益金大学生创新创业教育发展资金支持力度，二是加大中央高校教育教学改革专项资金支持力度。通过两个渠道加大对高校创新创业教育的支持力度，这为进一步优化高校创新创业教育提供了可能性，便于高校深化改革现有的创新创业教育模式，促进以高校创新创业教育为育人主体实现"大众创业、万众创新"的思路和举措。同时，《意见》力求将资金使用到最需要帮助的领域，明确了将以实际情况作为资金分配的重要因素。具体而言，对于高校创新创业教育资金如何分配、如何实现政策扶持效果的最优化，《意见》提出将创新创业教育和大学生创新创业

情况作为资金分配重要因素。这既彰显出对于创新创业教育和大学生创新创业的重视程度，又强调了不能盲目投入资金支持，要"一校一案"根据各高校所开展的创新创业教育时间、规模、成效和大学生实际进行创新创业的不同层次来安排资金的分配，保障创新创业教育和大学生创新创业活动的高质量开展，体现了财税扶持政策的科学性，也避免了过去资金支持不充分、不均衡的局面。建立全国高校创新创业教育和大学生创新创业数据库，以实际情况进行分类，制定相应扶持标准。根据标准进行针对性扶持，着力帮助部分高校实现创新创业教育从 0 到 1，同时支持其他高校办好已有的创新创业教育，鼓励少数高校打造示范性的创新创业教育，营造出积极的创新创业氛围，为大学生创新创业提供有力的支持。

（二）减税降费，精准支持大学生创新创业

长期以来，大学生创新创业过程中融资难的问题十分显著，而创新创业过程中，尤其是创业过程中存在一系列诸如税费等费用，这对于大学生群体来说都是不小的负担。加之在当前新冠肺炎疫情持续影响下，大学生所面临的就业和创业环境进一步严峻，为了解决大学生创新创业的困难，促进大学生将其所学所想所创新付诸创业中，政策上必须发力，加大财税政策的资金扶持。《意见》明确提出加大财税政策的资金扶持，落实落细减税降费政策，这不仅从源头上给大学生创新创业减轻负担，让大学生敢于迈出、有能力迈出创新创业的第一步，还将财税扶持政策贯穿于大学生创新创业的初期阶段、中期阶段和后期阶段，一定程度上解除大学生创新创业的后顾之忧。《意见》强调分门别类地针对不同情况出台相应减税降费的政策，精准支持大学生创新创业，进一步完善大学生创新创业的税收优惠政策，逐步实现政策系统化。本文梳理汇总了近年来一系列推动落实大学生创新创业财税扶持政策（见表 2），从中可以看出政策从提高税收优惠、扩大所得税免征时间区间到自主选择纳税税种、在现有基础上增加抵扣等多种方式的税收优惠。同时，地方政府应该根据国家层面的相关政策，在充分考虑地区特色和行业特征的基础上制定出台具体措施，切实落

实对大学生创新创业的财税扶持。针对大学生创新创业的财税扶持政策更加全面丰富，做到覆盖广、精准扶持，只有这样更加多层次、多形式的财税扶持政策，才能确保精准支持大学生创新创业。

表 2　推动落实大学生创新创业财税扶持政策汇总

序号	政策	具体内容
1	《财政部、税务总局、人力资源社会保障部、国务院扶贫办关于进一步支持和促进重点群体创业就业有关税收政策的通知》（财税〔2019〕22 号）	持有"就业创业证"（注明"自主创业税收政策"或"毕业年度内自主创业税收政策"）从事自主创业的高校毕业生，自个体工商户登记之月起，3 年内（36 个月），当年实际应缴纳的增值税、城市维护建设税、教育费附加、地方教育附加和个人所得税，将按每户每年 1.2 万元的限额依次扣除
2	《财政部、国家税务总局关于明确增值税小规模纳税人免征增值税政策的公告》（财政部国家税务总局公告 2021 年第 11 号）	对月销售额在 15 万元（含）以下的增值税小规模纳税人免征增值税，自 2021 年 4 月 1 日至 2022 年 12 月 31 日，可以免征增值税；而自 2021 年 1 月 1 日至 2022 年 12 月 31 日，其年应纳税所得额不超过 100 万元的部分，还可以在现行优惠政策基础上，减半征收个人所得税
3	《财政部、国家税务总局、科技部、教育部关于科技企业孵化器大学科技园、众创空间税收政策的通知》（财税〔2018〕120 号）	提供孵化配套的收入免征增值税服务；对国家级、省级科技企业孵化器、大学科技园、国家备案自用空间等各类方式提供相应的不动产等使用税
4	《财政部、国家税务总局关于创业投资企业和天使投资人税收政策的通知》（财税〔2018〕55 号）	鼓励多种形式投资初创科技型企业，按照公司制创业投资企业、有限合伙创业投资企业、天使投资人这一分类进行划分，根据具体投资年限等情况给予相应比例的税收抵扣

更好地将财税政策同金融政策配合实施，打消大学生创业资金募集困难的顾虑，从源头上解决其创业初期资金来源的困难；在大学生创业中期，积极发挥财税政策的扶持作用，为其在创业中期发展壮大提供有力支撑，突破自身禀赋匮乏的瓶颈；同时，鼓励各种形式的投资支持大学生创业，为多种形式的投资提供相应的税收减免，为大学生创业增添更多可能性。可以说，财税政策的扶持，将从大学生创业初期、中期、后期多个过程中给予大学生相应的支持，使大学生创新创业全过程享有财税优惠政策。

（三）做好纳税服务，建立对接机制，进一步推动大学生创新创业

大学生对于创新创业政策的了解一定程度上会影响大学生开展创新创业的态度和行为。鉴于当前大学生普遍对于创新创业财税政策的了解程度不够，尤其是缺乏相应财税政策基本常识，缺乏更多的政策接触信息渠道，《意见》不仅要求落实落细减税降费政策，还明确提出要做好纳税服务，建立对接机制。做好纳税服务，首先是让相应的财税扶持政策深入大学生心中，这就包括了多渠道的主动宣传，一般来说这些政策信息会发布于政府官网、学校就业信息网等相关网站，但这要求大学生自我主动地去查找学习，在信息充斥的时代，效果有限。所以《意见》还希望通过诸如相关部门联合高校进行大学生创新创业财税扶持政策的宣讲解读和定期咨询活动这样的方式，利用媒体发声让这些助力大学生创新创业的财税政策更多深入大学生心中。同时，在创新创业课程建设中，鼓励教师进行专业讲授解读相应财税扶持政策，这样多渠道、多频次的宣传将有助于解除大学生心中的政策疑惑、激发大学生创新创业热情。《意见》强调建立相应的对接机制，让有创新创业需求的大学生得到精准支持实现大学生创新创业的关键一步。对接机制是健全精准的大学生创新创业信息服务机制，在建立诸如大学生创新创业信息服务平台，汇集发布创新创业帮扶政策、产业激励政策和创新创业相关信息，为大学生创新创业提供公平公正的"双创"环境的基础上，建立对接机制，强化精准支持，主动出击，积极研究制定和落实支持大学生创新创业的服务举措，设立相应的个性化服务，及时准确地帮助大学生解决创新创业各个阶段遇到的实际问题。

五　加强对大学生创新创业的金融政策支持内容解读

（一）深化创业风险救助模式探索

《意见》指出鼓励有条件的地方探索建立大学生创业风险救助机制，具体形式包括创业风险补贴、创业相关的险种。在创业风险救助模式建设当

中，政府、高校、保险公司及其他市场化机构等多方角色都发挥着重要作用。在已有的创业风险补贴实践中出现的补贴形式包含免收有关行政事业性收费、培训补贴、经营实体场租补贴、吸纳就业社保补贴、大赛获奖团队资助等形式。以深圳市为例，其创业补贴分为初创业补贴、社会保险补贴、创业带动就业补贴、场租补贴和创业扶持资金，且毕业 5 年内的大学生明确指定为帮扶对象。[①]

总体来看，创业风险的各种救助模式尚处于发展早期，形式化的特征较为明显，对创业风险救助的实际作用较小。以创业救助险为例，其开创性与局限性兼存。当今涌现出的创业风险救助险多由政府方和保险公司方联合推出，其创新意义、政策示范意义明显，但由于创业风险救助险相关数据和相关研究较为缺乏，该险种设计缺乏实操性，难以实现商业化，实际效用有限。

我国第一份大学创业保险为 2010 年 7 月共青团成都市委与太平养老保险股份有限公司四川分公司联合推出的"成都青年（大学生）创业保险"。[②] 此保险包括创业人身险、金融信贷险和财产险三方面保险及增值的培训、咨询和中介服务。此保险的设立开创了我国大学生创业保险的先河，为青年创业者提供了良好的经济保障、人身保障、责任保障。但经进一步的市场调研发现，该保险对于大学生创业的实际救助意义非常有限。如金融信贷险的赔付条件过高，只有在突发意外导致身故与全残时才能获得赔付，这对于创业者而言虽有一定的保障，却十分微小。

大学生在创业过程中面临资金困难、风险大两个主要问题，在对当今大学生创业风险救助模式进行探究后，通过分析现有雏形的优缺点，周晨等学者提出以下建议。[③] 将多种风险救助方式综合运用，形成有机联动。如将保险与贷款合二为一，共同创设，在更大程度上去解决大学生资金不足这一问

---

① 《深圳市就业创业补贴申请办理清单》，http：//www.sz.gov.cn/cn/xxgk/zfxxgj/zcfg/content/post_ 9184350.html，最后检索时间：2022 年 7 月 31 日。

② 《成都市率先推出青年（大学生）创业保险》，https：//www.sc.gov.cn/10462/10464/10465/10595/2010/7/27/10139020.shtml，最后检索时间：2022 年 7 月 31 日。

③ 周晨、陶思宇、陈潞：《关于中国保险业引入大学生创业保险的探究》，《法制与社会》2017 年第 16 期，第 163~164 页。

题。具体的操作流程为，首先形成大学生创业群体聚集，将单个创业者的小额贷款转为大规模的集体性贷款，贷款由政府、高校、保险公司和银行等多方共同出资；贷款形成后，保险公司再针对每一个创业项目进行贷款分配、贷款管理，并对贷款设立保险。

可以看出，要想真正促进大学生创业风险救助模式的建立和发展，需要政府、高校和市场方多方联动、积极创新，将多种救助方式有效结合。并且需要关注大学生创业群体的独特性，如资金量缺乏、风险承受能力小但单笔资金需求量小的特点，开创真正切合这一群体的风险救助模式，为大学生创业群体提供长效的创业扶持和风险分担。

（二）提高贷款额度、降低贷款利率

《意见》指出高校毕业生自主创业符合条件的，可享受以下的贷款政策。一是可申请最高 20 万元创业担保贷款，对符合条件的借款人合伙创业或组织起来共同创业的，贷款额度可适当提高；二是对 10 万元以下贷款、获得市级以上荣誉称号以及经金融机构评估认定信用良好的大学生创业者，原则上取消反担保；三是对高校毕业生设立的符合条件的小微企业，最高贷款额度提高至 300 万元。

我国大学生创业贷款有小额担保、银行贷款、无息创业贷款等方式。其中小额担保指地区的行政部门所推行的贷款福利政策，如政府贴息等；银行贷款即指银行方对贷款人信用审核后进行放款；无息创业贷款主要是指政府方面的贷款机构所推行的扶持性贷款。

在各省市级层面的具体落实情况则因地而异，从而政策的运行逻辑也需要进一步去探究。一些地区对贷款政策做出了明晰的规定，在上一层级的政策上进一步进行细化，提高贷款额度，明确贷款要求。如：上海市成立大学生科技创业基金会，创业贷款最高达 50 万元[①]；太原市规定，高校毕业生

---

① 上海市大学生科技创业基金会：《申请天使基金》，https：//fund. stefg. org/AngelFund/，最后检索时间：2022 年 7 月 31 日。

自主创业意向可申请最高 30 万元的担保贷款①；武汉市大学生创业担保贷款额度上限最高可达 200 万元②。

在各地区的贷款政策中，浙江省相关政策独创性较为明显。浙江省政府规定，为在最大程度上支持大学生创业，大学生可贷款 10 万～50 万元，如果创业失败，贷款 10 万元以下的由政府代偿，贷款 10 万元以上的部分，由政府代偿 80%。③浙江省政府所提出的政府代偿概念具有鲜明的创新性，但关于政府代偿的具体概念却需要进一步探究。

浙江省的创业担保贷款政府代偿政策，可以追溯到 2016 年由浙江省财政厅等印发的《浙江省创业担保贷款实施办法（试行）》（以下简称《办法》）。④《办法》明确指出，创业担保贷款分为两类：第一类是由创业担保基金提供担保的贷款（以下简称"一类贷款"）；第二类是指以抵押、质押、保证、信用等其他方式提供担保的贷款。一类贷款只能由创业担保基金存放的银行发放。创业担保基金存放的银行根据当地创业担保基金的规模，按一定比例放大发放贷款。

《办法》明确，创业担保基金为"重点人群"初次创业申请的一类贷款提供担保。贷款到期后，借款人不能按时足额归还贷款的，经办银行应当积极催收；根据《办法》内容，创业担保贷款政府代偿实质是在借款人不能按时足额还款时，由创业担保基金临时代为还款，但借款人本身依然要履行还贷义务。但可以明确的是，浙江省政府在积极推进政府财政和银行方等多方在创业资金提供方面的合作，有利于发挥各方的特点优势，为大学生创业

---

① 《最高可申请 300 万创业担保贷款　太原出台举措支持高校毕业生就业创业》，http：//www.workercn.cn/34168/202206/30/220630154338271.shtml，最后检索时间：2022 年 7 月 31 日。

② 《大学生创业项目资助》，http：//www.whzc.gov.cn/dxslh/html/2017-07/52.html，最后检索时间：2022 年 7 月 31 日。

③ 《浙江：大学生创业失败　贷款 10 万元以下的由政府代偿》，http：//finance.people.com.cn/n1/2022/0217/c1004-32354141.html，最后检索时间：2022 年 7 月 31 日。

④ 《浙江省创业担保贷款实施办法（试行）》，http：//www.zj.gov.cn/zjservice/item/detail/lawtext.do? outLawId=2e83f1b2-9c69-486a-ab8a-9fb8c43ffe21，最后检索时间：2022 年 7 月 31 日。

者提供完备的贷款服务。

大学生创业群体应积极去了解当地的创业贷款政策，明晰申请条件和还款要求，综合权衡风险与自身需求，从而选择适合自己的融资方式。而政府方也应积极发挥引导作用，促进多方合作，提供切实可行贷款方案。

（三）引导社会资本广泛参与支持

《意见》指出，要引导社会资本支持大学生创新创业。充分发挥社会资本作用，以市场化机制促进社会资源与大学生创新创业需求更好对接，引导创新创业平台投资基金和社会资本参与大学生创业项目早期投资与投智，助力大学生创新创业项目健康成长。加快发展天使投资，培育一批天使投资人和创业投资机构。发挥财政政策作用，落实税收政策，支持天使投资、创业投资发展，推动大学生创新创业。

多层次的资本市场，能够极大地便利初创企业进行高效融资。通过引导机构资金进入风险投资领域，推行创新投贷联动、投保联动等发展模式，充分有效利用资本力量激发和护航创新创业发展。各省市主要通过联合产业方、社会资本设立大学生创新创业基金的方式来构建多层次的资本市场。

以河南省为例，其开展实施"基金入豫"专项行动，瞄准优秀投资机构，组织"投资机构看河南"系列活动。建立优秀天使创投机构与各类私募股权基金管理机构名单推荐机制，支持各地政府引导基金和国有企业基金择优选择合作伙伴。力争5年内吸引100家国内外优秀投资机构落户河南。积极建设天使创投机构集聚发展平台载体，支持郑州市谋划设立金融小镇、创投大厦等产业集聚平台，吸引人才、资本、技术等要素汇聚。优化产业生态，促进与天使创投发展高度相关的法律、会计、资产评估、咨询培训等中介机构集聚发展。在创新服务上，又推出了拥有"三位一体"服务模式的"金融服务超市"，打造一站式全金融产业链服务平台，联合创投基金、债权机构创新推出投贷联动、知识产权质押融资、科技担保+知识产权联动等创新融资工具。[①]

---

① 《河南举行促进天使风投创投基金高质量发展新闻发布会》，http：//www.scio.gov.cn/xwfbh/gssxwfbh/xwfbh/henan/Document/1718390/1718390.htm，最后检索时间：2022年7月31日。

除了河南省，其他各省市也联合社会资本推出创新创业基金，发挥各方力量，为大学生创新创业提供初期的资金支持。本文将各省市所成立的相关基金情况进行了梳理（见表3）。

表3　各省市社会资本参与大学生创新创业工作情况

地区	工作情况
四川省	四川省创新创业投资引导基金、西华大学、成都市郫都区共同发起设立四川省大学生创新创业投资基金。总规模10亿元，首期规模1亿元①
浙江省	设立杭州经济技术开发区和达大创天使基金，基金由杭州经济技术开发区管委会主导发起并出资，委托帮实资本、和达科服、麒易科技联合管理运营，并引进杭州联合银行参与金融配套支持。基金总规模1亿元，面向全国有意向落户杭州经济技术开发区的以高校师生为主的创业团队，配合杭州经济技术开发区政策打造"4+1"产业集群，整合政府人才引进计划、社会资本、金融资源、高校力量，以基金为杠杆，撬动针对早期创业项目的系列创业服务②
广东省	设立广东粤科大学生创新创业投资基金。基金为公司制股权投资基金，规模为5亿元，分5年筹资，每年筹集1亿元。基金面向电子信息、生物医药、新能源、新材料、TMT、节能环保产业、现代农业等领域，主要投资"挑战杯·创青春"中的优胜企业或项目③
黑龙江省	设立大学生创新创业投资引导基金，基金规模达1亿元，与6家创投基金签署合作协议，用于支持省内优秀的大学生双创项目④
上海市	设立上海市大学生科技创业基金会。已建立了23个分会及专项基金，形成了全方位支持创业实践、培养创业人才、传播创业文化的工作网络。基金资助项目上千个，带动就业数万人⑤
湖北省	设立武汉硅谷天堂阳光创业风投基金、武汉融昌科技创新股份投资基金等专项基金，资金总规模达7亿元，旨在资助在汉大学生创新创业

资料来源：各大新闻网站信息整理。

① 《四川首只省级大学生创新创业投资基金设立》，http：//www.chinanews.com.cn/cj/2017/12-12/8398746.shtml，最后检索时间：2022年7月31日。

② 《杭州下沙大创天使基金开始申报　优质项目将获6大权益》，https：//zj.zjol.com.cn/news/908704.html，最后检索时间：2022年7月31日。

③ 《广东设大学生创业基金及股权交易平台》，https：//zj.zjol.com.cn/news/908704.html，最后检索时间：2022年7月31日。

④ 《我省大学生创新创业生态体系基本形成》，https：//zj.zjol.com.cn/news/908704.html，最后检索时间：2022年7月31日。

⑤ 上海市大学生科技创业基金会：《创业基金会简介》，https：//www.stefg.org/about/about.aspx，最后检索时间：2022年7月31日。

各地区双创基金的涌现对促进大学生创新创业有着良好的示范和带动作用，能够极大地激发大学生投身创新创业活动的积极性。但与此同时，也存在一定的局限性，如当今重点关注高校创新创业的早期、VC、PE投资机构的数量级仍还很小，与高校科技成果转化项目属性相匹配的资金支持较少。此外，政府相关部门仍处于绝对的主导地位，应逐步提高市场化投资机构在双创基金运作中的作用，促进投资机构对创新创业项目各阶段、各业务部门的全面赋能。

六　促进大学生创新创业成果转化政策内容解读

（一）创新创业成果只有转化才能实现价值，不转化是最大损失

1. 有助于打破技术创新应用壁垒

2015年6月国务院首次发布关于大力推进"双创"工作的国家级政策文件后，2017年9月，时隔两年，国务院再次发布公开政策文件，明确强调实施创新驱动发展战略下，进一步推进"双创"工作深入发展的意见。两年之间，两份国发文件，核心目标统一，旨在靶向推进"双创"工作深入发展，但战略定位有了进一步提升，明确了当前深入推进"双创"工作的宏观环境，即处在深入推进供给侧结构性改革、全面实施创新驱动发展战略、加快新旧动能转换、着力振兴实体经济的重要阶段。同时，与国发〔2015〕32号文件相比，《关于强化实施创新驱动发展战略进一步推进大众创业万众创新深入发展的意见》（国发〔2017〕37号）将加快科技成果转化相关政策举措专项前置，提出七大硬招，加速科技成果向现实生产力转化，将科技成果转化作为推进"双创"工作深入发展的首要举措。

国家倡导创新发展战略，其本质是充分发挥创新在经济发展中的乘数效应，但创新创业如果只停留在成果输出阶段，未进入成果转化阶段，或成果转化率很低，就无法将知识积累产生的创新成果应用到实际生产中，现实生产力无法得以提升，创新驱动或变成纸上谈兵。创新创业成果只有转化才能

实现真正价值，不转化则是最大损失。

2. 有助于高校发挥源头创新作用

科技成果转化是高校科技活动的重要内容。教育部于 2016 年、2017 年相继出台《关于加强高等学校科技成果转移转化工作的若干意见》《关于进一步推动高校落实科技成果转化政策相关事项的通知》，综合来看，文件内容体现了高校参与科技成果转化的"四个有利于"。高校参与科技成果转化，有利于引导高校科研工作与经济社会发展相结合，服务"国之大者"，为经济转型升级提供源源不断动力；高校参与科技成果转化，有利于增强产学研一体化协同发展，聚焦企业"卡脖子"攻关，为高等教育充分服务社会发展提供有效平台；高校参与科技成果转化，有利于充分发挥科技创新对人才培养的带动作用，立足"立德树人"根本任务，及时将科研成果转化为教育教学、专业发展资源，提升人才培养质量，构建具有中国特色的"双一流"人才培养体系；高校参与科技成果转化，有利于青年在创新创业实践中成长，访企拓岗促就业，瞄准大学生"就业难就业慢"问题，推动人才高质量就业。

大学生创新创业是高校科技成果转化的重要组成部分，教育部印发的教技〔2016〕3 号文件从三个层面界定了大学生创新创业成果转化的主要内容。一是将大学生创新创业能力提升作为特定转化成果，致力于人力资本积累；二是指学生在众创空间、微创实验室等双创孵化空间进行的创新创业项目落地实践，致力于创建新的生产组织结构；三是指高校通过无偿许可专利，向学生授权使用高校各类科研成果，打通高校知识积累与应用创新壁垒，引导学生参与科技成果转移转化，致力于生产力提升。三层含义下的大学生创新创业成果转化有别于社会层次的创新创业成果转化，与高校知识积累的源头创新息息相关。

3. 有助于青年灵活应对百年变局和疫情风险

推动创新创业高质量发展，增强创业带动就业能力，是推动"双创"深入发展的主要目标之一。自 2015 年以来，国务院印发了三份关于实施创新驱动发展战略，推动创新创业深入发展的政策文件：《中共中央国务院关于深化体制机制改革加快实施创新驱动发展战略的若干意见》、《国务院关于强化实施创新驱动发展战略进一步推进大众创业万众创新深入发展的意见》（国发〔2017〕37号）、《国务院关于推动创新创业高质量发展打造"双创"升级版的意见》（国发〔2018〕32号），三份文件一以贯之地强调了创业带动就业的主要目标。

当今世界，百年变局与世界疫情相互叠加、影响交织，风险和不确定性加剧。2020年7月，是有记录的青年失业率高峰，失业率高达16.8%，2021年6月，青年失业率为15.4%。2022年5月，国家统计局和国家发改委公布数据显示，我国城镇失业率为6.1%，青年失业率高达18.2%，青年失业率约为全民失业率的3倍。同时与2020年有记录的青年失业率峰值相比，2022年毕业生总数约为1076万人，相较2020年的870万人，多出近200万人，青年失业率或将持续走高。2022年5月5日，国务院办公厅印发《关于进一步做好高校毕业生等青年就业创业工作的通知》（国办发〔2022〕13号），明确要落实的"双创"相关政策，支持高校毕业生自主创业，政府投资开发的创业载体要安排30%左右的场地免费向高校毕业生创业者提供，要促进大学生创新创业成果转化，通过自主创业和灵活就业，增加就业容纳度，细致落实好"六保六稳"，助力青年应对百年变局和疫情风险。

（二）深入推进实施创新驱动战略，还需加强成果转化政策支持

1. 大学生创新创业政策体系相对健全相互补充

立足国务院2015~2018年发布的4个创新创业宏观政策文件，基于创新创业能力建设、环境营造、平台搭建、财税金融、信息服务和成果转化六大板块做专项分类，可建立创新创业政策支持体系的万花筒模型（见图3）。从图3中可以看到，各专项支持政策之间相互交织，又逐级深入，专项板块内部不同细分，使得各类政策之间既彼此独立又互为补充。

例如，2015年9月，国务院印发《关于加快构建大众创业万众创新支撑平台的指导意见》（国发〔2015〕53号），文件主要阐述加快推进众创、众包、众扶、众筹的"四众"支撑平台建设主要内容，但专项文件中对加

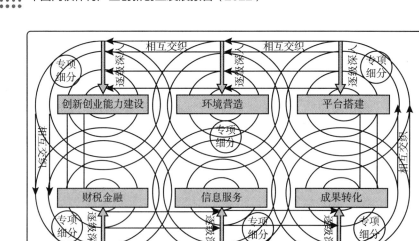

图3 创新创业政策支持体系万花筒模型

快信用体系建设、深化信用信息应用、完善知识产权环境等环境营造内容有所提及，对落实财政支持政策、实行适用税收政策、创新金融服务模式等财税金融政策也有提及，专项政策文件之间相互交织。例如，国务院办公厅印发了《国务院办公厅关于建设大众创业万众创新示范基地的实施意见》（国办发〔2016〕35号），隶属于第一批双创示范基地的南京大学等就随即成立了创新创业与成果转化工作办公室，出台了《南京大学关于推进国家双创示范基地建设指导意见》等校级政策文件，逐级深入，落细落实专项政策举措。例如，在财税金融板块，科技部印发过《关于科技企业孵化器大学科技园和众创空间税收政策的通知》，财政部印发过《关于进一步加大创业担保贷款贴息力度全力支持重点群体创业就业的通知》（财金〔2020〕21号），两份文件互为细分专项，均为财税金融支持政策。

2. 大学生创新创业成果转化支持举措已有涉及

从大学生创新创业成果转化支持政策的时间演进来看，对大学生创新创业成果转化支持政策从无到有，与创新创业发展的三个阶段同向同行，逐渐受到社会关注和政策扶持（见图4）。

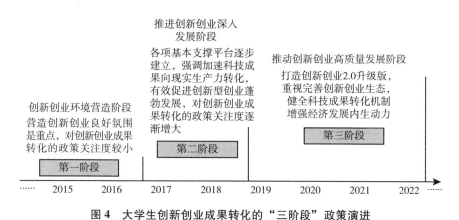

图4　大学生创新创业成果转化的"三阶段"政策演进

第一阶段，创新创业环境营造阶段，营造创新创业良好氛围是重点，对创新创业成果转化的政策关注力度较小。例如，在"大众创业、万众创新"概念兴起的2015年，国务院发布的国发〔2015〕32号文件中，只在11大项30细项举措的第十五条具体举措中一句话提及"引导和推动创业孵化与高校、科研院所等技术成果转移相结合，完善技术支撑体系"。在针对高校科技成果转移转化工作的专项工作意见（教技〔2016〕3号）文件中也仅有不到1/10的篇幅提及学生创新创业，关于大学生创新创业成果转化作为教师科研成果转化的部分延伸，鼓励高校"通过无偿许可专利的方式，向学生授权使用科技成果，引导学生参与科技成果转移转化"。

第二阶段，推进创新创业深入发展阶段，各项基本支撑平台逐步建立，强调加速科技成果向现实生产力转化，有效促进创新型创业蓬勃发展，对创新创业成果转化的政策关注力度逐渐增大。2017年9月，国务院发布的国发〔2017〕37号文件中，将加速科技成果转化，与拓展企业融资渠道、促进实体企业转型升级、完善人才流动激励机制并列，明确七大硬招聚焦突破科技成果转移转化的制度障碍，提升创业服务力，加速科技成果向现实生产力转化。同年12月，教育部办公厅印发了《关于进一步推动高校落实科技成果转化政策相关事项的通知》（教技厅函〔2017〕139号），专项围绕落实相关激励政策，优化科技成果转化流程，健全技术转移体系，推动高校落实科技成果转化政策做出具体部署，但此时科技成果转化政策更多服务于教师科研成果转化。

第三阶段，推动创新创业高质量发展阶段，打造创新创业2.0升级版，重视完善创新创业生态，健全科技成果转化机制，增强经济发展内生动力。国务院国发〔2018〕32号文件将显著增强科技成果转化能力作为六大目标之一，强调"产学研更加协同，科技创新与传统产业转型升级结合，形成多层次科技创新和产业发展主体"，明确推动高校、科研院所与企业共同建立概念验证、孵化育成等面向基础研究成果转化的服务平台。

3. 大学生创新创业成果转化专项政策还需落细落实

自1993年来，从全国人民代表大会常务委员会制定《中华人民共和国科学技术进步法》《中华人民共和国促进科技成果转化法》《关于修改〈中华人民共和国促进科技成果转化法〉的决定》等法律法规，到国务院印发《实施〈中华人民共和国促进科技成果转化法〉若干规定》规章制度，再到教育部印发《教育部科技部关于加强高等学校科技成果转移转化工作的若干意见》《教育部办公厅关于高校进一步落实以增加知识价值为导向分配政策有关事项的通知》《教育部办公厅关于进一步推动高校落实科技成果转化政策相关事项的通知》《教育部关于印发〈高等学校科技成果转化和技术转移基地认定暂行办法〉的通知》，以及财政部印发《关于进一步加大授权力度，促进科技成果转化的通知》等管理文件，科技成果转化已具备一定的制度基础（见图5）。

（三）打造协同政策体系，打通大学生创新创业成果转化"最后一公里"

聚焦大学生创新创业，2021年10月，国务院办公厅发布《意见》。

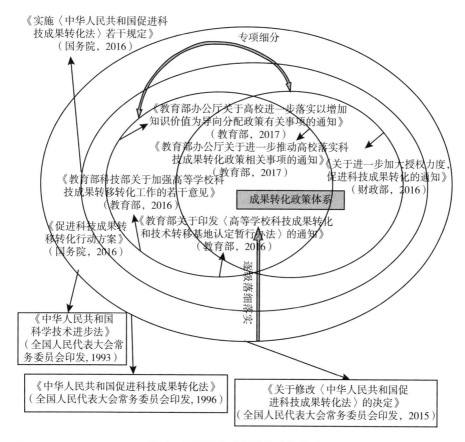

图 5 创新创业成果转化政策体系

《意见》指出，近年来，越来越多的大学生投身创新创业实践。《意见》强调，坚持创新引领创业、创业带动就业，支持在校大学生提升创新创业能力，对于提升人力资源素质、促进大学生全面发展、实现大学生更加充分更高质量就业具有重要意义。《意见》着重从提升大学生创新创业能力、优化大学生创新创业环境、加强大学生创新创业服务平台建设、推动落实大学生创新创业财税扶持政策、加强对大学生创新创业的金融政策支持、促进大学生创新创业成果转化、办好中国国际"互联网+"大学生创新创业大赛、加强大学生创新创业信息服务八个方面，对支持大学生创新创业提出具体指导。《意见》明确指出，促进大学生创新创业成果转化，要完善成果转化机制，要强化成果转化服务，还要增强成果流动转化。

1.完善成果转化机制，更好激发创新创业活力

完善的成果转化机制，概括来说，就是"三步走"策略。第一阶段，成果转化前，要做好教育引导；第二阶段，成果转化中，要做好利益分配；第三阶段，成果转化后，要做好长效对接。《意见》与之对应地，从三个方面对完善大学生成果转化机制提出指导意见。

一是要加强面向大学生的科技成果转化培训课程建设，这是成果转化的酝酿阶段。在培训课程建设过程中，一方面，要与提升大学生创新创业能力和优化大学生创新创业环境做好对接，以高校为主阵地，通过开设职业生涯规划和创业指导等通识课程，充分发挥学科交叉、信息融合的特点，充分利用高校基层学生组织的能动性，全面调动大学生创新创业积极性，持续做好大学生创新创业活力激发；另一方面，要精准把握创新创业成果转化的关键环节，以创新创业赛事平台或高校创业孵化园为依托，组织创新创业成果孵化专项精品课程培训体系，为大学生创新创业成果转化提供操作指南。

二是要落实好大学生创新创业项目的产权保护、成果转化奖励和收益分配，这是成果转化的中心环节。产权保护和收益分配是成果转化过程中的两项关键利益，完善成果转化机制，要一手抓好大学生创新创业知识产权的确权和保护，还要一手落实好以增加知识价值为导向的分配政策。落实大学生创新创业项目的产权保护，需要相关部门出台具体政策支持，通过明确的管理办法，对输出成果进行分标定级，通过认定、评估和保护，激发大学生创新创业的创新性和积极性。以增加知识价值为导向的分配政策，则需要配套相应的评价和考核机制，将相关成果按照市场价格和产品价值进行转化评价，注重为创新创业人才提供清晰明确奖励机制，激发创新创业的动力和活力。

三是要设立成果转化服务机构，实现创新创业转化成果与行业产业长效对接，这是成果转化的延展阶段。将创新创业成果与行业产业长效对接，是发挥创新在经济发展中乘数效应的有力举措。要充分建立"政府-高校-产业"协同的长效合作机制，其中政府职能部门在各个创新主体间发挥监督协调作用的同时，也要为多方合作搭建交流平台，确保各方风险共担、产权共享、利益共分。

2. 强化成果转化服务，创造优质创新创业环境

当代青年大学生肯闯、敢干、能创新的时代特色鲜明，但由于其社会经验不足，部分创新创业项目仅停留在理论基础上，成果转化和实体应用量少、质低，因此，做好系列成果转化配套服务尤其重要。《意见》从三个方面为加强成果转化服务提供了指引。

一是要强化示范效应发挥，加强对大学生创新创业大赛项目的后续跟踪支持，推动优秀项目落地，支持获奖项目成果转化。近年来，"互联网+"等系列大学生创新创业大赛，通过以赛促教、以赛促学、以赛促创，孵化了不少优质大学生创新创业项目。如何将优质大学生创新创业项目孵化落地，是大赛可持续发展的重要命题。利用好创新创业大赛平台，深化政府引导、行业支持的赛事合作机制；充分发挥市场化运作优势，为大赛筹措专项发展基金；抓住赛后黄金期，对接系列配套孵化组合拳；打包法律、金融、财税、场地支持，推动优质参赛项目实质转化。以上几点是回答大赛可持续发展问题的有效组合解。

二是要充分利用高校产业园、孵化器等平台，支持高校科技成果和大学生创新创业项目落地发展。从创新创业项目入驻到成果孵化落地，对于产业园、孵化器来说，需要全流程管理的整合理念。关于入驻创业孵化平台，《意见》给出了明确指导，指出政府投资开发的孵化器等创业载体应安排30%左右的场地，免费提供给高校毕业生，部分有条件的地方政府还可以对入驻孵化器创业的高校毕业生给予租金补贴。创业孵化平台助力打通大学生创新创业成果转化的"最后一公里"，还可以打造"主题楼宇"，采用组合打包形式解决个别楼宇招商难问题；创建"创业培训-创业苗圃-创业基金-孵化器-加速器-产业园"等创新创业空间载体，提供全链条孵化扶持服务；对入驻创新创业团队提供人才培养、政策讲解、投融资对接、创业资源共享等深层次的孵化培育服务。

三是要推动"政府-高校-企业"合作对接，拓宽成果转化渠道，为成果转化提供有力支撑。《意见》明确提出，要通过"校企行"专项行动，打

造"城校共生"的创新创业生态，集政府、科研单位和企业自身技术、人才、场地、资本等优势资源，为大学生提供研发、孵化、投资一体化的培育中心、孵化中心和发展中心。同时，行业企业可以面向大学生群体发布技术创新需求清单，大学生创新创业群体可以对标清单，精准开展创新创业，实现创新创业成果的有效转化。

3.增强成果流动转化，保障创新创业高质量发展

习近平总书记指出："科技创新及其成果决不能仅仅落在经费上、填在表格里、发表在杂志上，而要面向经济社会发展主战场，转化为经济社会发展第一推动力，转化为人民福祉。"

增强成果流动转化，一是要构建科技成果创新生态，将同质、同类型的产品归纳整合，通过建立大产业生态，增强成果的流动性和内容互享性，引导创新创业者在产品互通的过程中进行正向对照、正面竞争，确保成果进一步高质量发展。二是要搭建一流的科研团队，依托高校、科研院所的人才优势，通过搭建"高层次科技人才+高科研实验设备"推动创新创业内容高质量、高标准、高要求发展。三是要建立科技创新成果交流沟通平台，进一步加强"地-校-企"三方合作，以市场需求为目标、企业需求为补充，利用孵化器、产业园等平台，在政府的引导下，加强企业与高校、科研院所的合作，确保三方联合攻关、利益共享、知识产权共用运营的有效机制与模式，同时要以政府职能部门为主体，通过举办创新创业展览、国际国内交流大型会议等方式，不断增多沟通平台、扩大交流范围。

七　办好中国国际"互联网+"大学生创新创业大赛政策内容解读

（一）深刻认识中国国际"互联网+"大学生创新创业大赛的时代价值

1.大众创业、万众创新背景下的中国化教育创新尝试

创新创业教育是现在我国在高等教育和职业教育中缺少的、尚未形成体

系的一个教育板块。通过"互联网+"大学生创新创业大赛的这样一种常态化、激励式的赛事，创新为核，用更全面的办赛目标，将大学生创新创业教育融入比赛中，打造一条全贯通的创新创业教育、创新创业实践、创新创业成果转化的完整链路。除此之外，"互联网+"大学生创新创业大赛的公益性质和政府支持的特色也体现出了中国化的底色。从最初的以提供融资渠道、促进创新成果转化到现在的国际国内交流、沟通创新理念模式和教育思想，已然成为一种中国化教育创新的试水尝试。体育领域的素质教育、基础教育、职业教育以及创新创业教育目前来看依旧在探索一条中国化的发展道路，借助"互联网+"大学生创新创业大赛这一平台，利用其在中国化教育创新的尝试经验之下，以参与其中作为实践手段，探索体育产业创新创业教育的道路。

2. 深化教育创新创业改革的重要载体

教育的最终目的是实现人的全面发展，提高个人的核心素养。"互联网+"大学生创新创业大赛作为平台，承载着通过学生的实践参与推动德智体美劳五育共同发展的目标。创新创业教育是深化教育改革的重要组成部分，如何将其与职业教育、高等教育相结合，培养大学生的创新意识和提高大学生的创业实践能力，需要通过一定的载体来探索和积累。"互联网+"大学生创新创业大赛集国内外高校学生的创新创意实践于一体，企业和资本支持共同托举，通过比赛这一形式，一方面可以发现现在我国的高等院校创新创业教育的发展阶段和短板不足，另一方面可以通过国内外的对比分析，为创新创业的教育改革、优化创新创业教育体系提供现实参考。

"互联网+"大学生创新创业大赛秉承公平性的办赛参赛原则，禁止区域性的高校联盟承办赛事，从源头端保证所有大学生参与创新创业尝试的公平性，这也是深化教育改革的基本目标之一——保证公平性。大学生进行体育领域创新创业、体育院校创新创业有更多的机会，进而借此平台推动体育领域创新创业教育的高质量发展。在"双减"的教育改革背景下，体育的发展层次从教育的边缘化板块转移至基础板块。这也意味着关于体育的创新创业教育也应该更上一层楼，放在探索发展路径的紧要位置上。"互联网+"

大学生创新创业大赛这一平台以创新促改革、以实践谋发展，为充分挖掘体育产业的价值提供了丰富的实践尝试，进一步扩展和丰富了体育产业的价值网，能够有效推动高校体育产业的创新创业活动。

3. 产教融合下的全社会创新创业动能激活

企业最重要的资源就是持续的创新能力，创新是企业的生命，企业是转化创新成果的核心组织。产教融合、校企合作一直以来都是我国高校进行创新创业教育的重要举措。在第六届、第七届中国国际"互联网+"大学生创新创业大赛中，新增设的产业命题赛道，以产业促进创新，进行某一产业的创新创业实践的命题作文，对于创新成果的转化成功率和市场接受度来说，是一个重要的检验手段和提高方式。产业背后是需求变化性极高的市场，容纳和激发着全社会的创新创业热情和动能。产业命题赛道，为大学生的创新创业的构想设计不成熟和转化成功率低的特点提供了解决方案，架设了一道连接创新输出端和接收端的高流量通路，将全社会的力量融合，激活利用社会的创新创业动能。

人赛开展的"慧展华彩"活动推动了优秀项目与投融资专项对接、产业资源专项对接，并将地方政府、产业园区、投资机构、优质企业、企业服务机构及领军人才的资源集中到活动中进行资源的交换，让优质项目更能够落地，实现项目价值，是对创新能力和创新资源的价值创造。产业命题赛道从全国创新创业基地的企业中选择，企业从自身遇到的技术和管理问题出发，报送命题，并提供技术支持，以充分调动大学生解决实际问题的动力，产学研深度融合，激活全社会创新创业动能。新增设的本科生创意设计赛道，从原始的创新开始激活发展，把创新思维和创新理念作为出发点，来培育青年一代的创新人力资源。

上海体育大学在第五届全国大学生"互联网+"创新创业大赛中的青年红色筑梦之旅赛道中的金奖项目——红色筑梦三项赛，立足体育转向特色，首选红色革命老区及充分发掘乡村的人文、自然禀赋的优势资源，以越野、攀岩、山地车三个项目为主打，将红色、体育和互联网技术相结合，因地制宜规划、设计沉浸式体验的红色体育赛事，为乡村引流，在创新红色教育的同时联动乡村产业升级，依托体育的力量，助力乡村振兴。在项目的落地成长过程中，政府、学校社会组织、体育企业通力合作，并将该项目打造成为学生体育产业创业的经典案例。除此之外，创意设计赛道中的项目从健身镜、元宇宙体育虚拟赛事概念化、AI技术辅助的健身智能管家到健身舱的线下线上健身社交新体验等都是在体育领域结合体育产业特征和科学技术前沿挖掘创意、创新实践的第一步尝试，充分体现了来自大学生群体的创新活力。

（二）完善赛事可持续发展机制，全方位助力赛事开展

中国国际"互联网+"大学生创新创业大赛的长期良好发展离不开赛事可持续发展机制的建立。可持续发展机制的建立不仅有利于提升赛事自身造血能力，减少对政府拨款的依赖程度，还有利于后续赛事品牌的打造，全面提升办赛水平和赛事质量。《意见》指出，继续加大对大学生创新创业赛事的支持力度，进一步提高我国大学生创新创业赛事的办赛质量，体现出国家层面对该项赛事的重视程度。《意见》中强调要从以下三个方面完善赛事的可持续发展机制，支撑赛事长久高效运营，全方位助力赛事开展。第一，鼓励省级政府积极承办大赛，各级相关政府部门落实落细配套政策支撑和办赛条件保障。鼓励全国各省级人民政府积极申请承办该项赛事，并在赛事的筹备过程中，强化赛事顶层设计，成立创新创业工作领导小组协调好各级相关政府部门做好相应的政策扶持、指导服务和统筹保障措施，给予赛事强有力的组织保证。第二，深化赛事合作体系，拓宽办赛资金筹备渠道。坚持政府主导、社会公益支持的大方针，探究并完善与相关行业企业多层次、多元化的赛事合作体系，激发行业企业积极参与进办赛活动中来。适当增加大赛冠名赞助经费额度，制定好大赛赞助方案，深化大赛赞助合作体系，积极丰富拓宽办赛资金筹备渠道。第三，推动"互联网+"创新创业大赛市场化运作，建立赛事专项基金，提升赛事开放发展能力。借助市场和社会力量，联合中央企业、社会资本共同成立中国国际"互联网+"大学生创新创业大赛项目专项发展基金，助力打造高水平创新创业赛事并反哺创新创业实践教育，让更多有意愿有想法的学生得到资金支持，帮助更多学生实现创新创业梦想。

（三）打造中国化创新创业赛事品牌，厚植创新创业土壤

大学生创新创业赛事是大学生创新创业教育的重要依托和支柱。赛事品牌的打造一方面会带动整体高校大学生创新创业教育的发展，带动更多的各行业部门专家加入创新创业教育的队伍中来，激励更多的学生参与创新创业教育活动；另一方面也意味着赛事知名度、专业度、关注度的显著提升，有效吸引更多社会力量参与进来，激发市场活力。《意见》在现有中国国际"互联网+"大学生创新创业大赛的办赛基础上，明确提出要打造创新创业大赛品牌，孕育浓厚的创新创业赛事文化。首先，加强对创新创业教育实践基础平台的合理运用，使平台内容能够全面覆盖各学段学生，满足各学段学生不同的身心特点和个性需求，鼓励动员各学段学生积极参赛，扩大学生参与面。其次，丰富竞赛形式和竞赛内容，优化赛制，打造多元化深层次创新创业竞赛体系。为了激励更多人参与赛事，提升赛事质量和增添趣味性，"互联网+"大学生创新创业大赛应在原有的赛制基础上不断改革创新，丰富竞赛形式和竞赛内容，优化赛制，允分贯彻"以赛促教、以赛促学、以赛促创"理念。例如，自第七届"互联网+"大赛起，就增添了产业命题赛道，设置了包括高教主赛道、"青年红色筑梦之旅"赛道、职教赛道、萌芽赛道和产业命题赛道等五项主题赛事，打破教育端和产业端之间的壁垒，使高校智力资源和行业企业的发展需求连接起来。同时，"互联网+"大学生创新创业大赛可与其他各级各类创新创业赛事建立联动赛事机制，健全以中国国际"互联网+"大学生创新创业大赛为龙头的多层级创新创业竞赛体系，为各学段学生提供更多的竞赛平台和比赛场次，培养更多创新创业人才。《意见》不仅强调了打造赛事品牌的重要性，更是明确指出要打造更加中国化的创新创业大赛，加深中国与世界在创新创业教育方面的交流合作。因此，应在办好国内赛事的基础上，积极贯彻"引进来，走出去"方针，推动创新创业大赛的国际化进程，设立全球创新创业教育大赛平台，深化国际交流与合作。一方面，政府、高校以及行业企业可不断学习国外创新创业教育、创新创业大赛的先进经验，同时学生们也可从国外的优秀创新创业项

目中汲取精华、拓展眼界，丰富自己的知识库。另一方面，我国也可通过国际化赛事和国际交流平台将我国的优秀项目案例输出国外，提升中国高等教育的影响力，彰显我国有理想、有本领、有担当的源源不断的青春力量，贡献创新创业教育中国方案。

八　加强大学生创新创业信息服务内容解读

（一）建立大学生创新创业信息服务平台，优化大学生创新创业信息服务

随着信息技术的爆炸式发展，信息资源成为一种宝贵的社会经济资源。社会信息资源的有效整合利用可帮助社会成员高效处理信息并做出合理的决策，提升个人、机构乃至整个社会的生产率，放大资源效应。在现实生活中，不少怀有创业想法的大学生由于对市场、政策信息的不了解而陷入渴望创业但又担心血本无归而不知如何做起的尴尬局面。因此，建立大学生创新创业信息服务平台，为中国高校大学生创新创业提供更好的信息服务，实现信息资源的高效利用，是破解大学生创新创业难题的关键一环。《意见》在前文提出建立大学生创新创业平台的基础上，进一步明确提出，要建立大学生创新创业信息服务平台，优化大学生创新创业的信息环境，促进大学生创新创业教育信息的开放和流动。

第一，整合创新创业政策信息和高校优质的创新创业教育资源。《意见》指出要"汇集创新创业帮扶政策、产业激励政策和全国创新创业教育优质资源，加强信息资源整合，做好国家和地方的政策发布、解读等工作"。近年来，为了鼓励大学生创新创业，不同部门的政府机构都发布了相应的激励政策。同时，高校根据自身条件和学生需要开设了如大学生创新创业课程、创新创业大赛、创新创业交流会等多元形式创新创业教育活动。这些政策信息和教育资源目前较为零散，搜集起来需要花费较多的时间和精力，不能真正有效发挥其应有的作用。因此，各级各类政府部门和高校应开

357

设"大学生创新创业信息服务"网站、微信公众号以及哔哩哔哩、抖音等视频账号，合力打造大学生创新创业信息服务平台，将各自具有的创新创业信息资源分类整理录入大学生创新创业信息服务平台，使有创新创业意愿学生减少花费在搜集信息和资源上的时间和精力，专注于创新创业项目工作。

第二，及时收集国家、区域、行业需求，为大学生精准推送行业和市场动向等信息。信息具有时效性，大学生创新创业项目要想真正落地，就要符合当下国家、社会以及行业市场的需求。而大学生群体常处于信息不对称弱势的一方，难以在有效时间内搜集到全面的创新创业相关信息。因此，应加强建立国家、地方、高校三级大学生创新创业信息服务平台，吸引各行各业的人才代表、专家学者入驻，及时解读国家政策和市场趋势信息，定期在信息平台上投放最新的大学生创新创业相关内容，有效减少大学生进行创新创业工作时的试错成本和信息搜集成本，尽可能使其在一开始建立正确的方向。自2016年起，江西省就强调建立全省大学生创新创业信息服务平台，该平台包含了创业动态、众创空间、创业课堂等八大栏目，有力整合了高校、政府、企业三部门所蕴含的创新创业教育资源，实现了创新创业信息的共建共享。[1]2022年，江苏省也针对进一步支持大学生创新创业工作提出要建设"一体化信息服务平台"，打造双创资源数据库，实现线上资源的有力共享。[2]

（二）做好大学生创新创业项目跟踪服务，畅通项目对接渠道

目前我国高校普遍面临大学生创新创业项目落地难、创新创业成果难以转化为实践的问题。针对该难题，《意见》明确提出要"加强对创新创业大学生和项目的跟踪、服务，畅通供需对接渠道，支持各地积极举办大学生创新创业项目需求与投融资对接会"。鉴于多数大学生对自身的创新创业项目没有

---

[1] 《江西打出创新创业教育"组合拳"》，《中国教育报》2016年7月7日，http://www.moe.gov.cn/jyb_xwfb/moe_2082/zl_2016n/2016_zl36/201607/t20160707_271014.html，最后检索时间：2022年7月31日。

[2] 《突出精准高效 注重创新创优 全力推动高校毕业生高质量就业》，http://www.moe.gov.cn/jyb_xwfb/xw_zt/moe_357/jjyzt_2022/2022_zt02/gzbs/gzbs_jyjl/202203/t20220314_607196.html，最后检索时间：2022年7月31日。

能力持续推进项目落地实施开展，尤其是缺乏相应的资源平台，《意见》中不仅要求建立大学生创新创业信息服务平台，而且突出强调要做好大学生创新创业项目的跟踪服务，畅通项目对接渠道，提升项目的成功转化率。

第一，加强大学生创新创业项目后续跟踪服务，做好项目支持保障工作。一方面，在大学生创新创业项目立项之后，该信息服务平台应紧跟项目信息，了解和掌握学生创新创业项目的进展情况，指导帮助学生解决所遇到的突出难题。另一方面可将学生创新创业项目发放于"大学生创新创业信息服务平台"上对应的区域和行业板块，同时链接企业和投资机构资源，向其推荐与其需求相匹配的创新创业项目，从而畅通供需对接渠道，有力推动大学生创新创业项目从创新到创业的转化。

第二，支持各地积极举办大学生创新创业项目需求与投融资对接会，大力支持项目成果转化工作。各地应定期举办线上线下投资交流会并将交流会信息发放于"信息服务平台"，吸引感兴趣的公司或个人进行项目的对接，推动大学生创新创业项目实施落地，使得大学生创新创业项目"创有所成"。以四川大学为例，四川大学非常注重大学生双创项目的跟踪与落地，一方面通过信息服务平台举办线上投资专场活动，使得校内6支双创团队与9家投资机构成功进行线上对接；另一方面，四川大学与成渝地区双城经济圈双创示范基地共同举办线下双创项目供需对接会，提供给多个校企双创项目同台展示的机会，现场达成合作意向双创项目多达20个。①《意见》更是让高校、政府明白创新创业项目后续工作的重要性，不能只停留在第一步，也是让有创新创业需求的大学生得到更加持久的支持，通过畅通项目供需对接渠道，实现大学生创新创业成果转化的关键一步。

（三）加强大学生创新创业宣传引导，营造良好创新创业氛围

现阶段高校大学生创新创业氛围的匮乏更是需要加强大学生创新创业的

---

① 《四川大学以"四个注重"为抓手　深入推进创新创业教育改革提质升级》，http：//www. moe. gov. cn/jyb_ sjzl/s3165/202206/t20220610_ 636218. html，最后检索时间：2022 年7 月31 日。

宣传引导。《意见》中强调，要进一步加大对大学生创新创业教育的支持力度就要加强宣传引导，营造大众创业、万众创新的良好氛围。政策的宣传引导在支持大学生创新创业工作中发挥着重要的作用，要想进一步将支持大学生创新创业相关政策落到实处，就要让这些政策深入大学生心中，通过联合各级相关部门和高校对这些政策信息进行宣讲解读和定期咨询，激发大学生创新创业热情。近几年来，我国高校在创新创业教育方面取得了不少成就，多数高校都建立了自己的创新创业学院或创新创业中心，大力开展创新创业教育课程。但创新创业教育在我国高校、地区仍未引起足够的重视，高校和地区对创新创业相关信息的宣传和引导的力度还有所欠缺，以至于当前的创新创业教育并未取得理想的效果。此外，部分高校为了提升自己的就业率，很少鼓励学生进行创新创业活动，甚至是希望学生以稳就业为着重点。因此，对创新创业宣传和引导的缺乏是制约大学生创新创业想法开展与实施的重要因子。

第一，明晰大学生创新创业教育的深刻内涵，大力宣传创新创业教育的重大价值。《意见》中指出要"大力宣传加强高校创新创业教育、促进大学生创新创业的必要性、重要性"。习近平总书记曾强调，"创新是社会进步的灵魂，创业是推动经济社会发展、改善民生的重要途径，青年学生富有想象力和创造力，是创新创业的有生力量，希望广大青年学生在创新创业中展示才华、服务社会"。[①] 因此，高校和各级政府应加大对大学生进行创新创业教育的宣传力度，鼓励大学生勇于创新、敢于创新，深刻理解创新创业教育所蕴含的巨大价值。

第二，开展多元形式交流活动，促进大学生创新创业经验交流和推广。《意见》中指出，"及时总结推广各地区、各高校的好经验好做法，选树大学生创新创业成功典型，丰富宣传形式，培育创客文化，营造敢为人先、宽容失败的环境，形成支持大学生创新创业的社会氛围。"不同地区、高校的创新创业教育形式以及不同学生所具有的创新创业经验都是不可或缺的信息资源，

---

① 《大力推进高校创新创业教育》，http://opinion.people.com.cn/gb/n1/2020/0416/c1003-31675209.html，最后检索时间：2022年7月31日。

将这些经验进行交流和推广，便会产生联式反应，发挥出更大的社会效应。各地区、高校可建立大学生创新创业宣传基地，如湖北省设立的"大学生创新创业俱乐部"，开展大学生创新创业政策宣讲、大学生创新创业典型案例分享以及相关创新创业动态等宣传活动，同时整理汇编大学生创业典型案例以报告书形式出版，营造大众创业、万众创新的良好氛围。此外，要革新创新创业教育的宣传形式，充分利用报刊、广播、电视等传统媒体，微博、微信公众号以及其他视频图文分享平台等新媒体，打造大学生创新创业教育宣传的融媒体矩阵，促进大学生创新创业先进经验交流和推广。

第三，加大政策宣讲力度，使各项政策深入人心。《意见》中指出，"做好政策宣传宣讲，大学生用足用好税费减免、企业登记等支持政策。"为了鼓励大学生进行创新创业，国家、地方政府部门都颁布了许多帮扶政策和财税政策，部分地区甚至提出帮创业失败的大学生偿还 10 万元以内的债款。因此应认真做好相关政策的解读工作，充分利用各种宣传手段，在原有宣传的基础上进一步加大政策的宣讲力度，让政策理念、政策的详细条款深入大学生内心，尽力打消大学生进行创新创业工作时的部分疑虑，让大学生群体深切感受到国家社会对其创新创业工作的全方位支持。江苏省在《关于深入推进大众创业万众创新发展的实施意见》中指出高校应营造大学生创新创业氛围，运用官方媒体、专题报道、官方网站、微信公众号平台等多种手段，组织高校大学生开展创新创业宣传工作，加大对高校创新创业工作进展和典型案例的宣传报道力度，营造全社会、全系统重视大学生创新创业的良好氛围。《意见》明确了加强宣传引导的重要性，即只有加强对大学生创新创业教育的宣传引导，才能让相关政策活动发挥出应有的效果，才能让整个社会浸润在创新创业的氛围之中。

参考文献

傅首清：《区域创新网络与科技产业生态环境互动机制研究——以中关村海淀科技

园区为例》，《管理世界》2010 年第 3 期。

高志刚、战燕、王刚：《论高校创新创业教育课程教学体系构建》，《黑龙江高教研究》2016 年第 3 期。

黄汉升、陈作松、王家宏、季浏、方千华、贾明学：《我国体育学类本科专业人才培养研究——〈高等学校体育学类本科专业教学质量国家标准〉研制与解读》，《体育科学》2016 年第 8 期。

刘传江、吴晗晗、胡威：《中国产业生态化转型的 IOOE 模型分析——基于工业部门 2003～2012 年数据的实证》，《中国人口·资源与环境》2016 年第 2 期。

梅伟惠、孟莹：《中国高校创新创业教育：政府、高校和社会的角色定位与行动策略》，《高等教育研究》2016 年第 8 期。

陶喜红：《中国传媒产业生态系统健康评价研究》，中国社会科学出版社，2019。

田贤鹏：《教育生态理论视域下创新创业教育共同体构建》，《教育发展研究》2016 年第 7 期。

王焰新：《高校创新创业教育的反思与模式构建》，《中国大学教学》2015 年第 4 期。

吴刚、韩青海、蓝盛芳：《生态系统健康学与生态系统健康评价》，《土壤与环境》1999 年第 1 期。

吴玉剑：《高校创新创业教育改革的困境与路径选择》，《教育探索》2015 年第 11 期。

谢和平：《以创新创业教育为引导　全面深化教育教学改革》，《中国高教研究》2017 年第 3 期。

谢幼如、黄瑜玲、黎佳、赖慧语、邱艺：《融合创新，有效提升"金课"建设质量》，《中国电化教育》2019 年第 11 期。

杨柳青：《协同创新视阈下大学生创业资金保障体系的构建策略》，《中国大学生就业》2020 年第 14 期。

赵卫宏、熊小明、苏晨汀：《生态区域品牌的维度及构建策略研究：资源与制度视角》，《宏观经济研究》2016 年第 1 期。

周建安：《我国循环经济战略实施与产业生态发展的制度安排》，《宁夏大学学报》（人文社会科学版）2008 年第 3 期。

Abstract

Innovation, as the first driving force for development, is the key factor in solving the driving force of development. As the most innovative and dynamic subjects, young people in colleges and universities are an important link of promoting innovation and entrepreneurship in the sports industry. Since the national strategic call of "mass entrepreneurship and innovation", innovation has been gradually implemented as one of the special contents of college education reform, and it has become an important test question for colleges and universities to answer the problems of talent education in the new era. In my country, the sports industry, as an important part of the tertiary industry, occupies an important position in the economic development. It is an inevitable demand for the development of national education and sports to cultivate a group of sports industry talents who understand both sports and economic management, have both innovative spirit and entrepreneurial ability.

This book consists of three parts: general report, sub-report and interpretation. In the general report, it analyzes the development situation and challenges of innovation and entrepreneurship education in my country's college sports industry, analyzes the future development trend of innovation and entrepreneurship education in China's college sports industry, and puts forward four major challenges and four major challenges faced by my country's college sports industry innovation and entrepreneurship. Future direction. In the sub-report part, from the perspectives of industrial ecology, teachers and students, development index and standard construction, etc., the innovation and entrepreneurship work of my country's sports industry is investigated and analyzed. On the basis of the development report of the previous year, the health evaluation system of the innovation and entrepreneurship development ecosystem of the sports industry in my country's colleges and universities has been further improved. This paper investigates the development status of teachers and students in innovation and entrepreneurship education in my country's college sports industry, as well as the construction of government and college practice platforms, and establishes a model of factors affecting the development of innovation and entrepreneurship in my country's college sports industry. In the interpretation part, this book interprets the task requirements put forward by the "Guiding Opinions on Further Supporting College Students' Innovation and Entrepreneurship" issued by the General Office of the State Council in 2021, and attempts to answer key questions such as "why", "who will do it" and "how" in the innovation and entrepreneurship of China's university sports industry from the institutional level.

Based on the research of the 2021 Sports Industry Blue Book and supported by policy texts and various theories, this book analyzes the survey data of more than 10000 teachers, students and entrepreneurs across the country, in order to analyze the current situation of innovation and entrepreneurship in my country's college sports industry as comprehensively as possible. Work actually. At present, my country's colleges and universities have gradually increased the emphasis on innovation and entrepreneurship education in the sports industry, the initial establishment of innovation and entrepreneurship platforms, the steady advancement of innovation and entrepreneurship courses, the continuous improvement of teaching staff, the improvement of students' enthusiasm for participation, the continuous strengthening of supporting policy support, and the public opinion on innovation and entrepreneurship. The atmosphere is forming. At the same time, my country's college sports industry innovation and entrepreneurship education has problems such as slow overall progress, insufficient top-level design, slow platform construction, blank standard construction, and imperfect curriculum and teacher systems. The overall promotion of innovation and entrepreneurship education in my country's sports industry requires simultaneous efforts in multiple directions such as teaching at different levels, improving systems, building platforms, laying foundations, collaborative governance, consolidating positions, and focusing on teachers.

Keywords：Sports Industry；Innovation and Entrepreneurship；Ecological Environment System；Development Index

Contents

I General Report

Abstract: College sports industry innovation and entrepreneurship education
is an important way to cultivate innovative talents in the sports industry and help
the high-quality development of the sports industry. At present, my country's
college sports industry innovation and entrepreneurship education system has
initially been established, and colleges and universities have participated in a wide
range of activities, forming a benign development pattern. During the "Thirteenth
Five-Year Plan" period, college sports industry innovation and entrepreneurship
education has achieved certain achievements in curriculum construction and event
development. During the "14th Five-Year Plan" period, with the introduction of
the national plan, the release of "the double reduction policy" and the successful
holding of the Winter Olympics, there will be a new demand gap for innovation
and entrepreneurship education in the sports industry in colleges and universities,
and new opportunities and challenges will be faced. By summarizing the
development process of innovation and entrepreneurship education in colleges and
universities during the "13th Five-Year Plan" period, and using mathematical
statistics, expert interviews, questionnaires and other research methods, this paper

predicts the development of innovation and entrepreneurship education in colleges and universities during the "14th Five-Year Plan" period. The trend is to provide a reference for the development of innovation and entrepreneurship education in the sports industry in colleges and universities.

Keywords：Sports Industry；Innovation and Entrepreneurship Education；Sports Industry Innovation and Entrepreneurship；Talent Training；Trend Forecasting

Ⅱ　Sub-reports

Report on Innovation and Entrepreneurship Teachers in Chinese Colleges and Universities Sports Industry　　*An Jingya* / 040

Abstract：Teachers are the most direct task bearers of innovation and entrepreneurship education in colleges and universities, and the backbone of innovation and entrepreneurship talent training. The level of teachers is directly related to the effect of educational development. With the help of demographic characteristics, it shows the structural characteristics of innovation and entrepreneurship teachers in my country's sports industry. Through the analysis of the attitudes and behaviors of the innovation and entrepreneurship teachers in the sports industry, we objectively grasp the current situation and problems of the development of the innovation and entrepreneurship education teachers in the sports industry in my country's colleges and universities. On the basis of grasping the macroscopic quantity and other conditions, highlight the attention to internal factors such as individual attitudes and behaviors, summarize the characteristics of the current situation of teacher development, explore the difficulties and points of teacher development, and put forward suggestions and countermeasures for teacher development. By focusing on the training needs of innovative and entrepreneurial talents in my country and the development characteristics of the sports industry in the new era, it outlines the development trend of teachers and provides reference and guidance for the development of teachers.

Keywords: Sports Industry; Teacher Development; Innovation and Entrepreneurship

Research on Attitude and Behavior of Chinese College Students' Innovation and Entrepreneurship in Sports Industry

Pan Hongyu, Song Xuemeng / 078

Abstract: Taking Chinese college students engaged in sports industry innovation and entrepreneurship as the research object, this paper investigates and analyzes the attitude and behavior status of Chinese college students' sports industry innovation and entrepreneurship, including college students' support and satisfaction with Chinese college sports industry innovation and entrepreneurship education, college students' sports industry innovation and entrepreneurship courses, training participation and other behaviors. The problems existing in the attitude and behavior of innovation and entrepreneurship among Chinese college students include: lack of entrepreneurial willingness in the sports industry, low satisfaction with innovation and entrepreneurship in the sports industry, and large differences in attitudes toward innovation and entrepreneurship in the sports industry in Chinese colleges and universities. Finally, it puts forward some countermeasures and suggestions for Chinese college students' attitudes and behaviors in sports industry innovation and entrepreneurship, including optimizing the atmosphere of innovation and entrepreneurship in sports industry, increasing the number and quality of courses in innovation and entrepreneurship, and building a collaborative mechanism for innovation and entrepreneurship in sports industry.

Keywords: Sports Industry; Innovation and Entrepreneurship; Innovation and Entrepreneurship Attitude; Innovation and Entrepreneurship Behavior

Report on the Development of Innovation and Entrepreneurship Training in China's Colleges and Universities Sports Industry

Qu Siyi / 122

Abstract：The innovation and entrepreneurship training of the sports industry in colleges and universities has a direct and far-reaching impact on the cultivation of innovative and entrepreneurial talents. At present, my country's college sports industry innovation and entrepreneurship training involves many training subjects such as colleges and universities, governments, and enterprises. The training content covers a wide range and the training forms are rich and diverse. Starting from these three perspectives including universities, governments, and enterprises. this chapter introduces the overall situation of training teachers, training forms, and training contents at multiple levels and from multiple perspectives, and comprehensively uses relevant data to carry out relevant analysis, supplemented by corresponding illustrative cases, and attempts to comprehensively show our country. The development of innovation and entrepreneurship training in the sports industry in colleges and universities.

Keywords：Sports Industry；Innovation and Entrepreneurship Education；Training；Integration of Production and Education；Collaborative Education

Development of Chinese Government and University Sports Industry Innovation and Entrepreneurship Platform

Wen Lei, Li Yuanhui / 141

Abstract：The sports industry innovation and entrepreneurship platform is a place and space for college students to participate in the innovation and entrepreneurship practice of the sports industry. This chapter briefly analyzes the construction of the innovation and entrepreneurship platform for the government and college sports industry in my country, analyzes the development trend of the two types of platforms, and proposes a high-quality development path for the government and college sports industry innovation and entrepreneurship service platforms during the "14th Five-Year Plan" period. In order to continuously promote the government and colleges and universities to build a good ecology of innovation and entrepreneurship education in the sports industry, cultivate more high-quality compound talents in the sports industry, further promote the reform of innovation and entrepreneurship education in colleges and universities, and promote the high-quality development of the sports industry.

Keywords: University; Government; Sport Industry; Innovation and Entrepreneurship; Platform Building

Research on the Innovation and Entrepreneurship Education
Standards of Chinese Colleges and Universities Sports Industry

Tang Lihui, Yan Junhao / 184

Abstract: The development of innovation and entrepreneurship education standards for college sports industry is a basic project. From the perspective of theoretical exploration, construction background, internal motivation, content composition, practical difficulties and implementation strategies, the research on innovation and entrepreneurship education standards in college sports industry is carried out. The construction of innovation and entrepreneurship education standards in the sports industry in colleges and universities is an inevitable requirement for the cultivation of high-quality talents. This chapter determines the basic content of innovation and entrepreneurship education standards in my country's college sports industry from the level dimension, level dimension, function dimension, factor dimension, professional dimension, and evaluation dimension, and puts forward the practical difficulties and practical strategies for the construction of innovation and entrepreneurship education standards in my country's college sports industry.

Keywords：Innovation and Entrepreneurship；Education Standards；Innovation and Entrepreneurship Education；Sports Industry；Talent Training

Construction of Innovation and Entrepreneurship Index of Chinese University Sports Industry
Li Guannan / 222

Abstract：As an emerging field, innovation and entrepreneurship in the sports industry is not only an economic pillar in the development of the "mass entrepreneurship and innovation" economy, but also an important part of the country's national strategies to promote sports power, healthy China, and national fitness. The construction of innovation and entrepreneurship index of Chinese college sports industry is a fundamental and basic institutional design to form the evaluation system of innovation and entrepreneurship of sports industry with Chinese characteristics. This chapter adopts the analysis paradigm of systems theory, institutional economics, social ecology, multi-level analysis method, weight assignment method, comprehensive public policy, management, law, strategy and other multidisciplinary theoretical methods, based on big data and innovative The entrepreneurship index is a quantitative assessment index, and a complete set of evaluation systems for innovation and entrepreneurship in the modern sports industry has been established. The college sports industry innovation and entrepreneurship index system can not only better quantify the evaluation index system of college sports industry innovation and entrepreneurship work, but also better promote the development of college sports industry innovation and entrepreneurship work.

Keywords：Development Index Construction；Innovation and Entrepreneurship in Colleges and Universities；Sports Industry；Elements of Innovation and Entrepreneurship

Research on the Participation of Chinese College Students in
Innovation and Entrepreneurship in Sports Industry Innovation
and Entrepreneurship   *Peng Xianming* / 244

Abstract: Events are an important platform for innovation and entrepreneurship education in the sports industry in colleges and universities. The study found that the sophomore and junior years of the undergraduate stage are the golden stage for the innovation and entrepreneurship development of the sports industry in colleges and universities. The students of the sports colleges, departments and departments of comprehensive universities are the main force in participating in the sports industry innovation and entrepreneurship events in colleges and universities, and the sports industry innovation in colleges and universities. The sports-related majors participating in entrepreneurial events mainly come from majors such as physical education, social sports guidance and management, and sports training. The participating students have a strong willingness to participate in innovation and entrepreneurship in the sports industry. Personal ideals are the main internal driving force for participating students to participate in sports industry innovation and entrepreneurship. The three internal problems of participating students' sports industry innovation and entrepreneurship are funds, knowledge, skills, methods and experience, and the three external problems are lack of guidance, lack of policies, and lack of atmosphere. Five suggestions for sports industry innovation and entrepreneurship education: improve top-level design and speed up standardization construction; make concerted efforts to build a entrepreneurship and innovation-friendly society; strengthen industry-university-research and build an information service platform; strengthen practice and provide practical training courses; strengthen teachers and create Innovation and Entrepreneurship Evaluation System.

Keywords: National Innovation and Entrepreneurship Events; College Students; Sports Industry Innovation and Entrepreneurship.

Research on the Influencing Factors of College Students' Sports
Industry Innovation and Entrepreneurship Participation Behavior

Yan Junhao, Wang Zichen, Huang Min and Li Jiazhen / 272

Abstract：By analyzing the attitudes and behaviors of students in innovation
and entrepreneurship education in college sports industry, the influencing factors of
students' participation behavior in innovation and entrepreneurship education in
college sports industry are determined. The study found that the degree of policy
understanding and willingness to participate are the main influencing factors of
students' innovation and entrepreneurship behavior in the sports industry at the
individual level; the factors of teachers, publicity factors such as newspapers/
televisions/networks, funding factors, and policy factors are the factors that affect
students' participation in innovation and entrepreneurship in the sports industry at
the environmental level. The main positive influencing factors of behavior, family
and relatives and friends are the main constraints; students from sports colleges or
sports majors have more opportunities to participate in innovation and
entrepreneurship in the sports industry than students from non-sports colleges or
non-sports majors. The environment is an important factor affecting the innovation
and entrepreneurship behavior of the sports industry in colleges and universities.

Keywords：University Students; Sports Industry; Innovation and Entrepreneurship

Survey on the Ecological Environment of Innovation and
Entrepreneurship in China's College Sports Industry　　*Ma Shujia* / 298

Abstract："Industrial ecosystem health" is the premise for the sustainable
development of the industry. Based on the health evaluation index system of
Chinese college sports industry innovation and entrepreneurship ecosystem, this
chapter investigates the health status of Chinese college sports industry innovation
and entrepreneurship ecosystem by taking seven geographic regions of China as

objects. The study found that the health status of the innovation and entrepreneurship ecosystem of the college sports industry in East China, North China, and Central China is generally good; the northeast and southwest regions have poor resource support for the innovation and entrepreneurship development of the college sports industry. The difference is that the Northeast region has formed a certain The industrial development environment and scale can achieve the stable development of innovation and entrepreneurship in the college sports industry to a certain extent, but the innovation and entrepreneurship development ecosystem of the college sports industry in the southwest region has not yet been formed, and the future development trend is worrying; the resource support in South China and Northwest China The degree is relatively high, and it belongs to the area with better future development potential and growth. In addition, due to its own better economic situation, the innovation and entrepreneurship development of college sports industry in South China is slightly better than that in Northwest China.

Keywords: Industrial Ecology; Sports Industry Innovation and Entrepreneurship; Ecosystem; Health Evaluation

Ⅲ Interpretation Article

Policy Interpretation of "Guiding Opinions on Further Supporting College Students' Innovation and Entrepreneurship"

Wang Chao, Wu Kaiwen, Li Yuanhui, Pan Hongyu, Qu Siyi,
Hu Qing, Ding Lihong and Guo Mingming / 321

Abstract: In October 2021, the General Office of the State Council issued the "Guiding Opinions on Further Supporting College Students' Innovation and Entrepreneurship", re-emphasizing that college students are the new force of mass entrepreneurship and innovation, and it is of great significance to support college students' innovation and entrepreneurship, and proposed "supporting college students' innovation and entrepreneurship "Eight Tasks". In this study, "improving the innovation and entrepreneurship ability of college students", "optimizing the innovation and entrepreneurship environment of college students", "strengthening the construction of college students' innovation and entrepreneurship service platform", "promoting the implementation of the fiscal and taxation support policies for college students' innovation and entrepreneurship", "strengthening the financial policy support for college students' innovation and entrepreneurship", "promoting the innovation and entrepreneurship of college students" respectively. The eight major tasks of "Transforming the Achievements of College Students' Innovation and Entrepreneurship", "Running China International" Internet + "College Students' Innovation and Entrepreneurship Competition", and "Strengthening College Students' Innovation and Entrepreneurship Information Services" are the eight major tasks to interpret the policies, and try to answer from the institutional level. "Who will do it", and "how to do it" and other key issues.

Keywords: Policy Interpretation; Innovation and Entrepreneurship of College Students; Talent Training in Colleges and Universities; Institutional Guarantee

图书在版编目（CIP）数据

中国高校体育产业创新创业发展报告. 2022 / 肖林
鹏等著. --北京：社会科学文献出版社，2022. 12
　ISBN 978-7-5228-0742-3

　Ⅰ.①中…　Ⅱ.①肖…　Ⅲ.①高等学校-体育产业-
研究报告-中国-2022　Ⅳ.①G807. 4

　中国版本图书馆 CIP 数据核字（2022）第 170016 号

中国高校体育产业创新创业发展报告（2022）

著　　　者 / 肖林鹏　靳厚忠 等

出 版 人 / 王利民
责任编辑 / 薛铭洁
责任印制 / 王京美

出　　版 / 社会科学文献出版社·皮书出版分社（010）59367127
　　　　　地址：北京市北三环中路甲 29 号院华龙大厦　邮编：100029
　　　　　网址：www. ssap. com. cn
发　　行 / 社会科学文献出版社（010）59367028
印　　装 / 天津千鹤文化传播有限公司

规　　格 / 开　本：787mm × 1092mm　1/16
　　　　　印　张：24. 25　字　数：369 千字
版　　次 / 2022 年 12 月第 1 版　2022 年 12 月第 1 次印刷
书　　号 / ISBN 978-7-5228-0742-3
定　　价 / 158. 00 元

读者服务电话：4008918866